职业院校汽车类专业人才培养改革创新示范教材

汽车维修实训教程

——整车实训

凌凯汽车资料编写组　组编

谭本忠　主编

电子工业出版社·

Publishing House of Electronics Industry

北京·BEIJING

内 容 简 介

汽车维修实训——整车实训是汽车维修高级技能人才培养的一门专业实践技能训练课程。本书介绍了汽车发动机维修基础知识、发动机及其附件以及活塞连杆组与曲轴、油底壳与润滑系、汽缸盖与正时皮带及凸轮轴的拆装，气门间隙、汽缸盖、喷油器、气门和气门座圈的检查与调整等。本书适合职业院校汽车运用与维修专业的师生及社会在职人员使用。

图书在版编目（CIP）数据

汽车维修实训教程. 整车实训 / 谭本忠主编；凌凯汽车资料编写组组编. —北京：电子工业出版社，2015.8
职业院校汽车类专业人才培养改革创新示范教材

ISBN 978-7-121-27055-0

Ⅰ. ①汽… Ⅱ. ①谭… ②凌… Ⅲ. ①汽车－车辆修理－中等专业学校－教材 Ⅳ. ①U472.4

中国版本图书馆CIP数据核字（2015）第206203号

策划编辑：杨宏利
责任编辑：杨宏利　　　特约编辑：李淑寒
印　　刷：北京七彩京通数码快印有限公司
装　　订：北京七彩京通数码快印有限公司
出版发行：电子工业出版社
　　　　　北京市海淀区万寿路173信箱　邮编：100036
开　　本：787×1 092　1/16　印张：17.25　字数：441.6千字
版　　次：2015 年 8 月第 1 版
印　　次：2022 年 8 月第 5 次印刷
定　　价：35.00 元

凡所购买电子工业出版社图书有缺损问题，请向购买书店调换。若书店售缺，请与本社发行部联系，联系及邮购电话：（010）88254888，88258888。
质量投诉请发邮件至zlts@phei.com.cn，盗版侵权举报请发邮件至dbqq@phei.com.cn。
本书咨询联系方式：（010）88254592，bain@phei.com.cn。

前　言

　　目前，汽车类教材中系统的实训教材品种匮乏，而且现有的实训教材都只是提纲式地罗列操作顺序，并没有具体的操作步骤和检测方法等规范标准。尤其对各项目的操作步骤、检测方法、技术要求、操作中容易出现的问题等介绍欠详细和深入，甚至有些训练项目现今已被新的技术所替换而不复存在，这种形式的教材培养出的学生面临就业后技能达不到要求的难题。

　　目前很多院校都在探讨工学结合，并且与用人单位达成就业需求协议，这就要求院校培养出的学生要达到用人单位的要求。不同用人单位需求不同层次的学生，高职和中职类学生以培养学生动手能力，解决实际问题为主，各大4S店以及大型修理厂比较欢迎这类学生。这就要求学生在建立良好的理论基础的同时也要有很好的动手能力。

　　在实际维修中，每个车型都有常见维修项目，这些常见维修项目是当前车型最常见的维修保养项目，也是维修工必须掌握的。在常见维修项目之前我们增加了汽车维修基础知识方面的内容，这些内容旨在为学生建立起文明操作及安全意识，同时介绍了实训工具的使用。常见维修项目包括发动机、底盘、电控、电器、车身等汽车的全部组成部分。

　　本套教材我们根据上面说的常见维修项目安排实训项目，将发动机、底盘、电控、电器、车身等汽车组成部分分为机修册、电控册、电气册和整车实训。机修册包括发动机、底盘两个部分的常见维修项目实训；电控册包括发动机电控系统、ABS、SRS等电控系统常见维修项目实训；电气册包括照明系统、雨刮等车身电器系统；整车实训包含汽车维护方面的实训内容。

　　本书由谭本忠担任主编，谭敦才、于海东、陈海波、王世根、邓冬梅、蔡晓兵、胡波、张青、张国林、谭玉芳、谭红平、陈甲仕、陈国民、葛千红参与编写。

　　本套教材适合各职业院校汽车专业作为实训教材使用，同时也适合汽车维修工学习使用。

　　由于作者水平有限，书中难免存在错误和不足之处，敬请广大读者批评指正。

编　者

2014年6月

前　言

目 录

第一章　保养与维护基础

项目一　汽车保养与维护注意事项及常见误区

一、保养与维护注意事项

1. 保养周期要求

不要采用经销商而非制造商的维修日程。

汽车保养周期是指汽车保养的间隔里程或时间。

保养频率高不是坏事，能更有效地保障车辆的各项性能。用车初期主要是正常保养，费用相对较低；当车辆使用一定年限或行驶一定里程后就会进入维修期，费用就相对高一些。

科学地确定各类保养作业的间隔里程，不仅能使汽车经常保持良好的技术状况，还能节省保养费用和修理费用。

在确定汽车保养周期时，应参照汽车制造厂推荐的保养周期，结合汽车自身的技术状况和实际使用条件，对保养周期做适当的调整。

对于一些定点维修经销商推荐的保养周期要仔细斟酌，毕竟经销商是要赚钱的。一般技术状况良好的新车，可适当延长保养周期；而技术状况较差或使用条件恶劣的汽车，则应适当缩短保养周期。

2. 部件的更换周期要求

制动蹄片，汽车每行驶1万公里须检查一次。

轮胎，每次保养时应换位一次。

机油，在每次做基本保养时应更换。

自动变速器油，每行驶2万公里左右应更换一次，新车最好在初始1000公里时就更换。

装有助力转向装置的汽车，则每行驶2万公里或18个月应更换一次助力转向机油。

车龄2年以上或经常在山区行驶的车辆，最好18个月更换一次制动油。由于制动油并不是真正的油，本身具有相当强的吸水性，在长久使用后其性质会发生改变或产生结合作用，因此必须在使用一定时限或行驶里程时更换，并且在换新种类油时，必须把原有的油料完全倒掉，否则将影响新更换油料的品质与使用寿命。

发动机上用以驱动其他附件（如助力转向盘、空调装置、发电机）的皮带的使用寿命通

常为2年，若在检查时发现皮带有老化、硬化、裂痕、脱丝、发出响声等现象，则应该尽快将其更换。

发动机冷却系统的橡胶水管使用寿命通常约为4年，假如汽油渗入到冷却水中，与水、空气混合接触会加速橡皮水管的老化。

⚠ 注意

> 如果发现水箱上水管破裂漏水或管束的束紧部位有明显老化现象，就应将相应的下水管也同时换新，若继续使用下去，则很快就会漏水。

二、保养与维护常见误区

大多数人在汽车使用和保养上存在错误的认识，长此以往对爱车会造成无法愈合的"内伤"。常见的错误认识及做法有以下几种。

▷ 1. 发动机机油越多越好

如果机油太多，发动机在工作时曲轴柄和连杆会产生剧烈搅动，不仅会增加发动机内部功率损失，而且会因激溅到缸壁上的机油增多而产生烧排机油故障。因此，机油量应控制在机油尺的上、下刻线之间。

▷ 2. 传动皮带越紧越好

汽车发动机的水泵、发电机都用三角皮带传动。如果把传动带调整得过紧，皮带易拉伸变形，同时容易造成皮带轮及轴承弯曲和损坏。对于传动带松紧度，一般以按压皮带中部时，其下沉量为两端带轮中心距的3%～5%为佳。

▷ 3. 螺栓越紧越好

汽车上用螺栓、螺母连接的紧固件很多，应保证其有足够的预紧力，但也不能拧得过紧。若拧得过紧，一方面将使连接件在外力的作用下产生永久变形；另一方面将使螺栓产生拉伸永久变形，预紧力反而会下降，甚至造成滑扣或折断现象。

▷ 4. 燃油油液随便加

轿车非常精细和"娇贵"，对燃油、润滑油、制动液、冷却液等都有相应的技术指标要求。用户应该参照使用手册中规定的油液品种和标号选用优质油液，保质保量添加或更换。应避免不加区别随意使用油品，否则将给车辆造成很大损害。

▷ 5. 汽车不能天天开

不少人因停车困难，平时上班时常以公共交通工具代步，只有放假时才开车出去。其实

这样的用车模式是很伤车的。首先引擎与变速箱等传动机件表面会因经常处于与空气直接接触的状态而生锈，蓄电池也会因为长期的自然放电影响到使用寿命。最好的方法是每隔几天就跑一下车，跑个三四十分钟。总是短途用车也会伤车，车随时在动但都开不远，也是伤车的重要原因。车上所有机件在起动阶段磨损最为严重，发动一次车蓄电池所消耗的电量要大约行驶20分钟才能补足，这样的用车习惯很容易提早使车出毛病。

项目二　汽车保养与维护的耗材

一、燃油

1. 汽油

（1）汽油的规格和牌号

汽油分为含铅汽油和无铅汽油两类，均采用研究法辛烷值划分。截至2000年1月1日，我国所有汽油生产企业一律停止生产车用含铅汽油；从2000年7月1日起，全国实现汽油无铅化。我国现在使用的车用汽油都是无铅汽油。根据国家标准GB17930—1999《车用无铅汽油》的规定，汽油划分为90号、93号和95号三个牌号（目前市场上所见到的97号和98号汽油产品执行的产品标准为企业标准）。

（2）汽油选用原则及使用注意事项

① 汽油的选用主要依据以下原则。

◆ 根据车辆使用说明书的要求选择。

◆ 根据发动机的压缩比选用。压缩比大，选用高牌号的汽油；反之，压缩比小，选用低牌号的汽油。

◆ 根据使用条件选择。高原地区大气压力小，空气稀薄，汽油机工作时爆震的倾向减小，可以适当降低汽油的辛烷值。一般海拔高度每上升100米，汽油辛烷值可以降低约0.1个单位。经常在大负荷、低转速下工作的汽油机，应选择辛烷值较高的汽油。

◆ 根据发动机的使用时间来选择。使用时间长的汽油机，由于燃烧室积炭、水套积垢等原因，使爆燃的倾向增加，应选用高牌号的汽油。

② 车用汽油使用注意事项。

◆ 严格按照车辆使用说明书上推荐的汽油标号选择汽油的牌号。同时一定要注意要求的辛烷值是研究法辛烷值（RON）还是马达法辛烷值（MON）。

◆ 尽量使用高标准的清洁汽油，以提高车辆的经济性和排放性。

◆ 当换用其他牌号汽油时，发动机的点火提前角（若能人工调整的话）要做相应的调整。当由低牌号汽油换用高牌号汽油时，应适当提前点火提前角；而当由高牌号汽油换用低牌号汽油时，应适当推迟点火提前角。

◆ 汽车由平原驶入高原时，应换用低牌号汽油或适当推迟点火提前角，以免发动机发生过热，影响发动机的动力性；而汽车由高原驶入平原时，应换用高牌号汽油或适当提前点火提前角，以免发动机发生爆震燃烧。

◆ 尽量不将不同牌号或不同用途的汽油进行掺兑使用，严禁汽油与其他燃料掺和使用，以免影响发动机的正常使用。

◆ 不要使用长期存放的变质汽油。因为其结胶严重，辛烷值下降，会影响发动机的正常使用。

◆ 当燃油报警灯亮时，就要及时加油。因为油箱底部含有较多的水分和杂质，会影响发动机的正常工作，尤其对电喷汽油机影响较大，会降低油泵、喷油器的使用寿命，也容易造成油路堵塞。

注意

　　汽油是易燃、易爆品，易产生静电，有一定的毒性，使用时要注意安全。在汽油存放地的附近禁用明火，不能用塑料桶存放汽油。

2. 柴油

（1）柴油的牌号和规格

国产柴油根据国家标准GB252—2000的规定，按照其凝点的高低划分为10号、5号、0号、-10号、-20号、-35号、-50号7种。2000年中国石化集团发布了城市柴油企业标准QSHR006—2000《城市车用柴油技术要求》，该标准按凝点将城市车用柴油分为10号、0号、-5号、-10号、-20号，并从2004年4月1日开始执行。

（2）柴油选用原则及使用注意事项

① 柴油的选用。

柴油应根据使用地区和季节的不同进行选用。气温较高的地区，选用凝点较高的柴油；反之，气温较低的地区，选用凝点较低的柴油。一般选用柴油的凝点应比当地当月环境最低气温低5℃以上，以保证柴油在最低气温时不致凝固。

② 各种柴油的适用范围。

10号轻柴油适合有供油系加热设备的高速柴油机使用。

0号轻柴油适合最低气温在4℃以上的地区使用。

-10号轻柴油适合最低气温在-5℃以上的地区使用。

-20号轻柴油适合最低气温在-5～-14℃的地区使用。

-35号柴油适合最低气温在-29℃以上的地区使用。

-50号柴油适合最低气温在-44℃以上的地区使用。

③ 柴油使用的注意事项。

◆ 不同牌号的柴油可以掺兑使用，并可根据气温情况酌情适当调配。混合后的柴油凝点并不按比例计算，一般比其比例值高2℃左右。例如，-10号柴油与-20号柴油各以50%混合，混合后柴油的凝点约为-13℃。

◆ 在寒冷地区，缺乏低凝点柴油时，可以向高凝点轻柴油中掺入10%～40%的灯用煤油，混合均匀，以降低凝点。也可以采用适当的预热措施，提高发动机温度。

◆ 在严寒的冬季如果发动机不能起动，要另用起动燃料（如乙醚与航空煤油按体积1∶1配制）帮助起动。但严禁向柴油中加入汽油，否则发动机更不好起动。

◆ 柴油加入油箱前，要充分沉淀（不少于48h）。然后用滤网过滤，以除去杂质。

◆ 当燃油报警灯亮时，就要及时加油。因为油箱底部含有较多的水分和杂质，会影响发动机的正常工作，容易造成输油泵、喷油泵、喷油器等的磨损而降低它们的使用寿命，也容易造成油路堵塞。

3. 汽车代用燃料

我国经济的迅速发展，正随着汽车保有量的高速增长而面临能源需求与环境保护双重巨大压力。针对我国自然条件和资源，逐步改变汽车能源结构，发展汽车清洁代用燃料，实现发动机高效、低污染的燃烧，以控制汽车发动机有害排放对我国大气质量带来日趋严重的影响，已成为我国能源与环境研究中一个十分重大和紧要的课题。

能够代替汽油或柴油的汽车燃料主要有：天然气（NG）和液化石油气（LPG）、醇类燃料、二甲醚、生物燃料、氢气等。而其中比较理想的是液化石油气，它已被成功地应用于汽油机。此外，复式动力、电动等也是当前汽车动力研究方面的热点。

作为车用燃料，LPG的主要成分是丙烷、丁烷和少量烯烃及戊烷。其辛烷值比一般汽油的辛烷值高，可提高发动机的压缩比，提高热功当量效率，CO、NO_x等有害气体排放低于汽油排放，基本上消除了黑烟和颗粒物，发动机工作噪声低。但液化石油气的着火温度较高，难以在压燃式发动机中压缩燃烧，所以多半用于点燃式发动机用电火花点燃。

二、发动机润滑油

1. 发动机润滑油的分类

（1）按使用性能（使用等级）分类

我国国家标准GB/T7631.3—1995《内燃机油分类》，参照国际通用的API（美国石油学会）使用分类法，将发动机润滑油分为汽油机油系列（S系列）和柴油机油系列（C系列）两大类。每一系列又按油品特性和使用场合不同，分为若干等级。汽油机油系列共有SC、SD、SE、SF、SG、SH六个等级，柴油机油系列共有CC、CD、CD-Ⅱ、CE和CF-4五个等级。各类油品的级号越靠后，其使用性能越好。

除上述汽油机油和柴油机油系列分类外，国家标准GB11121—1995还规定了SD/CC、SE/CC、SF/CD三个汽油机/柴油机通用油的使用等级。

（2）按黏度分类

我国国家标准 GB/T14906—1994《内燃机油黏度分类》，采用国际通用的 SAE（美国汽车工程师协会）黏度分类法，将润滑油分为冬季用油（W级）和非冬季用油。冬季用油按低温黏度、低温泵送性划分，共有0W、5W、10W、15W、20W和25W六个等级，其级号越小，适应的温度越低；非冬季用油按 100℃时的运动黏度分级，共有20、30、40、50和60五个等级，其级号越大，适应的温度越高。

另外，为增大润滑油对季节和气温的适应范围，国家标准还规定了多级油的黏度级号，如5W/30、5W/40、10W/30、20W/40等多级油，其分子表示低温黏度等级，分母表示100℃时的运动黏度等级。多级油在油中添加了黏度指数改进剂，能同时满足某W级油和非W级油的黏度要求，有较宽的温度使用范围。例如，5W/40既符合5W级油黏度要求，又符合40级油黏度要求，在全国冬夏季均可通用。

2. 发动机润滑油的选用注意事项

（1）发动机润滑油的选用

由于润滑油对发动机的使用性能和寿命都有很大的影响，因此应严格按照汽车使用说明书的规定选用相同系列、使用等级、黏度等级的润滑油。车辆说明书推荐的润滑油是根据发动机的性能和销售地域的气温等情况而定的，对润滑油的选用有一定的指导作用，并留有较大的安全系数，同时也是发动机保用期内索赔的前提条件之一。若无说明书，可按下列方法选用合适的润滑油。

① 根据发动机使用的燃料选择相对应系列的发动机润滑油。

例如，汽油机选用S系列油，柴油机选用C系列油，石油气发动机选用石油气专用机油。

② 机油使用等级的选用。

◆ 汽油机油使用等级的选用。

由于汽油机工作条件的苛刻程度与发动机进、排气系统中有无附加装置及其类型有关，因此，可按附加装置的类型来选用汽油机油的使用等级。

没有附加装置的汽油发动机可选用SD级油。

有曲轴箱强制通风（PCV）装置的汽油发动机可选用SE级油。

有废气再循环（ECR）系统的汽油发动机应用SF级油。

装有废气催化转化器或中低档电喷燃油系统的汽油机，要用SG级以上的机油。

对于采用新型材料和新技术的中高档电喷汽油机则应用SJ级以上的机油。

另外，对于从欧洲及美、日等汽车生产国进口的汽车也可以根据生产年份来大致区分汽油机油的使用等级。例如，1989—1993年用SG级油，1994—1996年用SH级油，1996—2001年用SJ级油，2001年至今用SJ或SL级油。这是因为汽车的生产年份越靠后，其性能改进越多，润滑油的工作条件通常要比早年生产的汽车苛刻。

◆ 柴油机油使用等级的选用。

柴油机油的使用等级应根据柴油机的强化系数来确定,强化系数表示发动机的机械负荷和热负荷的总和,强化系数用K表示,可按下式计算:

$$K=p_e C_m Z$$

式中:p_e——汽缸平均有效压力,kPa;

C_m——活塞平均速度,m/s;

Z——冲程系数(四冲程为0.5,二冲程为1)。

③ 黏度等级的选用。

机油黏度的选用应同时满足低温起动性和高温润滑性。

◆ 根据地区、季节和气温选用黏度等级,并尽量使用多级油。

在严寒地区冬季使用的发动机润滑油应选用0W、5W油或0W/20、5W/20多级油;而在炎热地区的夏季,则应使用40号油或20W/40等机油。常用发动机润滑油黏度等级与适用温度范围见表1-1。

表1-1 常用发动机润滑油黏度等级与适用温度范围

黏 度 等 级	适用温度范围/℃	黏 度 等 级	适用温度范围/℃
5W/20	−30~20	20W/40	−15~40
5W/30	−30~30	10W	−5~15
10W/30	−25~30	20	5~25
10W/40	−25~40	30	15~35
15W/40	−20~40	40	20~40

◆ 根据发动机技术特性选用黏度等级。

对于新发动机应选用黏度较小的机油,以保证在使用期内正常磨合;而使用较久、磨损较大的发动机则应选用黏度较大的机油,以维持所需的机油压力,保证正常润滑。

(2)发动机润滑油使用注意事项

① 遇到下列情况之一,机油使用等级应酌情提高一级。

◆ 汽车长时间处于停停开开使用状态,如邮递车、出租车等。

◆ 长时间在高温高速下工作,尤其是满载或超载长距离行驶,如直达快车。

◆ 长时间在低温低速(气温低于0℃,车速小于16km/h)下行驶。

◆ 牵引车或中型以上载货车,满载并拖挂车长时间行驶。

◆ 在灰尘大的场所使用的发动机。

◆ 使用质量差、含硫量高(大于0.5%)的燃料。

② 使用等级较高的润滑油可以代替使用等级较低的润滑油,但相应的维护费用较高;反之,使用等级较低的润滑油绝不可代替使用等级较高的润滑油。

③ 根据用油地域或季节的变化,选用合适黏度的润滑油,特别是跨温区、跨季节使用

的车辆，应尽量使用多级油。若是使用单级油，在换季保养时应及时更换相应黏度的润滑油，对于还能使用的润滑油，可以用机油桶密封贮存，在合适的时候更换使用。不同规格、不同厂家生产的发动机润滑油不能混用，更不能混合贮存。

④ 定期、定里程或按质更换润滑油及机油滤清器或滤芯。任何质量的润滑油，在使用中都会发生变化，到一定里程后，油的性能恶化，会给发动机带来危害，产生种种故障。为了避免故障的发生，应结合使用条件定期换油或根据油的理化指标变化情况按质换油。发动机的磨屑、空气中的砂粒、尘埃等杂质经过油循环后，被集中收集到机油滤清器内。所以，一般建议是结合换油时每换两次机油更换一次机油滤清器或滤芯。

⑤ 掌握正确的油位检查方法，保持正常的油平面高度。机油油平面过低，油量不足，会加速机油变质，而且发动机会因缺油而引发部件的异常磨损；相反，油平面过高，油会从汽缸和活塞的间隙等处窜入燃烧室，产生积炭而影响发动机的正常工作。

⑥ 定期清洁或更换空气滤清器、燃油滤清器和曲轴箱强制通风阀，以防止外界杂质被带到润滑油中或因异常燃烧产生积炭等对润滑油和发动机产生危害。

⑦ 防止水分渗入润滑油。水分会使润滑油乳化变质，将降低甚至丧失润滑油的使用性能，对发动机的危害极大。因此，日常维护时机油加注孔盖要盖好，并检查油质中是否含有水分。

⑧ 换油应在发动机温度较高时进行，同时应尽量将废油放干净。废油应集中处理，不可随意倾倒，污染环境。

⑨ 有些车辆配有专用润滑油，建议使用专用润滑油。这些专用润滑油是汽车制造厂针对相应车型的发动机工作性能而与石油公司合作开发的，对于该车型润滑油使用性能更加良好。

⑩ 若发动机运行中发现机油报警灯亮，应立即将车开到安全地带，将发动机熄火，检查原因或寻求援助。在保证安全的前提下方可行车。尽可能在车上备有一些机油，以便发动机机油缺少时尽快补充。

三、润滑脂

1. 润滑脂的分类

按基础油分为矿物油脂和合成油脂。

按用途分为减摩润滑脂、防护润滑脂、密封润滑脂。

按特性分为高温润滑脂、耐寒润滑脂、极压润滑脂。

按稠化剂的类别分为皂基和非皂基润滑脂两大类。

① 皂基润滑脂又分为单皂基润滑脂（如钠基、锂基、钙基润滑脂等）、混合皂基润滑脂（如钙钠基润滑脂等）和复合皂基润滑脂（如复合钙、复合锂、复合铝基润滑脂等）等。

② 非皂基润滑脂分为烃基润滑脂、无机润滑脂、有机润滑脂等。

其中，按稠化剂的类别进行润滑脂分类使用得最多。

2. 润滑脂的选用与注意事项

（1）润滑脂的选用

润滑脂的品种及品牌众多，且性能各异，选用时应该考虑对润滑脂影响较大的主要因素，使用1～2个合适的质量指标的润滑脂。

① 工作温度。

若考虑的是温度对润滑脂的影响，就应该选用合适的滴点。工作温度越高，选用的滴点越高。

② 运动速度。

若对润滑脂影响最大的是运动速度，就应该选用合适的黏度指标。速度越大，选用的黏度越高；反之，应该选用低黏度的润滑脂。

③ 承载负荷。

若负荷是影响润滑脂的主要因素，就应该考虑针入度指标。承载负荷大，应选用针入度小的润滑脂，以免润滑脂被挤压出来；反之，应该选用针入度较大的润滑脂。

除了上述主要影响因素外，还要考虑润滑部件的周围环境和所接触的介质，如空气的湿度，以及是否有灰尘、雨水等。若机件会受到雨水的侵袭，就不能选用钠基润滑脂，而应选用钙基润滑脂或汽车通用锂基润滑脂。

（2）使用注意事项

① 根据汽车用脂润滑部位的要求使用合适的润滑脂。按车辆使用说明书的规定，定期或定里程向各润滑点注入相应的润滑脂，要防止用错。

② 不同种类的润滑脂不得混用。注意防止不同种类、牌号的新旧润滑脂的混合。换用新鲜润滑脂时，应先将旧的润滑脂洗净擦干。

③ 润滑脂加注量不能过多，否则会使机件的运转阻力增加，工作温度升高。

④ 润滑脂应防止沙尘、水分等杂质的侵入，要贮存在阴凉干燥的地方，并防止日晒和雨淋。

⑤ 盛放润滑脂的容器应清洁、密封。不要用木质或纸质包装容器盛放润滑脂。

四、齿轮油

1. 齿轮油的分类

车用齿轮油的分类和发动机润滑油一样，通常按使用性能和黏度分类。

（1）按使用性能分类

目前国际上广泛采用API（美国石油学会）使用分类法，它按齿轮承载能力和使用条件

不同，将车辆齿轮油分为GL-1、GL-2、GL-3、GL-4、GL-5、GL-6六个级别。

（2）按黏度分类

我国车辆齿轮油的黏度等级采用SAE（美国汽车工程师协会）黏度分类法，GB7631.7—1989按齿轮油黏度为150 000mPa·s时的最高温度和100℃时的运动黏度，将齿轮油分为70W、75W、80W、85W、90、140和250七个黏度牌号。其中，带W级号为冬季用油。另外GB7631.7—1989还规定有3个多级油的牌号，即80W/90、85W/90、85W/140。

2. 齿轮油的选用与注意事项

（1）齿轮油的选用

① 根据齿轮工作条件的苛刻程度选用使用等级。

齿轮工作条件的苛刻程度是由齿轮的类型及其工作时的负荷和表面滑移速度决定的。普通齿轮传动可选用普通车辆齿轮油，双曲线齿轮传动必须选用双曲线齿轮油。若汽车在山区或满载拖挂行驶，并经常处于高负荷状态下，工作苛刻，油温较高，也可以选用双曲线齿轮油。

② 依据季节气温选择黏度等级。

齿轮的低温黏度达150 000mPa·s时的最高温度决定其适用的最低气温。因此，齿轮油的黏度等级一般是根据不同地区或季节的气温情况来选择的。气温高时，选择黏度高的齿轮油；反之，气温低时，选择黏度低的齿轮油。例如，长江流域及其他冬季气温不低于-10℃的地区，全年可用90号油。长江以北冬季气温不低于-26℃的寒区，全年可用80W/90号油。黑龙江、内蒙古、新疆等冬季气温在-26℃以下的严寒区，冬季使用75W号油，夏季换用90号油。其他地区全年可用85W/90号油。

（2）齿轮油使用注意事项

① 一般使用等级高的齿轮油可用在要求低的车辆上，但使用等级低的齿轮油决不能用在要求高的车辆上。例如，双曲线齿轮油可用于双曲线齿轮驱动桥润滑，也可用于普通齿轮传动的润滑，但却不可将普通车辆齿轮油用于双曲线齿轮传动，否则将使齿轮加速磨损和损坏。

② 在保证润滑的条件下，尽量使用黏度合适的齿轮油，不要使用黏度过高的齿轮油，否则会造成浪费和增加燃料的消耗量。

③ 不同品牌的齿轮油不要混用。因为不同品牌齿轮油的某些性能指标不尽相同，若混用会降低齿轮油的使用效果。

④ 齿轮油在使用过程中，应按规定及时更换。一般汽车每行驶4万～5万公里后，结合定期维护予以换油。换油时应尽量将旧油放尽，并清洗齿轮箱。同时应将换下的废油集中处理，以免污染环境。

⑤ 严防水分、机械杂质、燃油等混入齿轮油。

五、液力传动油

1. 液力传动油的分类

国外液力传动油的分类是按照ASTM（美国材料试验学会）和API（美国石油学会）的分类方案，将液力传动油分为PTF-1、PTF-2、PTF-3三类。目前世界各国主要使用通用公司的Dexron、DexronⅠ、DexronⅡ、DexronⅢ型和福特公司的E、F型。

我国目前液力传动油尚无国家标准，现行标准为中国石化总公司的企业标准，该标准将液力传动油分为6号液力传动油和8号液力传动油两种。

8号液力传动油具有良好的黏温性、抗磨性和较低的摩擦系数，它接近于PTF-1级油，适用于轿车、轻型卡车的自动变速器。

6号液力传动油比8号液力传动油具有更好的抗磨性，但黏温性稍差，它接近于PTF-2级油，适用于内燃机车和重型货车的多级变矩器和液力耦合器。

2. 液力传动油的选用与注意事项

（1）液力传动油的选用

必须严格按车辆使用说明书的规定，选用适合品种的液力传动油。若无说明书，轿车、轻型货车应选用8号液力传动油，进口轿车要求用GM-A型、A-A型或Dexron型液力传动油的也可用8号液力传动油代替；而重型货车、工程机械的液力传动系统，则可选用6号液力传动油。

（2）液力传动油使用注意事项

① 要经常检查液力传动油的油平面，通常车辆每行驶1万公里应检查一次。若发现油平面下降过快，则可能出现漏油，应及时予以检查排除。

② 应按车辆使用说明书的规定期限，及时更换液力传动油和过滤器或清洗滤网，同时拆洗油底壳，并更换密封垫。若无说明书，通常每行驶3万公里应更换一次液力传动油。换下的油应集中处理。

③ 当液力传动油出现理化变质（如有烧焦味、起泡沫）时，不管是否到了换油周期，均应及时检查原因并更换液力传动油。

④ 注意有些进口车辆使用长寿命液力传动油，这种液力传动油只要没有发生理化变质即可继续使用。

六、液压油

1. 液压油的分类

随着汽车技术的发展，现代汽车上的许多机构广泛采用了液压传动。除了液压制动系

统、液压减振器、自动变速器、助力转向系统、离合器液压操纵机构外，自动倾卸机构、高档车上的玻璃升降器等均采用液压传动装置。另外在汽车维修机械中也广泛应用了液压传动，如举升机、各部件拆装升降平台、千斤顶等。

在我国液压油的分类按国家标准GB7631.2—1987规定的润滑剂和有关产品（L类）中的H组（液压系统）分类命名方法，汽车及其维修机械液压系统常用的液压油品种主要有LHL、LHM、LHV和LHR液压油等。

（1）LHL液压油

该种液压油是一种精制矿物油，它常用于低压液压系统和传动装置，在0℃以上环境下使用。

（2）LHM液压油

LHM液压油是抗磨型液压油。它是在LHL油的基础上改善其抗磨性能的润滑油。它适合于低、中、高压液压系统，也可用于其他中等负荷机械润滑部位，适用的环境温度为-5～60℃。

（3）LHV液压油

LHV液压油是低温抗磨型液压油。它是在LHM油的基础上改善其黏温性能的润滑油。它适用于环境温度变化较大或工作条件恶劣的低、中、高压液压系统（如野外作业的工程车辆、军车等），也可用于其他中等负荷机械润滑部位。

（4）LHR液压油

该液压油也是低温抗磨型液压油。它是在LHV油的基础上改善其黏温性能的润滑油。它适用于环境温度变化较大或工作条件恶劣的低压液压系统和其他轻负荷机械润滑部位。

2. 液压油的使用注意事项

① 严格按照液压系统的使用说明书选择合适的液压油。按规定的换油指标及时换油。

② 应特别注意保持液压油的清洁，防止沙、尘等杂物的侵入，否则会严重影响液压系统各元件的使用寿命。

③ 不同品质、不同牌号的液压油不得混合使用。

七、制动液

1. 制动液的分类

制动液按其组成和特性不同，一般可分为醇型、矿油型和合成型制动液三类。其中合成型制动液是目前广泛应用的主要品种。

我国汽车用制动液按照国家标准GB12981—2003《机动车辆制动液》进行分类。按机动车辆安全使用要求分为HZY3、HZY4、HZY5三种产品，它们分别对应国际通用产品DOT3、

DOT4、DOT5或DOT5.1。

2. 制动液的选用和注意事项

（1）制动液的选用

① 根据环境条件选用。环境条件主要是指气温、湿度和道路条件等。例如，在炎热的夏季，常在山区多坡或高速公路上行驶的车辆，制动强度大，制动液工作温度高，特别是在湿热条件下，一般应选用HZY3或HZY4合成型制动液。

② 根据车辆速度性能选用。高速车辆或常在市区行驶的车辆，制动液工作温度较高，应使用级别较高的制动液。

（2）制动液使用注意事项

① 若有车辆使用说明书，应严格按照说明书选用相应级别的制动液。注意车辆有无配备制动防抱死（ABS）或牵引力控制等电子控制系统时对制动液是否有不同的要求。

② 尽量选择性能稳定、质量可靠的品牌制动液。各种品牌的制动液原则上不能混用，因为它们不一定具有相容性。

③ 应按车辆使用说明书要求，定期更换制动液。一般车辆每行驶4万～5万公里或1～2年更换一次，因为制动液使用到一定时间，其各种使用性能会下降，从而影响到行车安全。更换下的制动液应集中处理，以免对环境造成污染。

④ 更换不同品牌或不同级别的制动液时，应用新的制动液清洗一次。不得用汽油、煤油等清洗，还要防止水分和各种杂质混入。

⑤ 若车辆出现制动过软，连续踩几脚才有制动，应及时检查制动液液面高度是否合适，并按规定操作程序进行排气。

⑥ 合成型制动液型号很多，颜色各异，选用时必须注意其质量指标中的使用温度范围、常温和低温下的黏度、有无沉淀和异味。

⑦ 制动液应密封存放，车辆上的制动液油壶盖应盖好，以防制动液吸收大气中的水分而降低沸点。

⑧ 制动液对车辆漆面有一定的腐蚀性，检查或更换制动液时，应注意别溅到车上或身上。若不慎溅到车上或身上，应及时用清水清洗。

⑨ 行车中若发现制动液位报警灯闪烁，应及时检查制动液面是否正常。液面若过低，应及时补充同级同牌的制动液。为此，车上应尽量备有制动液。

八、防冻冷却液

1. 防冻冷却液的分类

防冻冷却液是在清洁的水中加入一定比例的防冻剂而配制成的具有不同冰点的产品。根据防冻冷却液中加入防冻剂的不同构成不同品种的防冻液。目前，常用的防冻液品种有乙二

醇型、酒精型和甘油型等。而乙二醇型防冻液，因其具有冰点低、沸点高、防腐性好等优点被广泛使用。

乙二醇型防冻液根据石化行业标准SH0521—1992的规定，按其冰点不同分为−25、−30、−35、−40、−45、−50六个牌号。

2. 防冻冷却液的选用和注意事项

（1）防冻冷却液的选用

应根据当地冬季最低气温选用适当冰点牌号的防冻液，一般防冻液冰点应至少低于最低气温5℃。选用浓缩防冻液应按说明书规定的比例加入蒸馏水或去离子水，配制出具有与使用条件相对应冰点的防冻液，配制时不得使用自来水等非清洁水。

对于无特殊要求的车辆，可以选用乙二醇型防冻液以降低运输成本。对于一些中高档车辆，要求使用其专用防冻液，应按车辆说明书选用对应的防冻液。

（2）防冻冷却液使用注意事项

① 市面上的防冻液质量良莠不齐，注意选购信誉良好的品牌。合格的防冻液，只要维护得当，一般可以连续使用3～5年，但要求每年检测一次。

② 乙二醇对人体有毒性，使用和保管时应严防入口。

③ 防冻液对环境有一定的污染，更换下的防冻液应集中处理。

④ 应定期检查冷却水的液面高度，若液面过低应及时添加清洁水。

⑤ 要针对各种发动机具体结构特点选用防冻液种类，强化系数高的发动机，应选用高沸点防冻液；缸体或散热器用铝合金制造的发动机，应选用含有硅酸盐类添加剂的防冻液。另外，有一些高档汽车还为其发动机规定了专用的防冻液。例如，上海桑塔纳发动机就要求使用大众公司特制的G11防冻液。因此，在选用防冻液时要严格按照发动机使用说明书中的要求选用。

⑥ 防冻液的膨胀率一般比水大，若无膨胀水箱，防冻液只能加到冷却系容积的95%，以免防冻液溢出。

⑦ 如果发动机冷却系原先使用的是水或换用另一种防冻液，在加入新的防冻液之前，务必要将冷却系冲洗干净。

⑧ 不同牌号的防冻液不能混装混用，以免起化学反应，破坏各自的综合防腐能力。用剩的防冻液应在容器上注明名称，以免混淆。

⑨ 在使用后，若因冷却系渗漏引起散热器液面降低，应及时补充同一品牌防冻液；若液面降低系水蒸发所致，则应向冷却系添加蒸馏水或去离子水，切勿加入井水、自来水等硬水；当发现防冻液中有悬浮物、沉淀物或发臭时，证明防冻液已起化学反应，已变质失去功效，应及时清洗冷却系统，并全部更换防冻液。

⑩ 酒精型防冻液容易挥发，使用中应注意防火，在发动机水温高时，不要打开散热器

盖，也不要让发动机立即熄火，以免防冻液因急剧升温而突然喷出，造成失火；如果因酒精挥发使散热器液面下降，可用80%的乙醇加注补充。

九、制冷剂

➤ 1. 制冷剂的品种

汽车空调用制冷剂最早广泛使用CFC-12（亦写为R-12），后来使用环保型产品HFC-134a（亦写为R-134a）。

CFC-12制冷剂具有制冷能力强、化学性质稳定、安全性好等优点。但是研究证明，CFC-12释放在大气中后，会消耗大气层中的臭氧，破坏大气层对地球的保护作用（臭氧层可防止太阳光中的紫外线直接射向地球），对人类和生物带来危害。

HFC-134a对大气层不起破坏作用，与CFC-12相比，制冷能力较小，但传热性能优越。

近年来，常常根据制冷剂的化学组成表示制冷剂的种类。不含氢的卤代烃为氯氟化碳，写成CFC；含氢的卤代烃为氢氯氟化碳，写成HCFC；不含氯的卤代烃为氢氟化碳，写成HFC；碳氢化合物，写成HC。CFC、HCFC、HFC、HC等后面接数字或字母的编制方法，同国家标准GB/T7778—2001的规定一致。例如，R12属氯氟化碳化合物，表示成CFC—l2；R22、R134a分别表示成HCFC—22和HFC—l34a。

➤ 2. 制冷剂选用及注意事项

（1）制冷剂的选用

制冷剂的选用是一个比较复杂的技术经济问题，需要考虑的因素很多，选择时应根据具体情况，进行全面的技术分析。

① 考虑环保的要求。

制冷机设计时，要选择符合国际制冷剂替代总的框架和我国替代的国家方案所推荐的制冷剂，根据制冷机的使用寿命使用HCFC或HFC制冷剂。对于出口产品，还应符合使用国的国家标准。

② 考虑制冷温度的要求。

根据制冷剂温度和冷却条件的不同，选用高温（低压）、中温（中压）、低温（高压）制冷剂。通常选择的制冷剂的标准蒸发温度要低于制冷温度10℃。选择制冷剂还应考虑制冷装置的冷却条件、使用环境等。运行中的冷凝压力不应超过压缩机安全使用条件的规定值。汽车空调只能用车外空气做冷却介质，对其产生影响的气温、风速、太阳辐射、热辐射等因素都在发生变化，其运行条件决定它只能选用高温（低压）制冷剂，过去选用R—12，目前大多选用R—134a。

③ 考虑制冷剂的性质。

根据制冷剂的热力性质、物理性质和化学性质，选用那些无毒、不爆炸、不燃烧的制冷

剂；选用的制冷剂应传热好，阻力小，与制冷系统用材料相容性好。二氧化碳制冷剂在汽车中的应用正处在试验阶段，一旦成熟，是可选用的一种好的制冷剂。

④ 考虑压缩机的类型。

不同的制冷压缩机的工作原理有所不同。体积式压缩机是通过缩小制冷剂蒸气的体积提高其压力的，一般选用单位体积制冷量大的制冷剂，如R—134a、R—22等。

制冷剂的种类很多，随着科学技术的进步，新工质不断出现，以适用于不同的制冷装置。

（2）制冷剂使用注意事项

HFC-134a与CFC-12制冷剂的系统是有区别的，使用时切不可用错制冷剂，否则会引起制冷系统故障。

① 在使用CFC-12时应注意：

◆ 制冷剂容器应避免日光直射、火炉烘烤，以防意外。

◆ 应避免与人的皮肤直接接触，以防冻伤；尤其要避免误入眼睛，以防造成失明。

◆ 尽管CFC-12是无毒或低毒的，但与火焰接触时，会产生毒气。

◆ 操作现场应通风良好。

② 在使用HFC-134a时，除了要注意上述问题外，还应注意：

◆ 干燥剂应用XH-7，并增加用量。

◆ 冷冻机油应用适于HFC-134a的专用油。

◆ 制冷系统密封材料应用专用材料。

十、汽车轮胎

1. 汽车轮胎的种类及其规格

（1）充气轮胎的分类

汽车轮胎按照其组成部分可分为有内胎轮胎和无内胎轮胎，按照轮胎充气压力大小可分为高压胎（气压为0.5～0.7MPa）、低压胎（气压为0.2～0.5MPa）和超低压胎（气压在0.2MPa以下），按轮胎胎面花纹可分为普通花纹轮胎、混合花纹轮胎和越野花纹轮胎，按轮胎胎体中帘线排列方式可分为普通斜交轮胎和子午线轮胎。

（2）我国轮胎规格的表示方法

① 轿车轮胎规格。

GB9743—1997《轿车轮胎》和GB/T2978—1997《轿车轮胎系列》均规定了轿车轮胎规格的表示方法。

◆斜交轮胎。

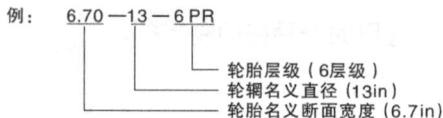

例：6.70—13—6 PR

轮胎层级（6层级）
轮辋名义直径（13in）
轮胎名义断面宽度（6.7in）

◆子午线轮胎。

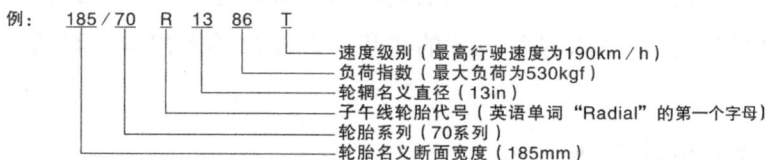

例：185／70　R　13　86　T

速度级别（最高行驶速度为190km／h）
负荷指数（最大负荷为530kgf）
轮辋名义直径（13in）
子午线轮胎代号（英语单词"Radial"的第一个字母）
轮胎系列（70系列）
轮胎名义断面宽度（185mm）

② 载货汽车轮胎规格。

GB/T2977—1997《载重汽车轮胎系列》按照载货汽车类型规定了载货汽车轮胎规格的表示方法。

◆微型载货汽车普通断面斜交轮胎。

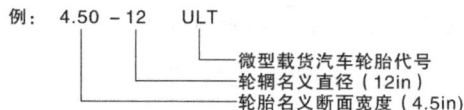

例：4.50－12　ULT

微型载货汽车轮胎代号
轮辋名义直径（12in）
轮胎名义断面宽度（4.5in）

◆轻型载货汽车普通断面斜交轮胎。

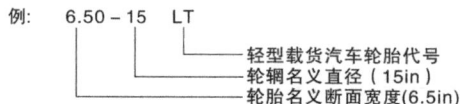

例：6.50－15　LT

轻型载货汽车轮胎代号
轮辋名义直径（15in）
轮胎名义断面宽度（6.5in）

◆轻型载货汽车普通断面子午线轮胎。

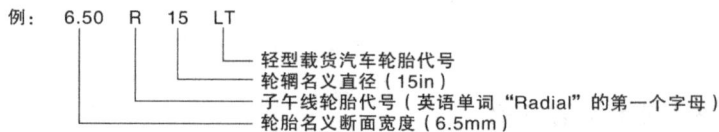

例：6.50　R　15　LT

轻型载货汽车轮胎代号
轮辋名义直径（15in）
子午线轮胎代号（英语单词"Radial"的第一个字母）
轮胎名义断面宽度（6.5mm）

◆轻型载货汽车斜交公制系列轮胎。

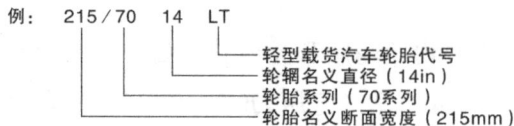

例：215／70　14　LT

轻型载货汽车轮胎代号
轮辋名义直径（14in）
轮胎系列（70系列）
轮胎名义断面宽度（215mm）

◆轻型载货汽车子午线公制系列轮胎。

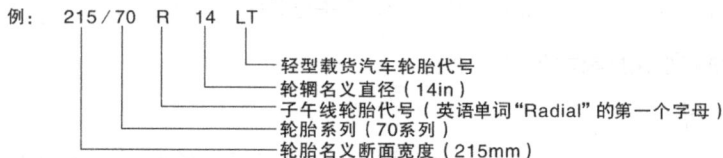

例：215／70　R　14　LT

轻型载货汽车轮胎代号
轮辋名义直径（14in）
子午线轮胎代号（英语单词"Radial"的第一个字母）
轮胎系列（70系列）
轮胎名义断面宽度（215mm）

◆中型、重型载货汽车普通断面斜交轮胎。

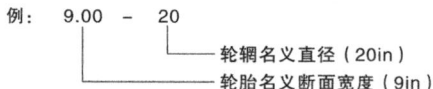

例：9.00　－　20

轮辋名义直径（20in）
轮胎名义断面宽度（9in）

◆中型、重型载货汽车普通断面子午线轮胎。

例：　　9.00　R　20

- 轮辋名义直径（20in）
- 子午线轮胎代号（英语单词"Radial"的第一个字母）
- 轮胎名义断面宽度（9in）

◆中型载货汽车普通断面子午线无内胎轮胎。

例：　8　R　22.5

- 无内胎轮辋名义直径（22.5in）
- 子午线轮胎代号（英语单词"Radial"的第一个字母）
- 轮胎名义断面宽度（8in）

◆中型载货汽车斜交无内胎公制系列轮胎。

例：　245／75　22.5

- 无内胎轮辋名义直径（22.5in）
- 轮胎系列（75系列）
- 轮胎名义断面宽度（245mm）

◆中型、重型载货汽车子午线无内胎公制系列轮胎。

例：　245／75　R　22.5

- 无内胎轮辋名义直径（22.5in）
- 子午线轮胎代号（英语单词"Radial"的第一个字母）
- 轮胎系列（75系列）
- 轮胎名义断面宽度（245mm）

2. 汽车轮胎的更换选用及注意事项

（1）保持轮胎标准气压

轮胎气压是根据轮胎负荷等条件规定的，轮胎气压应符合该轮胎承受负荷时规定的压力。一般可照汽车使用说明书规定的轮胎气压检查。

（2）防止轮胎超载

轮胎的负荷不应超过轮胎的额定负荷，在汽车使用过程中不得超载。装载要分布均匀，不可重心偏移，保持货物均匀分布。

（3）掌握车速，控制胎温

要求汽车所使用的轮胎应与最大设计车速相适应。最大设计车速较高的汽车须选用具有高速特性的轮胎。汽车夏季行驶时应增加停歇次数，如果轮胎发热或内压增高，应停车休息，严禁放气降低轮胎气压，也不要用冷水浇泼。

（4）保持汽车技术状况良好

① 前轮前束和外倾角应符合标准。

② 行车制动器调整良好，不拖滞。

③ 轮毂轴承的间隙调整适当。

④ 轮胎螺母紧固，车轮应平衡。

⑤ 钢板弹簧的挠度应尽量一致，前后轴平行。

⑥ 轮毂油封和液压制动轮缸无漏油现象。

⑦ 车轮总成的横向摆动量和径向跳动量应符合GB7258—1997《机动车运行安全技术条

件》的要求，对车轮总成的横向摆动量和径向跳动量的要求是：总质量小于或等于4.5t的汽车不得大于5mm，其他车辆不得大于8mm。

（5）正确驾驶

汽车应起步平稳，加速均匀，选择路面，少用紧急制动。

在滑路上要缓慢起步，以均匀速度行驶，车轮打滑空转时应及时采取防滑措施；行驶中注意选择路面，尽量避开障碍物和难行路段；道路不良或转弯时应减速行驶；遇有沟槽、坑洼或铁轨等障碍时，要以低速缓慢通过；在保证安全的前提下，少用制动器，尽量避免紧急制动。

（6）合理搭配，正确拆装

轮胎必须装配在规定规格的轮辋上；同一车轴应装配相同规格、花纹和层级的轮胎；普通斜交轮胎与子午线轮胎在同车上不能混用；轮胎花纹应根据道路条件选择，装配有向花纹轮胎时，花纹"人"字尖端的指向要与汽车前进时轮胎旋转方向一致；换装新胎时，应尽量做到整车或同轴同换；为确保行车安全，翻新轮胎不能装在转向轮上；汽车所使用的轮胎应与最大设计车速相适应。

拆装轮胎要使用专门的工具，严禁使用大锤敲击或其他尖锐器械；装内胎时，应在外胎内壁和内胎表面涂滑石粉，以便于内胎的伸展。内胎气门嘴应放置在轮辋气门嘴孔的中心，双胎并装时，应将内挡轮胎的车轮螺栓紧固后，再装外挡轮胎。

（7）强制维护，及时翻修

轮胎技术状况应符合GB7258—1997《机动车运行安全技术条件》的"轮胎要求"。对轮胎的维护应与整车维护一样，贯彻预防为主、强制维护的原则。轮胎维护分为日常维护、一级维护和二级维护，按汽车规定的维护周期执行。

（8）正确装运，妥善保管

装运轮胎时，不得与油类、易燃物、化学腐蚀品等混装，并用篷布遮盖，以免阳光照射或雨淋。长途运输必须竖立放置，内胎如无包装，须放在外胎内，并适量充气。

项目三 汽车维护常用工量具

一、汽车保养维修常用工具及使用方法

在汽车保养维修中经常用到的专用工具有扳手、螺钉旋具（起子）、钳子、千斤顶、锤子、滑脂枪、活塞环拆装钳等。

➡️ **1. 扳手**

（1）汽车保养维修常用扳手种类

汽车维修过程中，除了常用的开口扳手、梅花扳手、活动扳手、套筒扳手外，还经常使用扭力扳手及专用扳手。部分常用的扳手如图1-1所示。

① 扭力扳手。

扭力扳手是一种与套筒扳手中的套筒配合使用，能显示扭矩大小的专用工具。扭矩的国际单位是N·m，汽车维修中常用扭力扳手的规格是0～300N·m。

① 专用扳手。

专用扳手是一种用途较为单一的特殊扳手的通称，通常以其用途或结构特点来命名。每一种专用扳手，又可以按照不同规格和尺寸进行分类。在使用专用扳手时，必须选用与零件相适应的扳手，以免扳手滑脱伤手或损坏零件。常用的专用扳手及其用途见表1-2。

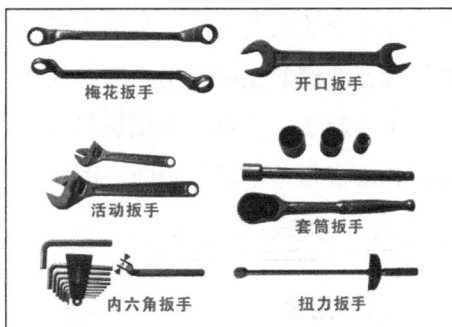

图1-1　部分常用的扳手

表1-2　常用的专用扳手及其用途

扳 手 名 称	主 要 用 途
内六角扳手	扭转内六角头部的螺栓
圆螺母扳手	扭转槽型圆螺母
叉形凸缘及转向螺母套筒扳手	扭转轮毂轴承调整、锁紧螺母
方扳手	扭转四棱柱头部的螺栓，如油底壳、变速器等的放油螺栓
叉形扳手	扭紧圆柱孔定位的螺母，如减振器顶盖等
火花塞套筒扳手	拆装火花塞
气门芯扳手	拆装轮胎气门芯
钩形扳手	扭转槽型圆螺母等
专用套筒扳手	扭转特殊螺栓或螺母，如轮毂轴承螺栓、轮胎螺母
机油滤清器扳手	拆装机油滤清器总成

（2）使用方法及注意事项

使用扭力扳手时，一手按住套筒一端，另一手平稳地拉动扭力扳手的手柄，并观察扭力扳手指针指示的扭矩数值。

切忌在过载的情况下使用扭力扳手，以免造成读数失准或扳手损坏；用后应将扭力扳手平稳放置，避免重物撞、压，造成扳杆或扳手指针变形而影响其测量精度，甚至损坏扳手。

（3）扳手类工具选用及注意事项

所选用的扳手的开口尺寸必须与螺栓或螺母的尺寸相符合，扳手开口过大易滑脱并损伤螺件的六角。在进口汽车维修中，应注意扳手公英制的选择。各类扳手的选用原则，一般优先选用套筒扳手，其次为梅花扳手，再次为开口扳手，最后选活动扳手。

2. 螺钉旋具

一字起子：又称一字形螺钉旋具、平口改锥，用于旋紧或松开头部开一字槽的螺钉。一般工作部分用碳素工具钢制成，并经淬火处理。一字起子由木柄、刀体和刃口组成。其规格以刀体部分的长度表示，常用的规格有100mm、150mm、200mm和300mm等几种，使用时应根据螺钉沟槽的宽度选用相应的规格。

十字起子：又称十字槽螺钉旋具、十字改锥，用于旋紧或松开头部带十字沟槽的螺钉，材料和规格与一字起子相同（图1-2）。

3. 活塞环拆装钳

（1）用途

活塞环拆装钳是一种专门用于拆装活塞环的工具。维修发动机时，必须使用活塞环拆装钳拆装活塞环（图1-3）。

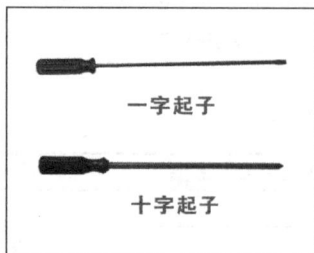

图1-2　螺钉旋具

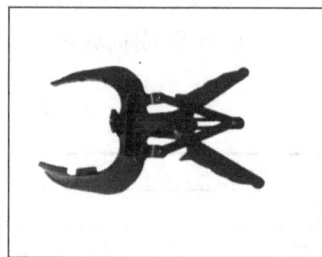

图1-3　活塞环拆装钳

（2）使用方法

使用活塞环拆装钳时，将拆装钳上的环卡卡住活塞环开口，握住手把稍稍均匀地用力，使拆装钳手把慢慢地收缩，环卡将活塞环徐徐地张开，使活塞环能从活塞环槽中取出或装入。使用活塞环拆装钳拆装活塞环时，用力必须均匀，以避免用力过猛而导致活塞环折断，同时也能避免伤手事故。

4. 气门弹簧拆装架

（1）用途

气门弹簧拆装架是一种专门用于拆装顶置气门弹簧的工具。

（2）使用方法

使用时，将拆装架托架抵住气门，压环对正气门弹簧座，然后压下手柄，使气门弹簧被压缩，这时可取下气门弹簧锁销或锁片，慢慢地松抬手柄，即可取出气门弹簧座、气门弹簧和气门等。

5. 滑脂枪

（1）用途

滑脂枪又称黄油枪，是一种专门用来加注润滑脂的工具。

（2）使用方法

① 填装黄油。

拉出拉杆使柱塞后移，拧下滑脂枪压力缸筒前盖。

把干净黄油分成团状，徐徐装入缸筒内，且使黄油团之间尽量相互贴紧，便于缸筒内空气排出。

装回前盖，推回拉杆，柱塞在弹簧作用下前移，使黄油处于压缩状态。

② 注油方法。

把滑脂枪接头对正被润滑的黄油嘴（滑脂嘴），直进直出，不能偏斜，以免影响黄油加注和减少润滑脂的浪费。

注油时，如注不进油，应立即停止，并查明堵塞的原因，排除后再进行注油。

6. 千斤顶

（1）用途和种类

千斤顶是一种最常用、最简单的起重工具，按照其工作原理可以分为机械丝杠式、气压式和液压式，按照所能起顶的质量可以分为3000kg、5000kg、9000kg等多种不同规格，目前广泛使用的是液压式千斤顶，如图1-4所示。

（2）使用方法

以液压式千斤顶为例介绍其使用方法。

① 起顶汽车前，应把千斤顶顶面擦拭干净，拧紧液压开关，把千斤顶放置在被顶部位的下部，并使千斤顶与被顶部位间相互垂直，以防千斤顶滑出而造成事故。

② 旋转顶面螺杆，改变千斤顶顶面与被顶部位的原始距

图1-4　液压式千斤顶

离，使起顶高度符合汽车需要的顶置高度。

③ 用三角形垫木，将汽车着地车轮前后塞住，防止汽车在起顶过程中发生滑溜事故。

④ 用手上下压动千斤顶手柄，被顶汽车逐渐升到一定高度，在车架下放入搁车凳，禁止用砖头等易碎物支垫汽车。落车时，应先检查车下是否有障碍物，并确保操作人员的安全。

⑤ 徐徐拧松液压开关，使汽车缓慢平稳地下降，架稳在搁车凳上。

（3）使用注意事项

① 汽车在起顶或下降过程中，禁止在汽车下面进行作业。

② 应徐徐拧松液压开关，使汽车缓慢下降，汽车下降速度不能过快，否则易发生事故。

③ 在松软路面上使用千斤顶起顶汽车时，应在千斤顶底座下加垫一块有较大面积且能承受压力的材料（如木板等），防止千斤顶由于汽车重压而下沉。

④ 千斤顶把汽车顶起后，当液压开关处于拧紧状态时，若发生自动下降故障，则应立即查找原因，及时排除故障后方可继续使用。

⑤ 如发现千斤顶缺油，应及时补充规定油液，不能用其他油液或水代替。

⑥ 千斤顶不能用火烘热，以防皮塑碗、皮圈损坏。

⑦ 千斤顶必须垂直放置，以免因油液渗漏而失效。

7. 工作灯

（1）用途

工作灯是一种随车的照明灯具，主要用于维护作业中的局部照明。

（2）使用方法

工作灯使用的电源是汽车的电源，使用时将工作灯插头插入汽车工作灯插座内即可。这时可将工作灯悬于须照明的作业部位或用手持工作灯柄直接照射须照明的作业部位。

8. 拉力器

拉力器可以用来完成三种工作：

① 把物体从轴上拉出；

② 把物体从孔中拉出；

③ 把轴从物体中拉出。

如图1-5所示，第一个例子表示把齿轮、轮子或轴承从轴上拉出。第二个例子表示把轴承外圈、保持器、油（密）封从孔里拉出。第三个例子表示抓住轴并压住外壳，把轴拉出来。显然，拉力器还有许多其他的应用。

把部件从
轴上拉出

拉
推
拉

例如：从轴上拉出齿轮、
轴承、轮子、滑轮等

拉
拉

例如：内部轴承外圈、
保持器、油（密）封

把轴从一个
部件上拔出

推
拉
推

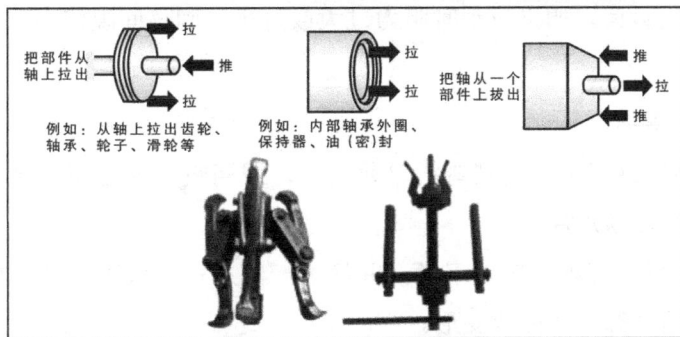

图1-5　拉力器的使用说明

9. 其他常用工具

钳工锤：又称圆顶锤。其锤头一端是平面略有弧形，是基本工作面；另一端是球面，用来敲击凹凸形状的工件。规格以锤头质量来表示，以0.5～0.75kg的最为常用，锤头以45号、50号钢锻造，两端工作面热处理后硬度一般为HRC50～57。

尖嘴钳：因其头部细长，所以能在较小的空间工作，带刃口的能剪切细小零件，使用时不能用力太大，否则钳口头部会变形或断裂，规格以钳长来表示，常用160mm一种。

鲤鱼钳：鲤鱼钳钳头的前部是平口细齿，适用于夹捏一般小零件；中部凹口粗长，用于夹持圆柱形零件，也可以代替扳手旋小螺栓、小螺母；钳口后部的刃口可剪切金属丝。由于一片钳体上有两个互相贯通的孔，又有一个特殊的销子，所以操作时钳口的张开度可很方便地变化，以适应夹持不同大小的零件，是汽车维修作业中使用最多的手钳。规格以钳长来表示，一般有165mm、200mm两种，用50号钢制造。

钢丝钳：其用途和鲤鱼钳相似，但其支销相对于两片钳体是固定的，故使用时不如鲤鱼钳灵活，但剪断金属丝的效果比鲤鱼钳要好，规格有150mm、175mm、200mm三种。

二、汽车保养维修常用量具及使用方法

1. 厚薄规

（1）用途与特点

厚薄规又称塞尺或间隙片，是一种由多片不同厚度的标准钢片所组成的测量工具，钢片上标有其厚度值，如图1-6所示。它主要用于测量两个接合面之间的间隙值。使用时，可以用一片进行测量，也可以由多片组合在一起进行测量。

（2）使用方法

① 用干净的布将厚薄规片擦拭干净，不能在厚薄规片沾有油污的情况下进行测量，否则会直接影响测量结果的准确性。

② 将厚薄规片插入被测间隙中，来回拉厚薄规片，感到稍有阻力时，表明该间隙接近

厚薄规片上所标出的数值。如果拉动时阻力过大或过小，则该间隙值小于或大于厚薄规片上所标出的数值。

（3）使用注意事项

① 不允许在测量过程中，剧烈弯折厚薄规片，或用较大的力硬将厚薄规片插入被检测间隙中，否则将损坏厚薄规片。

② 测量后，应将厚薄规片擦拭干净，并涂上一薄层机油或工业凡士林，然后将厚薄规片收回夹框内，以防锈蚀、弯曲或变形。

2. 游标卡尺

（1）用途与分类

游标卡尺是一种能直接测量工件直径、宽度、长度或深度的量具，如图1-7所示。

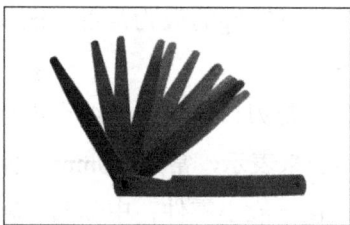

图1-6　厚薄规

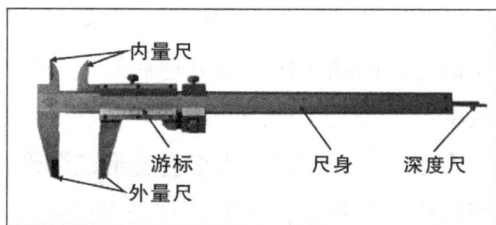

图1-7　游标卡尺

游标卡尺按照测量功能可以分为普通游标卡尺和深度游标卡尺，测量精度分为0.10mm、0.20mm、0.05mm、0.02mm等。目前常用的游标卡尺，其测量精度为0.02mm。

（2）使用方法

① 使用前，先将工件被测表面和卡钳接触表面擦干净。

② 测量工件外径时，将活动卡钳向外移动，使两卡钳间距大于工件外径，然后慢慢地移动副尺，使两卡钳与工件接触。使用中，切忌硬卡硬拉，以免影响游标卡尺的精度和读数的准确性。

③ 测量工件内径时，将活动卡钳向内移动，使两卡钳间距小于工件内径，然后缓慢地向外移动副尺，使两卡钳与工件接触。

④ 测量工件的内径和外径时，应使游标卡尺与工件垂直。测外径时，记下最小尺寸；测内径时，记下最大尺寸。

⑤ 用深度游标卡尺测量工件深度时，将固定卡钳与工件被测表面平整接触，然后缓慢地移动副尺，使卡钳与工件接触。测量时用力不宜过大，以免硬压游标而影响测量精度和读数的准确性。

⑥ 用后应将游标卡尺擦拭干净，并涂一薄层工业凡士林，放入卡尺盒内存放，切忌弯折、重压。

（3）读数方法

① 读出副尺零刻线所指示主尺上左边刻线的毫米整数值。

② 观察副尺上零刻线右边第几条刻线与主尺某一刻线对准，将游标精度乘以副尺上的格数，即为毫米小数值。

③ 将主尺上的整数值和副尺上的小数值相加即得被测工件的尺寸。

3. 千分尺

（1）分类与结构

千分尺又称螺旋测微器、分厘卡尺，是一种用于测量加工精度要求较高的尺寸的精密量具。其测量精度比游标卡尺高，且比较灵敏，其测量精度可达到0.01mm。一般分为外径千分尺、内径千分尺、杠杆千分尺、深度千分尺、壁厚千分尺、公法线千分尺等。按照测量范围可分为0～25mm、25～50mm、50～75mm、75～100mm和100～125mm等多种不同规格。

外径千分尺由尺架、测微装置、测力装置和锁紧装置等组成，如图1-8所示。

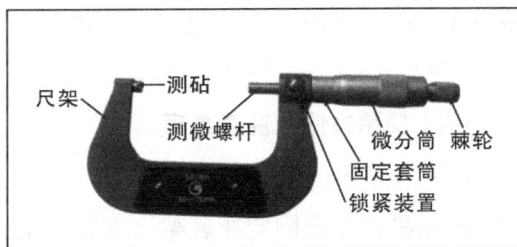

图1-8　千分尺

（2）千分尺的误差检查

① 把千分尺砧端表面擦拭干净。

② 旋转棘轮盘，使两个砧端夹住标准量规，直到棘轮发出2～3声"咔咔"声响，这时检视指示值。

③ 活动套筒前端应与固定套筒的零线对齐。

④ 活动套筒的零线与固定套筒的基线应对齐。

⑤ 若两者中有一个零线不能对齐，则该千分尺有误差，应检查调整后才能用于测量。

（3）使用方法

① 将工件被测表面擦拭干净，并置于千分尺两砧端之间，使千分尺螺杆轴线与工件中心线垂直或平行。若歪斜着测量，则直接影响测量的准确性。

② 旋转旋钮，使砧端与工件测量表面接近，再改为旋转棘轮盘，直到棘轮发出"咔咔"声响时为止，这时的指示数值就是所测量到的工件尺寸。

③ 用后应将千分尺擦拭干净，保持清洁，并涂抹一薄层工业凡士林，然后放入盒内保存。禁止重压、弯曲千分尺，且两砧端不得接触，以免影响千分尺精度。

（4）读数方法

① 从固定套筒上露出的刻线读出工件尺寸的毫米整数值和半毫米整数值。

② 从活动套筒上由固定套筒纵向线所对准的刻线读出工件尺寸的小数部分（百分之几毫米）。不足一格的（千分之几毫米），可用估读法确定。

③ 将两次读数值相加就是工件的测量尺寸。

4. 百分表

（1）用途与特点

百分表是一种比较性测量仪器，主要用于测量工件的尺寸误差和形位误差以及配合间隙等，其测量精度为0.01mm。

（2）读数方法

百分表的表盘刻度一般分为100格，当量头移动0.01mm时，大指针就偏转1格（表示0.01mm）；当大指针旋转1圈时，小指针偏转1格（表示1mm）。指针的偏转量就是被测零件（工件）的实际偏差或间隙值。

（3）使用方法及注意事项

① 使用方法。

◆ 先将百分表固定在表架（支架）上，以测杆端量头抵住被测工件表面，并使量头产生一定的位移（即指针存在一个预偏转值）。

◆ 移动被测工件或百分表支架座，观察百分表表盘上指针的偏转量，该偏转量即是被测物体的偏差尺寸或间隙值。

② 使用注意事项。

◆ 测杆轴线应与被测工件表面垂直，否则会影响测量精度。

◆ 百分表用后应卸除所有的负荷，用干净软布将表面擦拭干净，并在金属表面涂抹一薄层工业凡士林，然后将百分表水平地放置于盒内，严禁重压。

5. 内径百分表

内径百分表又称量缸表，是一种借助于百分表为读数机构，由配备杠杆传动系统或楔形传动系统的杆部组合而成的量具，如图1-9所示。它是一种比较性测量仪器，在汽车维修中主要用于测量发动机汽缸和轴承座孔的圆度误差、圆柱度误差或零件磨损情况，其测量精度为0.01mm。

内径百分表由百分表、表杆、表杆座、活动测杆（量头）、支撑架和一套长度不等的接杆等组成。

6. 汽缸压力表

（1）用途与种类

汽缸压力表是一种专门用于检查汽缸内气体压力大小的量具，如图1-10所示。其主要

组成部件是压力表，按测量范围和用途分为汽油机压力表（0～1.4MPa）和柴油机压力表（0～1.4MPa）两种，是诊断发动机是否需要大、中修的仪表之一。

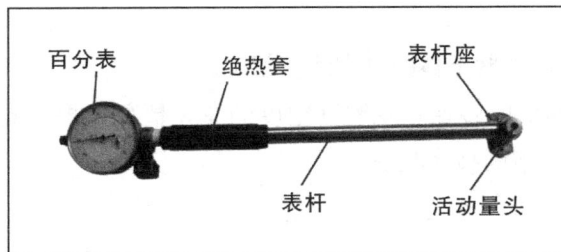

图1-9 内径百分表

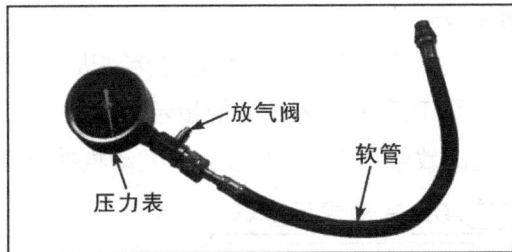

图1-10 汽缸压力表

（2）使用方法

① 起动发动机并运转到正常工作温度，旋下汽油机火花塞或柴油机喷油器。

② 汽油发动机必须将节气门和阻风门完全打开，把汽缸压力表的锥形橡胶圈压紧在火花塞座孔上。

③ 柴油发动机必须采用螺纹接口式汽缸压力表，将汽缸压力表螺纹接口旋入喷油器座孔内。

④ 用起动机带动曲轴旋转3～5s，使发动机转速保持在150～180r/min（汽油机）或500r/min（柴油机），这时汽缸压力表所指示的压力值就是该汽缸的压力。

⑤ 按下汽缸压力表上的放气阀，则压力表指针回零。

⑥ 在实际测量汽缸压力时，每个汽缸应重复测量2～3次。

7. 轮胎气压表

（1）用途与种类

轮胎气压表是专门用于测定轮胎气压的量具，常用的形式有标杆式和指针式两种。

（2）使用方法

① 将轮胎气压表测量端槽口与轮胎气门嘴对正压紧。

② 这时轮胎气压表指针发生偏转，其指示值即为该轮胎的充气压力；或者轮胎气压表标杆在气压作用下被推出，这时标杆上所显示的数值即为该轮胎的充气压力。

③ 测量完毕，应仔细检查轮胎气门芯是否漏气，若漏气，应予以排除。

8. 进气歧管真空表

（1）用途

进气歧管真空表是一种用于测量发动机进气歧管内真空度的工具，也可以用于检查汽油泵和真空装置的技术状况。

（2）测量范围

真空表刻度盘一般分为100格，测量范围为0～100kPa。

（3）使用方法

① 将发动机运转到正常工作温度，并调整分电器和化油器，使发动机保持稳定怠速转速运转。

② 将真空表用一根胶管连接到进气歧管或化油器下体的真空连接管上。

③ 观察真空表指针的指示值，并改变发动机的转速，观察真空度的变化情况。根据真空度的数值变化，分析和判断发动机在不同工况下的技术状况。

9. 其他常用量具

（1）钢直尺

钢直尺是一种最简单的长度测量工具，可直接读数，用薄钢板制成，常用它粗测工件长度、宽度和厚度，常见钢直尺的规格有150mm、300mm、500mm、1000mm等。

（2）卡钳

卡钳分外卡钳和内卡钳，它是一种间接读数量具，不能直接读出尺寸，必须与钢直尺或其他刻线量具配合测量。

（3）燃油压力表

燃油压力表用来检测发动机燃油供给系统的油压，以诊断燃油系统故障。

第二章　车身的保养与维护

项目一　汽车清洗

一、概述

汽车清洗是采用相关设备和清洗剂，对汽车车身及其附属部件进行清洁处理，使汽车保持或再现原有风采的最基本美容工序。它既是一种基础性的工作，也是一种经常性的美容作业。

二、故障分析

汽车在使用过程中，其表面会受到风吹、日晒、雨淋等自然侵蚀，使表面逐渐沉积灰尘和各类污物。如果这些污垢不及时清除，不仅会影响汽车的外观，还会诱发锈蚀和损伤。因此，汽车清洗对保持车容美观、延长车辆使用寿命有着重要作用。

三、技术要求与标准

一般根据车辆的行驶路况和行驶天气以及车表清洁度来确定是否需要清洗汽车。露天停放的车辆即使没有行驶，也应该两个星期进行一次清洗，以免粘在车表的尘土或脏物对车漆形成伤害。

四、实训教学目标

① 让学生了解汽车清洗的注意事项。
② 让学生掌握汽车清洗方法。
③ 锻炼学生的团队协作和动手能力。

五、实训器材

此次实训所需主要设备与工具分别为洗车水枪、汽车清洁泡沫机、毛巾、抹布、气枪等。

六、实训操作安排

根据每组4人左右的规模安排实训。

七、实训操作注意事项

① 洗车时应选用专用洗车液，任何车身漆面均不能用洗衣粉、洗洁精等含碱性成分的普通洗涤用品，以免使车身漆面失去光泽，甚至使车漆干裂，造成不可挽回的损失。

② 洗车时最好使用软水，尽量避免使用含矿物质较多的硬水，以免车身干燥后留下痕迹。

③ 在进行冲车时，水压不宜太高，喷嘴与车身应保持一定的距离。

④ 洗车各工序都应遵循由上到下的原则。

⑤ 擦洗车身漆面时，应使用软毛巾或海绵，并检查其中是否裹有硬质颗粒，以免划伤漆面。

⑥ 车身粘有沥青、油渍等污物时，要及时用专用清洗剂进行清洗。

⑦ 洗车时，应进行最后一道吹干工序，不能省略。车身缝隙间的水滴如果不吹干的话，久了将会形成顽固的水垢，难以去除。

⑧ 不要在阳光直射下洗车，以免车表水滴干燥后留下斑点，影响清洗效果。

⑨ 若发动机罩还有余热，应待其冷却后再进行清洗，防止温差太大伤及漆层。

⑩ 北方严寒季节不要在室外洗车，以防水滴在车身上结冰，造成漆层破裂。

八、实训操作步骤

这里以科鲁兹轿车人工清洗工艺流程为例。

人工洗车一般分冲淋、擦洗、冲洗、擦车和吹干五个步骤。洗车时一般由两人配合进行，这样不但速度快，而且清洗的质量好。

▷ 1. 冲淋

接到服务车辆后，由一人负责驶入工作间，另一人在车前引导，适时提醒驾驶者控制好方向。车辆停放平稳后，一人用高压水冲去车身污物，顺序自上而下，整个过程中始终由一个方向向另一边的斜下方冲洗，尽量避免正向或反冲洗，以免将泥沙冲回已经冲洗干净的部位。冲洗车时不可忽视的部位是车身的下部及底部，因为大量的泥沙和污物一般都聚集在这些部位，如果稍不注意就会遗留下泥沙等物质。这样在进行下面的工序擦洗时就会划伤漆面。因此必须尽可能冲洗掉车身下部及车底的大颗粒泥沙，如图2-1所示。

▷ 2. 擦洗

将配制好的洗车液均匀喷洒在车身表面，如果有泡沫清洗机，可先将泡沫喷洒在车身表面，如图2-2所示。然后两人手持海绵一左一右按照从上到下的顺序擦洗车身，如图2-3所示。擦洗时应注意全车的每个角落都要细致认真地进行擦洗，同时注意车身表面有些冲洗不掉的附着物，不可用力猛擦，以免损坏车身漆面。对于焦油、沥青等顽固污渍，应使用专用溶剂来清洗，如图2-4所示。

图2-1　冲淋

图2-2　喷洒泡沫

图2-3　擦洗

图2-4　清洗

3. 冲洗

擦洗完毕之后，开始冲洗车身，顺序同冲车一样，但这时应以车顶、上部和中部为重点。因为冲车时已经将车身下部冲洗得比较干净并进行了一定的擦洗。这时主要冲洗中部以上的部位，向下流动的水基本能够将下部及底部冲洗干净，所以下部和底部一带而过即可，如图2-5所示。

4. 擦车

用半湿性大毛巾将整个车身从前至后先预擦一遍，待车身中部及下部大部分水分被吸干之后，用干毛巾细擦一遍，要求擦干所留下的水痕。这样经过"一湿一干"两遍抹擦之后，车身应不留水痕而且十分干净。擦车时应注意检查洗车工序中容易遗漏的部位，如刮水器安装部位、车身底部等，如图2-6所示。

图2-5　冲洗

图2-6　擦车

5. 吹干

图2-7　吹干

完成前面四道工序后，车身表面即基本洗干净。但是有些地方在擦车时不容易擦干，如发动机盖边沿及内侧、车门边缘内侧、车门把手内侧、后备厢边沿内侧、油箱盖内侧等凹进去的地方，这时要用压缩空气进行吹干，如图2-7所示。操作时可一手拿着压缩空气枪，一手拿着干净抹布，边吹边抹，直到吹干为止。之后就可进行下一步的研磨抛光工作了。

6. 车表顽固污渍的清除

汽车行驶时有可能粘上焦油、沥青等污物，如果没有及时清洗，长时间附着在漆面上，会形成顽固的污斑，使用普通的清洗液一般难以清除干净，可以采用如下方法处理：

（1）焦油去除剂清除

焦油去除剂是汽车美容的常用产品，主要用于沥青、焦油等有机烃类化合物的清洁。使用专用的焦油去除剂，既可有效溶解顽固污物，又不会对漆面造成损伤。在沥青、焦油等顽固污渍的清除作业中，最好选用专用产品，若无专用去除剂，可考虑使用下面两种方法。

（2）有机溶剂清除

如果没有专用的焦油去除剂，可选用有机溶剂，但选用时一定要注意不可选用对车漆有溶解作用的有机溶剂，如含醇类、苯类的有机溶剂和松节水等。一般可用溶剂汽油浸润后，擦拭清除。

（3）抛光机清除

使用抛光机清除时可加入适当的研磨剂，也能有效地去除附着在车表的沥青、焦油等顽迹。但操作时要注意抛光机的使用，注意选择抛光机的转速和抛光盘的材质，避免抛光过度，得不偿失。

九、思考与练习

① 进行汽车清洗项目时应该注意哪些事项？

② 在家里可以用一条毛巾加洗衣粉自己清洗汽车吗？请简述理由。

十、实训考评

序　号	考 评 内 容	评　分	考　　核	点　　评
1	汽车清洗工具的认识	10		
2	维修实训准备工作	10		
3	工具的准备与使用	10		
4	汽车清洗的顺序	20		
5	汽车清洗的注意事项	20		
6	汽车清洗的效果	20		
7	整理与清洁	10		
总计		100		

项目二 内室清洁

一、概述

内室清洁通常是对汽车内部空间的美容，主要包括车内顶篷的清洁、车侧立柱及车门内表面的清洁、仪表控制面板的清洁护理、车窗玻璃的清洁护理、座椅的清洁护理、安全带的清洁、地毯的清洗、转向盘的清洁、其他饰面的清洁（如离合器踏板、制动踏板、节气门踏板等），还包括行李厢的清洁。作业时常用设备及用品见表2-1，实物如图2-8所示。

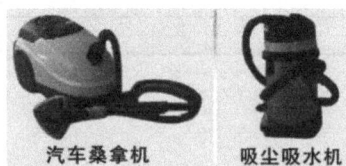

汽车桑拿机　　吸尘吸水机

图2-8　车饰美容设备

表2-1　车饰美容常用设备及用品

美容项目	具体作业项目	设备及用品	选用要点
车饰美容	内室清洁	吸尘器，高温蒸汽杀菌器，喷壶，毛巾，真皮、塑料、纤维织物清洁保护剂，真皮上光保护剂，真皮与塑料上光翻新保护剂，地毯清洁剂等	1. 不宜用碱性清洁剂进行车室清洁 2. 纤维织物清洁剂一般可用于地毯清洁

二、故障分析

汽车内饰中的地毯、座椅、空调风口、行李厢等处，经常接触潮湿的空气或水渍，在特定的环境中，这些地方最易滋生细菌，使内饰霉变，散发出臭气，不但会影响室内空气环境，更会对健康产生威胁。而内饰的清洁、杀菌、除臭，可以有效地防止各种污物对内饰的腐蚀。

三、技术要求与标准

汽车内室清洁应每半年进行一次，如果汽车经常行驶在尘土比较多的道路上或经常在阴雨天气行驶，则应该及时清洁或干燥内室。

四、实训教学目标

① 让学生了解汽车内室清洁注意事项。
② 让学生掌握汽车内室清洁方法。
③ 锻炼学生的团队协作和动手能力。

五、实训器材

此次实训所需主要设备与工具分别为吸尘设备、消毒设备、清洗海绵、清洗刷子、毛巾、抹布、气枪等。

六、实训操作安排

根据每组4人左右的规模安排实训。

七、实训操作注意事项

① 使用适当的清洁剂。进行车室清洁时，要根据不同材质使用专用的清洁剂或最相近的清洁剂。例如，用水性真皮清洁柔顺剂清洁真皮座椅，用化纤清洗剂清洗丝绒纤维制成的座椅、地毯等，用玻璃清洗液清洗车窗内侧的玻璃等。

② 切记不要随意混合或加温使用车饰清洁用品。不同的车饰清洁用品混合后，有可能产生一些有害物质，如有些化学成分混合后可能会释放出有毒气体。若将清洁剂加温，如放入蒸汽清洗机内使用，也容易产生有害气体。因此，除非产品包装上注明特别的混合比例或配合机械的使用方法，否则切勿随意混合或加温使用车饰清洁用品，以免发生化学反应，产生有害物质。

③ 对不熟悉的产品应先测试使用。对于首次使用的清洁剂，应先找到相同材质的部件进行清洗测试，或在待清洗部件的不显眼处进行测试。例如，使用真皮清洁剂清洗车内座椅皮革时，可先在座椅底部或背面等不显眼的地方小面积使用，观察清洗效果如何，以防褪色或有其他损害。

④ 车饰件上有特殊的污渍如焦油、油漆、机油等时，不可用力擦洗，应选用专用清洁剂进行清洗。

⑤ 清洁作业时，喷上清洁剂稍等片刻后再进行擦拭。擦拭时要求后期只能单向运动，以便保持光线漫射面一致。

⑥ 如有需要，可对清洗过的较难干燥的饰件进行烘干处理，有利于防止发霉。

八、实训操作步骤

1. 整理杂物

将杂物箱里的杂物或垃圾清理干净，并把地毯拿出来用软刷清理掉杂物。

2. 除尘

杂物清理完后，用吸尘机将车内的灰尘吸净，特别是座椅下或各角落里。

3. 清洗

对于不同的内饰件根据材质使用不同的清洗方法，见表2-2。

表2-2　内饰件清洗的不同方法

方　　法	说　　明
真皮饰品的清洗	清洗真皮饰品时，应选用专用皮革清洁剂进行清洗。喷上清洁剂后用软毛刷轻轻刷洗，然后用干净的抹布擦干。清洁后，可使用皮革类专业保护剂，如油性真皮上光保护剂、2010配方皮革保护剂等，对擦干的真皮进行上光处理。
塑料饰品的清洗	先将专用的清洗剂喷洒于塑料部件上，然后用海绵稍蘸清水擦洗表面，直至细纹中的污垢清除干净，再用半湿性毛巾擦洗表面的污垢，擦洗时应避免用力过猛，以免出现失光白化现象。清洁后，可用塑料护理上光剂、皮塑防护剂等进行上光处理
橡胶饰品的清洗	可将专用清洗剂喷洒于半湿性毛巾上，然后直接擦洗橡胶部件，再用干净的半湿性毛巾擦洗表面的污物
玻璃的清洗	先用风窗玻璃专用清洁剂进行清洗，然后涂上风窗玻璃防雾剂
车内其他材质物品的清洗	现代汽车内部运用了多种复合材料，其中较多的有乙烯塑料纤维等。可直接喷洒专用清洁剂在上面，然后用抹布擦干净。清洁完后喷涂一层塑件橡胶润光剂，可防止其过早老化变脆变硬

4. 上光护理

清洗过的真皮饰品、塑料饰品、橡胶饰品都必须进行上光护理，以保持其光艳性。

5. 消毒处理

（1）臭氧消毒

臭氧的氧化能力很强，对细菌、病毒等微生物杀灭率高、杀灭速度快，对有机化合物等污染物质去除彻底而又不产生二次污染。使用时，应关闭好车门窗，保持车内良好密封效果，臭氧消毒机要求在相对湿度大于60%的条件下使用，一次开机消毒时间以多于半小时为宜。

（2）光触媒消毒

光触媒是以二氧化钛为代表的具有光催化功能的光半导体材料的总称。它比臭氧、负氧离子有着更强的氧化能力，可强力分解臭源，有极强的防污、杀菌和除臭功能。光触媒机如图2-9所示。

图2-9　光触媒机

九、思考与练习

常见的属于汽车内室清洗的美容项目有哪些？

十、实训考评

序　号	考评内容	评　分	考　核	点　评
1	汽车内室清洗设备的认识	10		
2	维修实训准备工作	10		
3	工具的准备与使用	10		
4	汽车内室清洁的注意事项	20		
5	汽车内室清洁的顺序	20		
6	内室清洁的效果	20		
7	整理与清洁	10		
总计		100		

项目三　漆面打蜡

一、概述

汽车漆面打蜡就是给车身表面涂上一层保护蜡后，再将蜡抛出光泽。打蜡有手工打蜡和打蜡机打蜡两种方式。手工打蜡便于掌握均匀度，不会出现一圈圈的痕迹，但耗时较长；电动圆盘式上蜡机打蜡时间短、效率高，可快速将车蜡在车身上打匀，但对操作技术要求很高，若操作不当，车身表面易出现圈痕。

二、故障分析

汽车在行驶过程中，空气中的尘埃与车身金属表面相互摩擦产生静电，车蜡可隔断尘埃与车表金属摩擦。通过打蜡，不仅可有效地防止车身表面静电的产生，还可大大降低带电尘埃在车表面的附着。同时，车身打蜡对保护面漆、光亮漆层也具有很好的效果。因此，汽车在使用过程中，定期进行打蜡处理是非常必要的。

三、技术要求与标准

一般根据汽车使用环境及车蜡的品质确定打蜡频率。车辆使用环境较好，且有车库停放，一般每隔3～4个月打一次蜡；使用环境较差，且车辆露天停放，最好每隔2～3个月打一次蜡。另外，使用的车蜡品质好，打蜡后保持时间长，打蜡间隔也可适当延长。当然，这并非是硬性规定，一般用手触摸车身感觉不光滑或光泽较差时，可再次打蜡。

四、实训教学目标

① 让学生了解汽车漆面打蜡的注意事项。
② 让学生掌握汽车漆面打蜡的方法。
③ 锻炼学生的团队协作和动手能力。

五、实训器材

此次实训所需主要设备与工具分别为洗车水枪、汽车清洁泡沫机、汽车上蜡相关设备、毛巾、抹布、气枪等。

六、实训操作安排

根据每组4人左右的规模安排实训。

七、实训操作注意事项

① 切不可在阳光直射下或车身温度过高时打蜡。车蜡中起主要保护作用的是严密的电硅分子结构，在阳光下或车身温度过高时，电硅分子键会分解，使车蜡保护作用被破坏。这时打蜡，车身表面看似光亮，但一经雨淋或洗车，车身便失去应有的光泽。

② 上蜡时要特别注意不要将车蜡涂抹到门边塑料装饰条、前后塑料保险杠及车体其他塑料件上。

③ 上蜡后，应等待5～10min再将蜡抛出光泽。

八、实训操作步骤

① 清洗车辆（请参看汽车清洗项目），待车身完全干燥后才能上蜡。

② 手工打蜡，应将适量车蜡涂在海绵块上，然后在车身表面做直线往复涂抹，不可将蜡液倒在车身上乱涂或做圆圈式涂抹。一次作业要连续完成，不可涂涂停停。车蜡在车身上涂抹5～10min，待蜡渗透至面漆内，再用鹿皮均匀擦拭，直至将蜡层擦得如镜面般光滑为止。

③ 使用上蜡机打蜡时，将车蜡涂在海绵垫上，操作人员不可用力过大，以免将原漆打起。

④ 打蜡作业完成后，应清除车灯、车牌、车门和行李舱等处缝隙中的残留车蜡。这些车蜡如不及时清除，不仅影响车身美观，而且还可能产生锈蚀。因此，应仔细检查，彻底清除干净。

九、思考与练习

汽车上蜡有什么作用？上蜡的时候应该注意什么？

十、实训考评

序 号	考评内容	评 分	考 核	点 评
1	汽车漆面打蜡部件的认识	10		
2	维修实训准备工作	10		
3	工具的准备与使用	10		
4	汽车漆面打蜡的注意事项	20		
5	汽车漆面打蜡的顺序	20		
6	汽车漆面打蜡的效果	20		
7	整理与清洁	10		
总计		100		

项目四　防爆膜的张贴

一、概述

　　汽车贴膜就是在车辆前后挡风玻璃、侧窗玻璃以及天窗上贴上一层薄膜状物体，而这层薄膜状物体称为太阳膜或者防爆膜，实物如图2-10所示。

▷ **1. 防爆膜的主要特性**

（1）透光性

　　必须选择具有单向透光性的防爆膜，透光率应大于70%，确保夜间行车时视野清晰，才不会影响行驶安全。

图2-10　常见汽车防爆膜实物图

（2）防眩光性

　　前挡装贴的防爆膜应具有防眩光功能。防眩光就是在面对阳光开车或夜间开车时，可消除光线的散射造成的视觉紊乱、刺眼感觉，保证行车安全。

（3）抗光线折射性

　　这是前挡防爆膜一个很容易被忽视的重要指标。因为光线折射会产生镜面效应，导致玻璃上出现车内物品的投影，影响视线，降低安全性能。

　　有一种银色膜受到部分驾驶员的偏爱，其最大特点是反射率高，隔热性能也很出色，但反射率高也正是其危害所在，会对行车安全构成威胁，所以要尽量避免使用银色膜。

▷ **2. 汽车防爆膜质量鉴别**

　　市面上出售的车膜品种繁多，质量差异很大。一般普通膜的使用期在2年左右，优质防爆膜的使用期在5年以上。车用防爆膜的鉴别方法如下。

（1）看

　　① 看透光率。

　　不论防爆膜的颜色深浅，在夜间的可视距离要确保在60m以上，而劣质防爆膜则给人雾蒙蒙的感觉。

　　② 看颜色。

　　防爆膜通常采用本体渗染和溅射金属着色的方法令膜有颜色，是一种高科技产品，不易

变色，在粘贴过程中经刮板作用不会发生脱色；而低档劣质防爆膜，大多采用粘胶着色法来着色，就是在粘胶中加入颜料，然后涂在无色透明膜上使膜有颜色，这种膜不耐晒，很易褪色，严重的会褪成无色透明。

③看气泡。

撕开防爆膜的塑料内衬后再重新合上，劣质防爆膜会起泡，而优质车膜合上后完好如初。

（2）摸

优质防爆膜摸捏时有厚实平滑感，劣质防爆膜手感薄而脆。

（3）试

对于防爆膜的隔热性只凭肉眼看和手摸是很难鉴别的，可以通过一个简单的测试方法来做比较，在一个碘钨灯上放一块贴着防爆膜的玻璃，用手感觉不到一丝热的是优质防爆膜，而立即有烫手感觉的则是隔热性较差的劣质防爆膜。

二、作用

防爆膜的作用主要是阻挡紫外线、阻隔部分热量以及防止玻璃突然爆裂导致的伤人等情况发生，同时根据防爆膜的单向透视性能，达到保护个人隐私的目的。此外，它也可以减少车内物品以及人员因紫外线照射造成的损伤，在某些层面达到节省燃油消耗的功效。

三、技术要求与标准

据专家介绍，一般说来，贴完膜两天以内，不要升降车窗。防爆膜固定附着在车窗上需要5～7天，在这期间不要清洗或擦拭防爆膜，以免还没有完全粘合的膜发生位移。如果在洗车时不小心使膜松动，应该回到贴膜的店里让专业人员重新固定，以保证效果和持久性。

四、实训教学目标

①让学生了解汽车防爆膜张贴注意事项。
②让学生掌握汽车防爆膜张贴方法。
③锻炼学生的团队协作和动手能力。

五、实训器材

此次实训所需主要设备与工具分别为汽车清洗设备、裁剪刀、烤枪、软刮板、硬刮板、风枪、喷水壶等。

六、实训操作安排

根据每组4人左右的规模安排实训。

七、实训操作注意事项

① 贴膜时所用的水一定要经过过滤或沉淀。

② 若没有密闭室内张贴区，须关闭所有车门张贴。

③ 贴膜时不应穿着毛料衣服或有棉絮的衣服，因为衣服上的棉絮或羊毛会被静电吸到膜上面。

④ 在未拆开膜时，必须洗净双手或在其表面喷一些水，可防止灰尘及沙粒进入。

⑤ 拆开膜时勿太靠近其他物体，以免其他物体上的灰尘被静电所吸。

⑥ 玻璃洗好之后或拆开膜时不可让车外人员打开车门，以免带入大量灰尘或沙粒。

⑦ 在拆开膜时将冷气风速调到最低，待拆完膜并贴上玻璃之后再调大风速，以免车内灰尘到处快速飞动。

⑧ 在拆开膜时，若喷水器在膜上方晃动，其底部的沙粒、小石头会掉在膜上。因此使用喷水器时，应先擦净底部。

⑨ 拆开膜后必须以两个指头捏住隔热膜，以能控制膜为原则，尽量捏少一点。

⑩ 刮水清洗玻璃时有固定方式，若随便刮水或刮水断断续续都会带来沙粒。

⑪ 旧车或三角窗更应注意冲水，但顶部不可冲水，以免脏物随水下滑。

⑫ 拆完膜，喷过水后往玻璃上贴膜的过程中有时会碰到仪表板、方向盘、后视镜、椅套、玻璃框、顶篷、音响等，都会沾到脏物。

⑬ 拆完膜，喷好水欲贴上玻璃时，应尽量准确，若贴上去之后发现位置差很多，再移动就会沾到玻璃四周的物体或橡皮及泥槽内的沙粒。

⑭ 水可以由上往下、由右往左或由左往右赶，但不可将大量水由下往上赶，以免水往下流带动沙粒下来。

⑮ 膜已贴上玻璃即不可再掀起，掀起次数越多，带入的沙粒和尘粒越多。

⑯ 附着的灰应刮干净，任何标签、脏物应及时清理。

⑰ 将拆下的膜洗净之后再合上玻璃，以铜板将水挤干，此种方式不但不会刮伤、刮破膜，而且可以将膜上的沙粒变小并将其挤到隔热膜的胶里面，第二天便可摇动车门。

⑱ 旧车子四周泥槽及橡皮内暗藏很多看不到的沙粒和灰尘，有些玻璃弧度大，膜合上去之后会产生带有空气和水的尖三角状凸起，此时若不快速将水及空气赶出，沙子会不断被抽进膜里。

⑲ 贴膜前先用报纸或桌布盖好音响，将张贴处四周刮干净。

⑳ 清洗车窗时应先将车窗玻璃摇下来，才可清洗到顶端；刮完水，玻璃摇上去之后，上端不可再刮水。

㉑ 正规的贴膜施工现场，都要在车上铺设大毛巾，对前引擎盖、各个座位、后备厢盖进行保护。

八、实训操作步骤

汽车防爆膜的粘贴施工要求较高，必须按特定工序进行，其基本步骤如下。

（1）车况检查

对全车玻璃、内饰、车身进行全面检查以确定防爆膜张贴施工方案。

（2）施工前准备

清洗车身和内饰并准备好相应的贴膜工具。

（3）清洁玻璃

清洗玻璃和窗框是贴膜前的重要准备环节。清洁时要使用专门的玻璃清洁剂，在清除灰尘的同时，还要求彻底清除玻璃上附着的污物，这道工序通常配合专用贴膜刮板共同完成。另外，要注意玻璃橡胶压条缝隙的清洁。

（4）裁出适合窗户的防爆膜

根据汽车待贴玻璃的形状，裁剪防爆膜。裁剪前先准备各车型玻璃样板。一般汽车美容企业应配备常见车型的玻璃样板。

（5）贴膜

① 进一步清洁待贴玻璃。

② 做好玻璃与防爆膜的对中标志。若玻璃有一定的弧度，可用热风枪收缩防爆膜，如图2-11所示。

③ 从一角稍撕开黏着的衬垫，撕掉衬垫的同时用水性黏结剂喷湿胶面，这样可以降低胶的黏性，并容易弄下静电引起的黏着物。

④ 从玻璃中部向边角变化较多部位逐步刮贴，刮除玻璃与防爆膜之间的液泡和气泡，如图2-12所示。

图2-11　收缩防爆膜

图2-12　刮除玻璃与防爆膜之间的液泡和气泡

九、思考与练习

① 进行汽车防爆膜张贴项目时应该注意哪些事项？

② 在防爆膜的张贴过程中总结出更实用的张贴技巧。

十、实训考评

序 号	考评内容	评 分	考 核	点 评
1	汽车防爆膜张贴工具的认识	10		
2	实训施工准备工作	10		
3	工具的准备与使用	10		
4	防爆膜张贴的顺序	20		
5	防爆膜张贴的注意事项	20		
6	防爆膜张贴的效果	20		
7	整理与清洁	10		
	总计	100		

项目五　底盘装甲

一、概述

　　汽车底盘装甲的学名是汽车底盘防撞防锈隔音涂层，这是一种高科技的黏附性橡胶沥青涂层。它具有无毒、高遮盖率、高附着性等特点，可喷涂在车辆底盘、轮毂、油箱、汽车下围板、行李厢等暴露部位，快速干燥后形成一层牢固的弹性保护层。

二、故障分析

　　底盘装甲可以有效防护路面砂石对底盘的击打，防止飞石和沙砾的撞击；避免潮气、酸雨、盐分对车辆底盘金属的侵蚀，防止底盘生锈；防止底盘螺钉的松脱；降低行驶时噪声的传导，增加驾驶宁静感；阻止底盘铁板热传导，使驾驶室内冬暖夏凉。

三、技术要求与标准

　　一般用量为4～8罐不等，相据底盘的大小和施工厚度来决定。一般喷涂厚度为2～4mm，喷涂后20～30分钟左右，用手轻触底盘装甲，装甲变干，车辆即可上路。涂层完全固化时间为3天左右。

四、实训教学目标

　　① 让学生了解汽车底盘装甲的注意事项。
　　② 让学生掌握汽车底盘装甲的施工方法。
　　③ 锻炼学生的团队协作和动手能力。

五、实训器材

　　汽车举升机、气泵、喷枪、抹布、遮蔽胶带、报纸、大张塑料薄膜、口罩、手套等。

六、实训操作安排

　　根据每组4人左右的规模安排实训。

七、实训操作注意事项

　　① 喷枪施工气压为3.5～5.5kg，喷枪距物体表面15～20cm。采用"十"字形喷涂，喷涂

速度为每秒10~15cm，在不易连续喷射的地方可以点射喷涂。

② 喷涂过程中，对不能喷涂部位要特别留意。

③ 底盘装甲具有一定的厚度，是通过多次喷涂逐渐加厚的，下一次喷涂应在上一次涂层变干的基础上进行。

④ 对于砾石击打产生噪声的部位，如油箱、翼子板应重点喷涂，适当增加涂层厚度，可取得好的降噪效果。

⑤ 一般对于塑料材质的部件建议不喷涂。

⑥ 不要喷涂刹车片、驱动轴、发动机、变速箱、排气管等部件，若不慎喷涂，应用FL清洁剂立即清洗多余涂层。

⑦ 喷涂原料不需要添加稀释剂，使用前用力摇匀。

⑧ 喷涂新车时，底盘上的保护蜡必须蒸发干净。

⑨ 避免在阴雨的天气状况下施工。因为这样不利于涂料的及时干燥，往往会直接影响底盘装甲的实际效果。

八、实训操作步骤

第1步：将汽车开进施工区域并升高汽车，用高压水枪冲洗底盘，先涂上发动机外部清洗剂或发动机去油剂，去除底盘上黏结的油泥和沙子，达到无尘、无油。

第2步：用吹水枪将缝隙中的水吹出，并用毛巾将水擦干。

第3步：利用报纸和遮蔽带将不能喷涂的部位包覆，包括排气管、发动机、传动轴、三元催化器、镀锌板类散热部件（一般在排气管的上方）、各种管线及接口、螺钉，尤其注意车身上的传感器和减振器要遮盖好；利用大张塑料薄膜包覆轮胎；利用遮蔽膜包覆整个轮弧，并沿车身裙边贴好。有的车子轮弧部位是用整块PVC板保护的。这样就需要拆下车轮，再拆下PVC板，然后对里面的裸露金属部位进行喷涂。

第4步：将底盘装甲各组分材料依次喷涂到底盘上，主要施工部位依次是车辆底盘钢板、轮弧、翼子板、油箱外壳。使用前，施工人员应戴上口罩并用力摇匀容器罐。拉开拉环，将喷枪吸管插穿铝膜并拧紧容器罐与喷枪的对接口，即可开始喷涂。

第5步：局部修补涂层，保证遮蔽性越强越好。

第6步：去除周边遮蔽物，用专用清洁剂清洗周边非喷涂部位，等待风干，新车大约1个多小时就完成了，旧车就要根据车况而定了。

九、思考与练习

① 进行汽车底盘装甲项目时应该注意哪些事项？

② 请简述底盘装甲的好处。

十、实训考评

序　号	考评内容	评　分	考　核	点　评
1	汽车底盘装甲相关工具的认识	10		
2	维修实训准备工作	10		
3	工具的准备与使用	10		
4	汽车底盘装甲的施工顺序	20		
5	汽车底盘装甲项目的注意事项	20		
6	汽车底盘装甲的效果	20		
7	整理与清洁	10		
	总计	100		

项目六　玻璃清洗液的检查与加注

一、概述

　　风窗洗涤器的结构如图2-13所示，主要由储液箱、洗涤泵、软管与喷嘴等组成。储液箱由塑料制成，内装有用水、酒精或洗涤剂等配制的清洗液。洗涤泵俗称喷水电动机，由直流电动机和离心泵组成，其作用是将清洗液加压，通过软管和喷嘴喷洒到挡风玻璃表面。

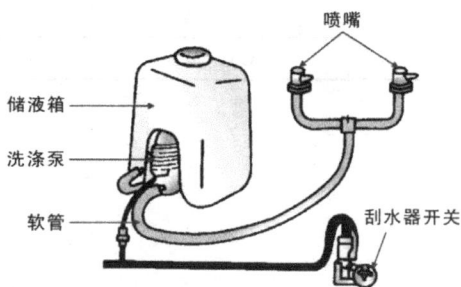

图2-13　风窗洗涤器的结构

二、故障分析

　　风窗洗涤器的作用是向风窗玻璃表面喷洒专用清洗液或水，在刮水片的配合下，保持风窗表面洁净。如果缺少清洗液或水，除了不易清洗风窗表面外，还会在启动喷水电动机时因没有清洗液或水而导致电动机烧坏。

三、技术要求与标准

　　市面上的玻璃清洗液一般分夏季型和冬季型，它们的区别其实就在于冰点不一样，组分大致相同，都具有清洗、抗静电和防雾等性能，夏季的车窗清洗液只是不具有防冻性。夏季虽然温度较高，但同样存在防雾、抗静电的问题，而且在雨季清洗玻璃更频繁。车窗清洗液中的表面活性剂能帮助雨刷器铺展水膜，减少风挡玻璃上挂水。实验证明，常用普通水对车身有损害，所以一年四季都要使用车窗清洗液。冬季的车窗清洗液完全可以在夏季使用，只是有点大材小用而已。应始终在清洗液箱中充满良好的清洗液并经常检查清洗液量。

四、实训教学目标

　　①让学生了解汽车玻璃清洗液的检查与加注注意事项。
　　②让学生掌握玻璃清洗液的检查与加注方法。
　　③锻炼学生的团队协作和动手能力。

五、实训器材

　　汽车举升机、气泵、喷枪、抹布、遮蔽胶带、报纸、大张塑料薄膜、口罩、手套等。

六、实训操作安排

根据每组4人左右的规模安排实训。

七、实训操作注意事项

① 注意不要在储液箱中没有玻璃清洗液的情况下操纵风窗洗涤器，以免烧坏电动机。

② 添加清洗液的时候注意不要有其他杂物掉入储液箱以免管路造成堵塞。

八、实训操作步骤

这里以科鲁兹轿车为例介绍操作步骤。

① 施工前准备工作。

◆ 停放好车辆并拉紧驻车制动器，如图2-14、图2-15所示。

图2-14　停放好车辆

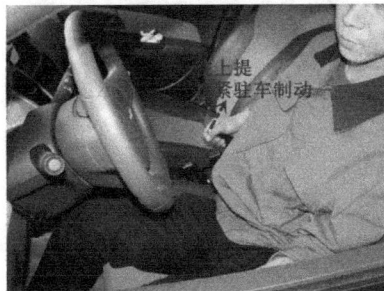

图2-15　拉紧驻车制动器

◆ 开启发动机前盖开关，打开发动机前盖并确保支撑杆支撑到位，如图2-16、图2-17所示。

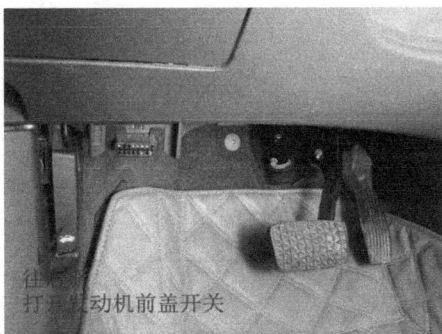

图2-16　开启发动机前盖开关

图2-17　打开发动机前盖

◆ 准备维修实训作业相关的保护装置和实训工具及用品，如图2-18、图2-19所示。

② 找到玻璃清洗液储液箱加注口，如图2-20所示。

③ 打开储液箱加注口盖，并添加玻璃清洗液，如图2-21和图2-22所示。

图2-18　准备实训保护装置

图2-19　准备实训工具及用品

图2-20　找到玻璃清洗液储液箱加注口

图2-21　打开储液箱加注口盖
并添加玻璃清洗液

图2-22　玻璃清洗液

④ 注意观察清洗液液位。

⑤ 加完清洗液后，注意检查玻璃清洗液储液箱加注口是否盖好。

九、思考与练习

玻璃清洗液可以用普通自来水代替吗？请简述原因。

十、实训考评

序　号	考评内容	评　分	考　核	点　评
1	风窗洗涤器部件的认识	10		
2	维修实训准备工作	10		
3	工具的准备与使用	10		
4	玻璃清洗液的选择	20		
5	玻璃清洗液添加注意事项	20		
6	正确添加	20		
7	整理与清洁	10		
	总计	100		

第三章　发动机的保养与维护

项目一　润滑系统保养与维护实训

任务一　机油油量的检查与添加

一、概述

一般机油都是由基础油和添加剂两部分组成的。基础油大多采用矿物油，而添加剂则采用金属清净剂、抗氧抗腐剂、除锈剂、无灰分散剂和黏度指数改进剂等。机油添加某些具有特殊功能的化学品能改善机油的品质，不仅能减少发动机的磨损，延长其使用寿命，使活塞及燃烧室较为清洁，润滑油路和细滤器上的沉积物少，而且能节约燃料，延长更换机油的使用里程。机油包装细节展示如图3-1所示（以壳牌蓝喜力机油包装为例）。

市面上品牌机油说明书上经常会出现SAE和API，SAE是用来评定机油黏度的，后面跟随的数字由5至50不等，数字越大，机油越稠，反之越稀。SAE中带有"W"字样的油品是冬用机油。标号越大，黏度指标越高。无"W"字样的油品是夏用机油，它在同样温度下比冬用机油黏度要大。其中SAE30、SAE40为单级油，SAE10W-30、SAE15W-40为多级油。例如标号"15W-40"，即W后面仍有数字牌号的机油为冬夏通用机油，国外称为复合油，国内则称为多级油。"W"前面的数字越小说明低温黏度越低，发动机冷起动时的保护能力越好；"W"后面的数字则是机油耐高温性的指标。

图3-1　机油包装细节展示

API是用来评定机油优劣级数的，它用"S"表示汽油机机油（我国用"Q"表示汽油机机油），"C"表示柴油机机油；其后的英文表示机油级别，"A"是最低级，"G"是最高级，常用的有"C"、"D"和"F"等级别。例如，"API CD"就表示API标准中用于柴油机的D级机油。机油应根据发动机的要求进行选择，既没必要在要求较低的发动机上使用过

于高级的机油，也不能将较低级的机油使用在要求较高的发动机上。

二、故障分析

发动机工作时，很多传动零件都是在很小的间隙下做高速相对运动的，如曲轴主轴颈与主轴承，曲柄销与连杆轴承，凸轮轴颈与凸轮轴承，活塞、活塞环与汽缸壁面，配气机构各运动副及传动齿轮副等。尽管这些零件的工作表面都经过精细的加工，但放大来看这些表面却是凹凸不平的。

如果不对这些表面进行润滑，它们之间将发生剧烈的摩擦。金属表面之间的干摩擦不仅会增加发动机的功率消耗，加速零件工作表面的磨损，而且还可能由于摩擦产生的热将零件工作表面烧损，致使发动机无法运转。

润滑系统的功用就是在发动机工作时连续不断地把数量足够、温度适当的洁净机油输送到全部传动件的摩擦表面，并在摩擦表面之间形成油膜，实现液体摩擦，从而减小摩擦阻力、降低消耗功率、减轻机件磨损；此外循环流动的润滑油可将摩擦产生的热量带走，以达到提高发动机工作可靠性和耐久性的目的。

三、技术要求与标准

发动机机油的添加量可以根据机油油面在标尺中的位置进行判断，应该保证机油油面在标尺的最高位和最低位之间。

四、实训教学目标

① 让学生了解发动机机油的检查与添加注意事项。
② 让学生掌握发动机机油的检查与添加方法。
③ 锻炼学生的团队协作和动手能力。

五、实训器材

此次实训所需主要设备与工具分别为举升机、毛巾、抹布、润滑油。

六、实训操作安排

根据每组4人左右的规模安排实训。

七、实训操作注意事项

① 应尽量选择多级油，多级油由于用量节省、寿命长、高效，对发动机有较好的保护作用。基于多级油的特性，在使用过程中可能会出现过早发黑、机油压力较普通机油小的现

象，均系正常。

② 发动机使用过程中，不同厂家、不同牌号的机油不能混用。

③ 严防水分混入，使油品乳化变质。

④ 补充机油时应防止杂物进入注入口，不要使油面超过[F]线，否则会导致发动机故障。检测机油量时，如果机油油面超过[F]线或有异常，应及时检查排除。

⑤ 擦机油标尺时应使用干净的抹布，以免杂物混入发动机而产生故障。

⑥ 发动机机油消耗量随行驶距离的增加而增加，特别是在恶劣的环境下驾驶时，应随时检测机油量，不足时要及时补充。

⑦ 在机油量不足的状态下驾驶车辆，会发生发动机黏附故障。

⑧ 发动机机油起润滑与冷却作用，而且能提高发动机性能，延长使用寿命。但润滑气门导管和气门杆、活塞与缸壁内侧的一部分机油会进入燃烧室内燃烧，因而消耗机油。另外，车辆在高速、高负荷及交通堵塞情况下频繁停车和起步消耗的机油量要比正常行驶所消耗的机油量多。

八、实训操作步骤

这里以科鲁兹轿车为例介绍操作步骤。

① 施工前准备工作。

◆ 停放好车辆并拉紧驻车制动器，如图3-2和图3-3所示。

图3-2　停好车辆

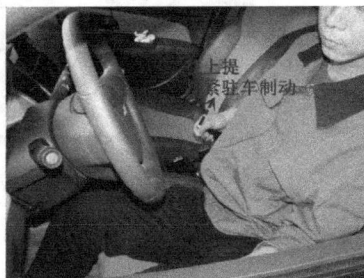

图3-3　拉紧驻车制动器

◆ 先了解汽车的重心位置，调整举升机上的托臂，使支承垫支承到汽车的推荐举升点上，如图3-4和图3-5所示。

图3-4　调整举升机上的托臂

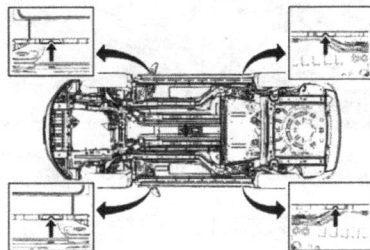

图3-5　使支承垫支承到汽车的推荐举升点上

◆ 举升车辆少许，检查并确认支承垫是否支承到汽车的推荐举升点上，如图3-6所示。

◆ 开启发动机前盖开关，打开发动机前盖并确保支撑杆支撑到位，如图3-7和图3-8所示。

图3-6　举升车辆少许

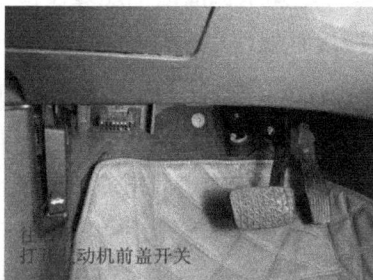

图3-7　开启发动机前盖开关

◆ 准备维修实训作业相关的保护装置和实训工具及用品，如图3-9和图3-10所示。

图3-8　确保支撑杆支撑到位

图3-9　准备实训保护装置

② 起动发动机，先预热发动机至正常工作温度，如图3-11所示。

图3-10　准备实训工具及用品

图3-11　起动并预热发动机至正常工作温度

③ 停止运转发动机，等待3分钟后，拔出机油尺擦干净，重新插入油尺并再次取出，记录油尺上的油面，如图3-12所示。

④ 正确的油面应在上位[F]线和下位[L]线之间，如图3-13所示。

⑤ 用手捻搓机油尺上的机油，检查其黏度，看有无汽油味和水泡等，如图3-14所示。

图3-12　记录油尺上的油面

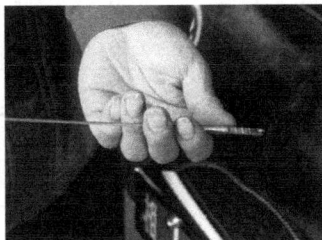

图3-13　正确的油面

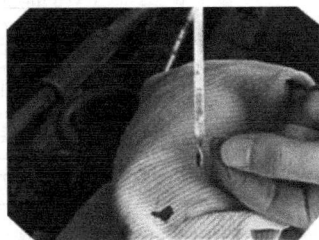

图3-14　检查机油品质

⑥ 如果油面低于[L]线也就是最低刻度线，在将油面过低原因排除后，可拧开机油加注口盖适当补充同种性质的发动机机油至正常油面高度，如图3-15和图3-16所示。添加的过程中注意随时检查机油加注量，不要添加过量。

⑦ 油面太高时，应及时查明原因予以排除，可能是冷却水或汽油进入曲轴箱内所致。

⑧ 添加完成后，起动发动机，怠速运转一段时间，熄火后再次检查机油液位和发动机缸体是否有泄漏现象。

⑨ 整理和清洁施工现场和车辆。

图3-15　拧开机油加注口盖图

图3-16　加注机油

九、思考与练习

① 在进行发动机机油的检查和补充过程中应该注意什么？

② 每天的常规检查中应不应该对发动机机油进行检查？简述理由。

十、实训考评

序　号	考评内容	评　分	考　核	点　评
1	发动机润滑系部件的认识	10		
2	实训施工准备工作	10		
3	工具的准备与使用	10		
4	机油油量的检查和补充顺序	20		
5	机油油量的检查和补充注意事项	20		
6	正确添加	20		
7	整理与清洁	10		
	总计	100		

任务二　机油与机油滤清器的检查与更换

一、概述

发动机润滑系统主要由油底壳、机油泵、机油集滤器、机油滤清器、安全阀、油管、汽缸体上润滑油道以及机油压力表和感应塞等组成，如图3-17和图3-18所示。

图3-17　发动机润滑系统油路图

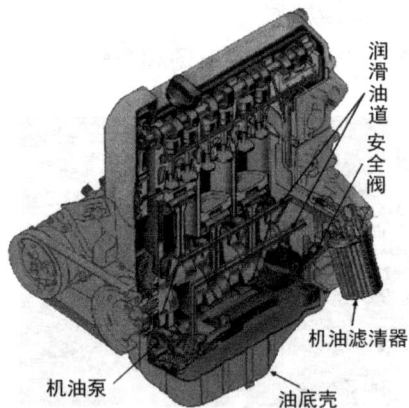

图3-18　发动机润滑系统位置结构图

当发动机工作时，机油从油底壳经集滤器被机油泵送入机油滤清器。如果油压太高，则机油经机油泵上的安全阀返回油底壳。全部机油经滤清器滤清之后进入发动机主油道。滤清器盖上设有旁通阀，当滤清器堵塞时，机油不经过滤清器滤清由旁通阀直接进入主油道。机油经主油道进入各条分油道，分别润滑各个主轴承。然后，机油经曲轴上的斜油道，从主轴承流向连杆轴承，润滑连杆轴颈。主油道的另一条分油道直通凸轮轴轴承润滑油道，此油道也有分油道，分别向各个凸轮轴轴承供油。在凸轮轴轴承润滑油道的后端，也就是整个压力润滑油路的终端装有最低机油压力报警开关。当发动机起动之后，机油压力较低，最低油

压报警开关触点闭合，油压指示灯亮。当机油压力超过一定值时，最低油压报警开关触点断开，指示灯熄灭。

二、故障分析

发动机润滑油在使用中不断受金属屑、空气中的尘埃以及积炭等的污染。其中比较重的杂质沉淀于油底壳底部，轻而细小的杂质随润滑油进入润滑油道，加剧了各摩擦面的磨损和机件的损坏。如果长时间不更换，容易使发动机里面的杂质对发动机部件进行再次伤害，甚至导致发动机油道堵塞。此外机油使用久了会氧化变质，黏度会降低，不利于良好的润滑。

三、技术要求与标准

汽车在使用过程中应定期检查发动机机油油位，检查间隔应尽量保持在一个月或3000公里以内。发动机机油和机油滤清器的更换周期一般为5000公里或6个月。

四、实训教学目标

① 让学生了解机油与机油滤清器的检查与更换注意事项。
② 让学生掌握机油与机油滤清器的检查与更换方法。
③ 锻炼学生的团队协作和动手能力。

五、实训器材

此次实训所需主要设备与工具分别为举升机、毛巾、抹布、气枪。

六、实训操作安排

根据每组4人左右的规模安排实训。

七、实训操作注意事项

① 拆卸机油滤清器时应使用滤清器扳手或适当的工具，防止损坏连接部位的螺纹。
② 安装机油滤清器时应先检查和清洁机油滤清器安装面，然后在密封垫的表面上涂一层干净机油，再用手轻轻地将滤清器旋入至有阻力的位置，最后用专用工具拧紧3～4圈。
③ 对于不是更换总成件而只是更换滤芯的滤清器，则应准确安装滤清器外壳与滤清器座之间的密封垫。
④ 滤清器不能拧得过紧，防止密封垫损坏。
⑤ 滤清器的更换周期应与机油的更换周期同步。

八、实训操作步骤

这里以科鲁兹轿车为例介绍操作步骤。

① 施工前准备工作。

◆ 停放好车辆并拉紧驻车制动器，如图3-19和图3-20所示。

图3-19 停好车辆

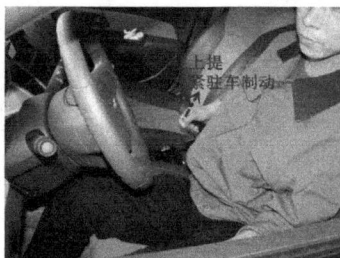

图3-20 拉紧驻车制动器

◆ 先了解汽车的重心位置，调整举升机上的托臂，使支承垫支承到汽车的推荐举升点上，如图3-21和图3-22所示。

图3-21 调整举升机上的托臂

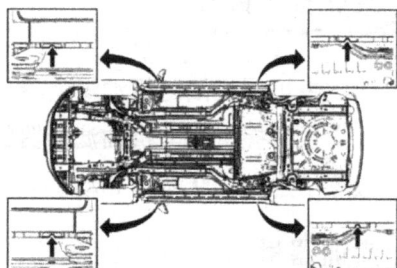

图3-22 使支承垫支承到汽车的推荐举升点上

◆ 举升车辆少许，检查并确认支承垫是否支承到汽车的推荐举升点上，如图3-23所示。

◆ 开启发动机前盖开关，打开发动机前盖并确保支撑杆支撑到位，如图3-24和图3-25所示。

图3-23 举升车辆少许

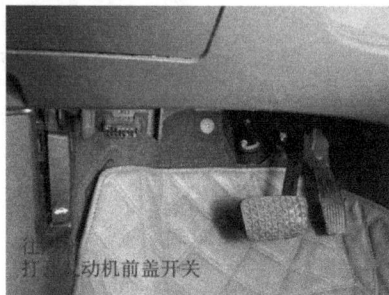

图3-24 开启发动机前盖开关

图3-25 确保支撑杆支撑到位

◆ 准备维修实训作业相关的保护装置和实训工具及用品，如图3-26和图3-27所示。

图3-26　准备实训保护装置

图3-27　准备实训工具及用品

② 起动发动机，先预热发动机至正常工作温度，如图3-28所示。

③ 熄火后，打开发动机机油加注口，举升车辆并检查发动机机油是否有泄漏痕迹，如图3-29所示。

图3-28　起动并预热发动机至正常工作温度

图3-29　检查发动机机油是否有泄漏痕迹

④ 取下放油螺栓，排放发动机机油，如图3-30～图3-32所示。

图3-30　放油螺栓

图3-31　取下放油螺栓

图3-32　排放发动机机油

⑤ 排放完毕后，擦净放油螺栓，再按规定力矩拧紧放油螺栓。

⑥ 用扳手拧松机油滤清器盖并取出机油滤芯，如图3-33、图3-34所示。

⑦ 更换新滤芯后，先用手把机油滤清器盖拧紧，直到滤清器O形环与安装表面接触，再用专用工具将其拧紧。为了恰当地拧紧机油滤清器，注意识别滤清器O形环与安装表面初始接触的精确位置。与安装表面接触后，用机油滤清器扳手再把滤清器拧紧3/4圈。

⑧ 从发动机机油加注口加入适量的机油，如图3-35所示。

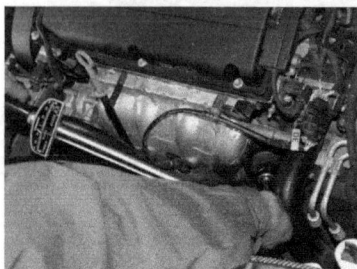

图3-33　拧松机油滤清器盖　　图3-34　取出机油滤芯　　图3-35　加入适量的机油

⑨ 加注过程中注意拔出机油尺检查机油的液位，使机油液位在标尺中间偏上位置时停止添加，如图3-36、图3-37所示。

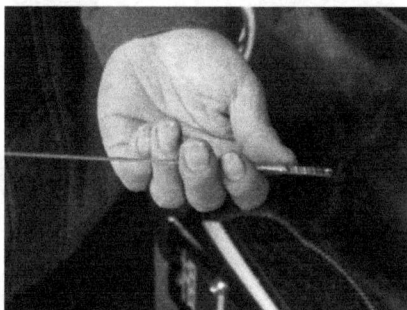

图3-36　拔出机油尺　　图3-37　机油液位在标尺中间偏上位置

⑩ 添加完成后，起动发动机，怠速运转一段时间，熄火后再次检查机油液位和发动机油底壳放油螺拴、机油滤清器密封接口处是否有泄漏现象。

⑪ 为了保证机油寿命系统正常工作，每次更换机油后必须重新设置系统。因为系统计算出机油寿命快要结束时，会通过指示灯指示需要更换机油。以下是机油寿命系统的复位方法。

方法一：机油寿命系统手动复位。

◆ 打开点火开关。

◆ 按下转向信号开关上的"Menu（菜单）"按钮，如图3-38所示。

◆ 转动调节轮选择菜单"Vehicle Information System（车辆信息系统）"。

◆ 转动调节轮选择菜单"Oil Life System（机油寿命系统）"。

◆ 按下转向信号开关上的"SET/CLR（设置/清除）"按钮，并同时踩下制动踏板。

方法二：机油寿命系统自动复位。

◆ 打开点火开关。

◆ 连接故障诊断仪，如图3-39所示。

图3-38 按下转向信号开关上的"Menu"按钮

图3-39 连接故障诊断仪

◆ 选择"Module Diagnosis（模块诊断）"。

◆ 选择"Engine Control Module（发动机控制模块）"。

◆ 选择"Configuration/Reset（配置/复位）"功能。

◆ 选择"Engine Oil System Reset（发动机机油系统复位）"。

◆ 按下"Enter（确认）"键运行此功能。

◆ 确认执行成功。

◆ 点火开关置于"OFF（关闭）"位置并确认。

◆ 点火开关置于"ON（打开）"位置并确认。

九、思考与练习

① 更换汽车机油与机油滤清器应该注意什么？

② 更换机油与机油滤清器后应该怎样复位机油寿命系统？

十、实训考评

序　号	考评内容	评　分	考　核	点　评
1	发动机润滑系部件的认识	10		
2	维修实训准备工作	10		
3	工具的准备与使用	10		
4	机油和机油滤芯的检查更换顺序	20		
5	机油和机油滤芯的检查更换注意事项	20		
6	正确添加	20		
7	整理与清洁	10		
总计		100		

任务三　发动机润滑系统的清洁护理

一、概述

发动机在运行过程中，润滑系统的润滑油就处在高温高压的条件下工作，容易产生油泥、胶质等沉积物，这些物质黏附在润滑系统的油路之中，不但影响润滑油的流动，而且加速润滑油的变质，使运动零件的表面磨损加剧。

1. 机器清洗

先排出发动机油底壳中的润滑油，取下机油滤清器，接好发动机润滑系统清洗机的进出油管，打开开关进行清洗，清洗完毕后清洗机会发出报警声，提醒操作员已经清洗完成。

2. 专用清洗剂清洗

清洗时将适量清洗剂加注到曲轴箱中，起动发动机运转15～30min后，排掉脏污的润滑油，更换机油滤芯（图3-40），最后加注新的润滑油即可。

分体式滤清器　　　整体式滤清器

图3-40　机油滤清器

二、故障分析

一般引擎内机油滤芯只能过滤最小25μm的粒子，而引擎内的焦油、油漆、金属屑等小于25μm的微粒将继续滞留聚积在引擎内部、各机油管路、机油泵和油底壳中。更换机油时不能清除掉这些微粒，从而造成了引擎的污染以及较高的运转温度，同时也加剧了引擎运动部件的磨损。这些将导致车辆行驶不顺畅、机油压力不足、温度易升高、噪声过大、动力明显衰退等。

三、技术要求与标准

一般汽车每行驶5000～20000公里或半年至一年清洗一次。在更换机油等级或品牌以及

尾气测试前也应该进行清洗。

四、实训教学目标

① 让学生了解汽油发动机润滑系统清洁护理的注意事项。
② 让学生掌握汽油发动机润滑系统清洁护理的方法。
③ 锻炼学生的团队协作和动手能力。

五、实训器材

此次实训所需主要设备与工具分别为发动机润滑油放油螺栓和机油滤清器拆卸专用工具、发动机润滑系清洗机、毛巾、抹布等。

六、实训操作安排

根据每组4人左右的规模安排实训。

七、实训操作注意事项

① 使用引擎润滑油系统免拆清洗机时应查阅清洗机的使用说明书，看所要施工的车型是否适宜用该机器清洗。

② 使用引擎润滑油系统免拆清洗机时应注意更换新的滤芯和检查清洗液，如果清洗液过脏则应更换后进行清洗。

③ 德奥克免拆清洗机KL-302实物图如图3-41所示，使用前应注意阅读机器使用说明书。

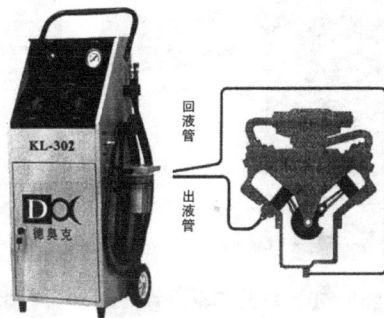

八、实训操作步骤

图3-41 德奥克免拆清洗机KL-302实物图

下面以德奥克KL-302引擎润滑油系统免拆清洗机的操作为例进行讲解。

① 施工前准备工作。

停放好车辆并拉紧驻车制动器，如图3-42、图3-43所示。

◆ 先了解汽车的重心位置，调整举升机上的托臂，使支承垫支承到汽车的推荐举升点上，如图3-44、图3-45所示。

◆ 举升车辆少许，检查并确认支承垫是否支承到汽车的推荐举升点上，如图3-46所示。

◆ 开启发动机前盖开关，打开发动机前盖并确保支撑杆支撑到位，如图3-47、图3-48所示。

图3-42　停好车辆

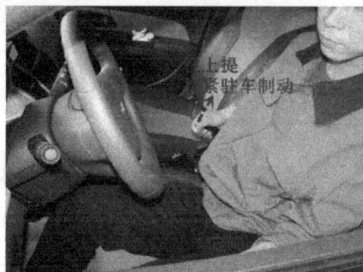

图3-43　拉紧驻车制动器

图3-44　调整举升机上的托臂

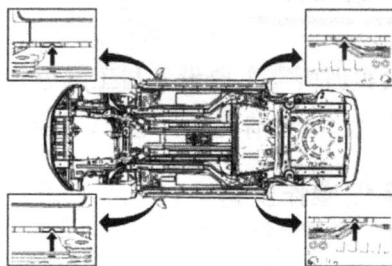

图3-45　使支承垫支承到汽车的推荐举升点上

图3-46　举升车辆少许

图3-47　开启发动机前盖开关

图3-48　确保支撑杆支撑到位

◆ 准备维修实训作业相关的保护装置和实训工具及用品，如图3-49、图3-50所示。

图3-49　准备实训保护装置

图3-50　准备实训工具及用品

② 起动发动机，先预热发动机至正常工作温度。（如图3-51所示）

③ 熄火后，打开发动机机油加注口，举升车辆并检查发动机机油是否有泄漏痕迹，如图3-52所示。

图3-51　起动并预热发动机至正常工作温度

图3-52　检查发动机机油是否有泄漏痕迹

④ 取下放油螺栓，排放发动机机油，如图3-53～图3-55所示。

图3-53　放油螺栓

图3-54　取下放油螺栓

图3-55　排放发动机机油

⑤ 排放完毕后，擦净放油螺栓，并放置于无尘工具箱中。

⑥ 用扳手拧松机油滤清器盖并取出机油滤芯，如图3-56、图3-57所示。

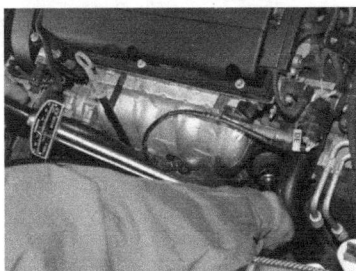

图3-56　拧松机油滤清器盖

图3-57　取出机油滤芯

⑦ 准备发动机润滑系清洗机。

◆ 将清洗液桶放入清洗机内，并将油管插入桶内。

◆ 接上6~8（80~125psi）的压缩空气。

◆ 将白色滤芯放入透明滤壳，并将透明滤壳旋紧（注意：O形环不要忘记装上）。

⑧ 从工具盒中找出适合油底壳的螺钉接头，装好O形密封圈并拧进油底壳，将回液管接至油底壳接头上。

⑨ 选择适合汽车机油滤清器的接头，再配合相应的O形环，拧至汽车机油滤芯固定座上，并拧紧。将出液管接至机油滤芯的接头上。

⑩ 再一次确认回液管及出液管连接是否正确，确认其连接良好。

⑪ 给发动机添加清洗液，将转换阀A旋至"清洗加注"位置，将转换阀B旋至"加注"位置，将定时器旋至3分钟位置，将调压阀的旋钮提起一点，且按顺时针方向旋转打开，直到压力表显示60~80psi时，开始加注清洗液。当蜂鸣器发出"滴"的叫声时，将调压阀旋钮按逆时针方向旋转关闭，结束加注。在加注过程中顺便检查各接头是否漏气漏液，若有泄漏则将调压阀关闭，机器则停止一切动作，待状况排除后，再重新工作。

⑫ 循环清洗：将转换阀A旋至"清洗加注"位置，将转换阀B旋至"清洗回抽"位置，将定时器旋至4分钟位置，将调压阀的旋钮按顺时针方向旋转打开，直到压力表显示60~80psi时，开始循环清洗工作，当蜂鸣器发出"滴"的叫声时，将调压阀的旋钮按逆时针方向旋转关闭，结束循环。

⑬ 浸泡：将转换阀A旋至"清洗加注"位置，将转换阀B旋至"清洗回抽"位置，关闭调压阀，将定时器旋至2分钟位置，开始浸泡，直到蜂鸣器发出"滴"的叫声，结束浸泡。

⑭ 再循环清洗：与上述循环清洗操作相同。

⑮ 回抽清洗液：将转换阀A旋至"回抽"位置，将转换阀B旋至"清洗回抽"位置，将调压阀的旋钮按顺时针方向旋转打开，直至压力表显示60~80psi时，开始回抽清洗液，直至蜂鸣器发出"滴"的叫声。看到清洗机外侧的滤杯内无清洗液且确定清洗液回抽完后，再将调压阀关闭，结束回抽。至此清洗工作结束。

⑯ 将回液管、出液管、接头螺钉拆下，将原油底壳螺钉拧紧，更换新的机油滤芯。

⑰ 确认油底壳螺钉及新机油滤芯已拧紧，再加注新的机油，起动发动机运转1分钟后关掉点火开关，再检查机油尺确定油量是否足够，如不足者则至油量足够。

⑱ 对发动机润滑系统进行复位。

⑲ 整理和清洁施工现场和车辆。

九、思考与练习

① 进行发动机润滑系统的清洁护理项目时应该注意哪些事项？

② 为什么要进行发动机润滑系统的清洁？

十、实训考评

序　号	考评内容	评　分	考　核	点　评
1	发动机润滑系统清洗机的认识	10		
2	润滑系清洁施工准备工作	10		
3	工具的准备与使用	10		
4	润滑系的清洗顺序	20		
5	润滑系清洁护理的注意事项	20		
6	正确添加	20		
7	整理与清洁	10		
总计		100		

项目二　发动机冷却系统保养与维护实训

任务一　防冻液的选择和添加

一、概述

常见的防冻液由水、防冻剂、添加剂三部分组成，按防冻剂成分不同可分为酒精型、甘油型、乙二醇型等。酒精型防冻液用乙醇做防冻剂，价格便宜，流动性好，配制工艺简单，但沸点较低，易挥发损失，冰点易升高且易燃等，现已逐渐被淘汰；甘油型防冻液沸点高、挥发性小、不易着火、无毒、腐蚀性小，但降低冰点效果不佳、成本高、价格昂贵，只有少数北欧国家仍在使用；乙二醇型防冻液用乙二醇做防冻剂，并添加少量抗泡沫、防腐蚀等综合添加剂配制而成。由于乙二醇易溶于水，可以任意配成各种冰点的防冻液，其最低冰点可达-68℃，这种防冻液具有沸点高、泡沫倾向低、防腐和防垢等特点，是一种较为理想的防冻液，目前被国内外发动机所广泛使用。

另外，防冻液按使用方式又可以分为直接使用型和浓缩型。浓缩型防冻液不能直接使用，必须根据使用温度要求用软水按相关的参数调制到一定浓度才能使用。防冻液的包装如图3-58所示（以壳牌防冻液为例）。

图3-58　防冻液的包装

图3-58 冷冻液的包装（续）

二、故障分析

随着汽车发动机技术的不断发展和性能的提升，对发动机冷却系统的要求特别是冷却液的要求也越来越高。冷却液是保证水冷式发动机正常工作的散热介质。若发动机过热，就会导致充气效率降低，发动机功率下降；使早燃、爆燃倾向加大，过早损坏零部件；恶化运动件之间的润滑，加剧其磨损等。若发动机过冷，就会导致进入汽缸的混合气品质差，使发动机功率下降，燃料消耗增加；燃烧生成物中的酸性物质腐蚀零部件；未燃的燃料冲刷和稀释运动件表面的润滑油膜，使其磨损加剧。相比普通冷却水而言，防冻液有防腐蚀、防穴蚀、高沸点、防垢、防冻等功能。

三、技术要求与标准

检查冷却液液位时应保证冷却液液位在"min"标线和"max"标线之间。

四、实训教学目标

① 让学生了解冷却液的选择与添加注意事项。
② 让学生掌握冷却液的选择与添加方法。
③ 锻炼学生的团队协作和动手能力。

五、实训器材

此次实训所需主要设备与工具分别为举升机、防冻液、毛巾、抹布等。

六、实训操作安排

根据每组4人左右的规模安排实训。

七、实训操作注意事项

① 在添加冷却液时，如果发动机是热的，不要直接打开散热器盖，以防热水喷出造成烫伤。须等待发动机冷却后，再用抹布裹着打开散热器盖，如果散热器内还有残余压力，打开时会听到排气的声音，应注意防护。

② 应使用车型规定的冷却液及推荐的混合浓度。通用科鲁兹发行的防冻混合液，其确保浓度为50%水对50%防冻液。

③ 尽量避免加生水（添加生水会产生水垢）。如果冷却液变得污浊或充满水垢，应将冷却液全部放掉，并清洗冷却系。

④ 应根据环境温度选择不同冰点的防冻液。防冻液的冰点应比该地区历史最低气温低10℃左右。

八、实训操作步骤

这里以科鲁兹轿车为例介绍操作步骤。

① 施工前准备工作。

◆ 停放好车辆并拉紧驻车制动器，如图3-59、图3-60所示。

图3-59 停好车辆

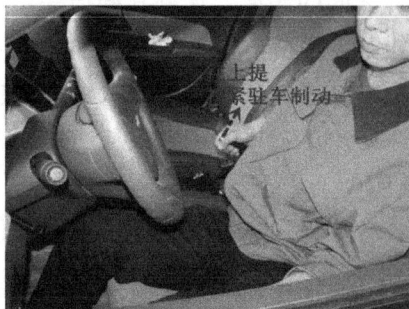

图3-60 拉紧驻车制动器

◆ 先了解汽车的重心位置，调整举升机上的托臂，使支承垫支承到汽车的推荐举升点上，如图3-61、图3-62所示。

图3-61 调整举升机上的托臂

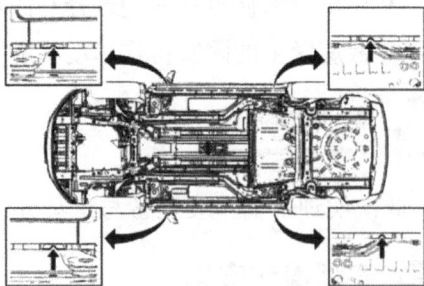

图3-62 使支承垫支承到汽车的推荐举升点上

◆ 举升车辆少许，检查并确认支承垫是否支承到汽车的推荐举升点上，如图3-63所示。

◆ 开启发动机前盖开关，打开发动机前盖并确保支撑杆支撑到位，如图3-64、图3-65
所示。

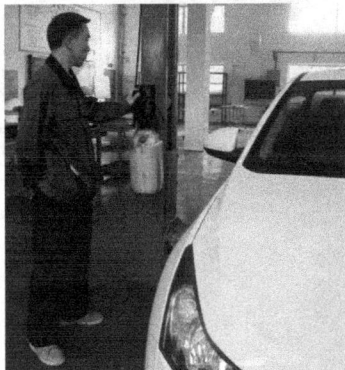

图3-63　举升车辆少许

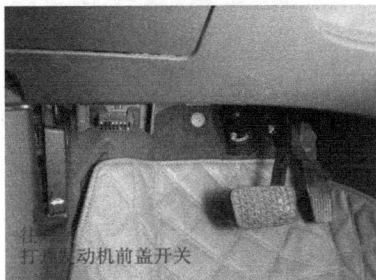

图3-64　开启发动机前盖开关

图3-65　确保支撑杆支撑到位

◆ 准备维修实训作业相关的保护装置和实训工具及用品。如图3-66、图3-67所示。

② 注意观察冷却液加注口位置分布情况并确定施工方案，如图3-68所示。

图3-66　准备实训保护装置

图3-67　准备实训工具及用品

③ 举升车辆，检查冷却系统相关组件是否泄漏。如有泄漏，应先对相关部件进行
检修。

④ 找到冷却液加注口盖，拧开冷却液缓冲罐盖（注意：应在冷车状态下拧开冷却液缓
冲罐盖，而且操作时最好用湿毛巾裹住缓冲罐盖再打开），在确认无泄漏部分后，准备添加
冷却液。

⑤ 加注冷却液，直到缓冲罐上的冷却液液位在"min"标线和"max"标线之间。当冷
却液液位停止下降时，加注冷却液直到管口下方的底线标记"min"和"max"之间，如图3-69
和图3-70所示。

⑥ 起动发动机，怠速运转一段时间，再次关闭发动机检查并确认冷却液液位在"min"
标线和"max"标线之间，确认拧紧膨胀水箱加液盖。

⑦ 整理和清洁施工现场和车辆。

图3-68 确定施工方案　　图3-69 添加冷却液　　图3-70 加满冷却液至指定位置

九、思考与练习

① 简述汽车发动机使用普通冷却水和防冻液的区别。

② 防冻液不足时添加普通自来水会有什么影响？

十、实训考评

序　号	考评内容	评　分	考　核	点　评
1	冷却系统部件的认识	10		
2	实训施工准备工作	10		
3	工具的准备与使用	10		
4	冷却液的检查和添加顺序	20		
5	冷却液的添加注意事项	20		
6	正确添加	20		
7	整理与清洁	10		
	总计	100		

任务二　冷却液的检查与更换

一、概述

汽车发动机的水冷系统均为强制循环水冷系统，即利用水泵提高冷却液的压力，强制冷却液在发动机中循环流动。这种系统的组成包括水泵、散热器、风扇、节温器、膨胀水箱、发动机机体和汽缸盖中的水套以及其他附加装置等，如图3-71所示。

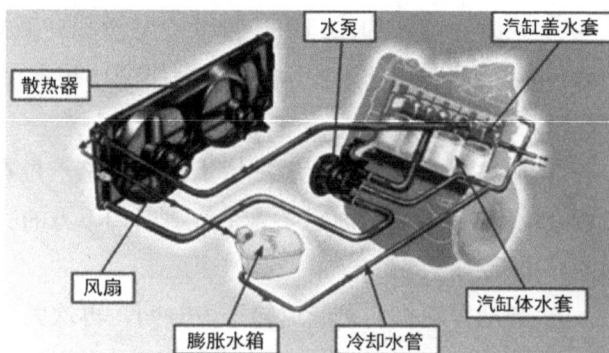

图3-71 发动机水冷系统的组成

二、故障分析

冷却系统的作用是对在高温下工作的发动机零件进行冷却，保证发动机在适宜的温度范围内工作。而冷却液是水与防冻剂的混合物。所以冷却液和水选择不合适或缺少很容易在发动机水套和水管内产生水垢，阻碍传热，使发动机过热，导致发动机工作不正常。

三、技术要求与标准

现代轿车普遍采用防冻液，以提高冷却液的防冻和防沸能力。有的冷却液还添加有防锈剂、泡沫抑制剂等，有利于减轻冷却系统锈蚀和冷却液泡沫产生，提高冷却效果。此外，冷却液在高温状态下长期使用后会发生变质，从而使其性能下降。为此，应定期更换冷却液。每天应检查冷却液液位。每半年或1万公里应该对相关部件进行一次彻底的检查，确保冷却液液位在"min"标线和"max"标线之间。科鲁兹轿车的冷却液更换周期为5年或4万公里。

四、实训教学目标

① 让学生了解冷却液的检查与更换注意事项。
② 让学生掌握冷却液的检查与更换方法。
③ 锻炼学生的团队协作和动手能力。

五、实训器材

此次实训所需主要设备与工具分别为举升机、冷却液、盛装废弃冷却液的容器、毛巾、抹布等。

六、实训操作安排

根据每组4人左右的规模安排实训。

七、实训操作注意事项

① 在有压力的冷却系统中，散热器内的冷却液温度比大气压力下冷却液的沸点高很多。当冷却系统未冷却且处在高压时，拆下缓冲罐盖或散热器盖将导致溶液瞬间沸腾，并产生爆炸性力量。这将导致溶液喷射到发动机、翼子板和拆下盖子的人员身上，可能导致严重的人身伤害。

② 应使用车型规定的冷却液及推荐的浓度。通用科鲁兹发行的防冻混合液，其确保浓度为50%水对50%防冻液。

③ 如果已更换散热器、汽缸盖或汽缸盖密封件，则不能再使用旧的冷却液。

④ 更换冷却液时应放净旧液，将冷却系统清洗干净后，再换上新液。

⑤ 加注防冻液前一定要检查冷却系统有无渗漏现象，及时排除后才能加注防冻液。

⑥ 乙二醇有毒，对肝脏有损害，切勿吸入口中，一旦沾到手上或身上等处，应及时用水清洗干净。冷却液中的防腐添加剂亚硝酸钠为致癌物质，废液不要乱倒，以免污染环境。

八、实训操作步骤

这里以科鲁兹轿车为例介绍操作步骤。

1. 清洗机清洗

① 施工前准备工作。

◆ 停放好车辆并拉紧驻车制动器，如图3-72、图3-73所示。

图3-72　停好车辆

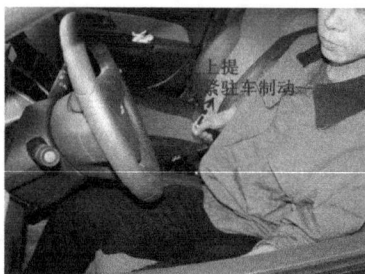

图3-73　拉紧驻车制动器

◆ 先了解汽车的重心位置，调整举升机上的托臂，使支承垫支承到汽车的推荐举升点上，如图3-74、图3-75所示。

图3-74　调整举升机上的托臂

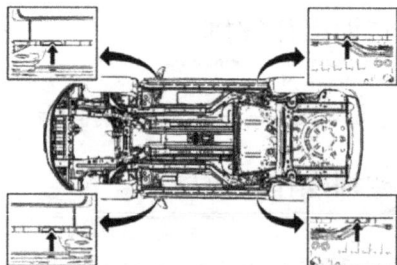

图3-75　使支承垫支承到汽车的推荐举升点上

◆ 举升车辆少许，检查并确认支承垫是否支承到汽车的推荐举升点上，如图3-76所示。

◆ 开启发动机前盖开关，打开发动机前盖并确保支撑杆支撑到位，如图3-77、图3-78所示。

◆ 准备维修实训作业相关的保护装置和实训工具及用品，如图3-79所示。

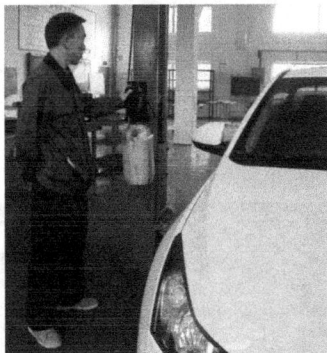

图3-76 举升车辆少许

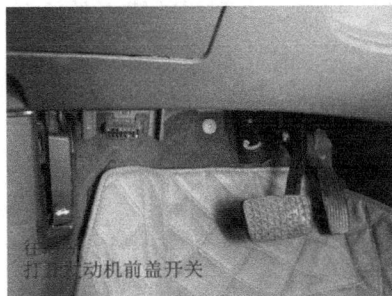

图3-77 开启发动机前盖开关

② 了解发动机冷却系统基本情况，找到冷却液加注口盖和冷却液排放口，并确定相应的施工方案。

图3-78 确保支撑杆支撑到位

图3-79 准备实训工具及用品

③ 拧开冷却液缓冲罐盖（注意：应在冷车状态下拧开冷却液缓冲罐盖，而且操作时最好用湿毛巾裹住缓冲罐盖再打开），如图3-80所示。

④ 举升车辆，准备好盛放废弃冷却液的容器。打开散热器上的排放螺钉以排放冷却液，如图3-81所示。

⑤ 冷却液排放完毕后，闭合散热器上的排放螺钉。注意：当冷却液流出到松开的通风螺钉上时，闭合通风螺钉。通风螺钉如图3-82所示。

图3-80 拧开冷却液缓冲罐盖

图3-81 打开排放螺钉

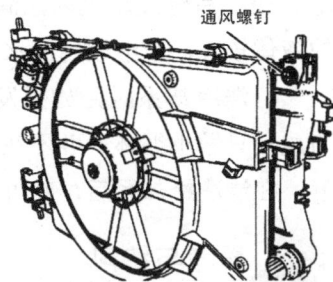

图3-82 通风螺钉

⑥ 拆下散热器上的通风螺钉并再次旋进螺纹。

⑦ 加注冷却液，直到缓冲罐上的冷却液液位在"min"标线和"max"标线之间。当冷却液液位停止下降时，加注冷却液直到管口下方的底线标记"min"和"max"之间，如图3-83、图3-84所示。

图3-83　添加冷却液

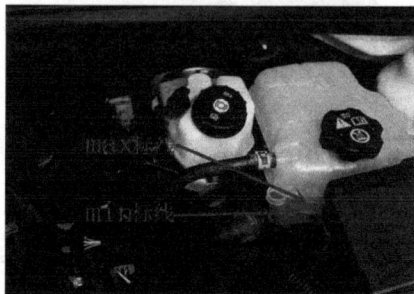

图3-84　加满冷却液至指定位置

⑧ 起动发动机，在发动机起动后，立即加满冷却液至管口下方的标线"min"和"max"之间并拧紧盖子。

⑨ 关闭发动机，并使发动机冷却。

⑩ 再次检查冷却液液位并校正冷却液液位至"min"标线和"max"标线之间。

⑪ 整理和清洁施工现场和车辆。

2. 普通清洗剂清洗

（1）简单清洗

洗涤时，应放净旧冷却液，将发动机冷却系加满清洁水（自来水），起动发动机运转5min后放出。

（2）彻底清洗

当发动机散热性能不好、发动机冷却系水垢过多时，可使用专用的散热器清洗剂进行清洗。冷却系洗涤步骤如下：起动发动机，使其温度达到正常的工作温度后，停止发动机转动并放净冷却液。将混有清洗剂的清洗液加入冷却系中。起动发动机，使发动机温度达到正常工作温度并怠速运转20～30min，然后使发动机停止转动，放出清洗液。用清洁的水冲洗冷却系5min后将发动机内注满清洁的水，再起动发动机使其运转10min后放出即可。如果排出的液体较脏，应继续用清水反复清洗，直到放出清水为止。

清洗冷却系时，如果发动机温度低于正常工作温度（85℃），则节温器阀不能打开，清洗液只做小循环，并不在散热器和缸体水套中循环。所以，发动机必须保持在正常工作温度。在清洗冷却系后，应再次检查散热器冷却液情况，比如散热器口是否有气泡出现等。

九、思考与练习

① 更换发动机冷却液时应该注意什么？

② 更换发动机冷却液的好处是什么？

十、实训考评

序号	考评内容	评分	考核	点评
1	冷却系统部件的认识	10		
2	维修实训准备工作	10		
3	工具的准备与使用	10		
4	冷却液的更换顺序	20		
5	冷却液的更换注意事项	20		
6	正确添加	20		
7	整理与清洁	10		
	总计	100		

任务三 冷却系统的清洗

一、概述

现代汽车冷却系统中虽然不是直接使用水来冷却，但是发动机冷却系统中的散热器及机体内的水道结构较为复杂，沉积在其内部的水垢难以清除，冷却液中也不同程度含有碳酸钙、硫酸镁等盐类物质。冷却系长时间工作后，这些物质会从冷却液中析出，一部分形成沉淀物，一部分沉积在冷却系统的内表面形成水垢。

1. 清洗机清洗

可利用水箱清洗机来清除水垢。水箱清洗机是清除水垢的专业设备，它利用气压产生脉冲，在清洗剂的作用下快速清除冷却系统内的水垢，恢复发动机冷却系统的性能。使用时要先接好设备的三通管接头。清洗机如图3-85所示。

2. 专用清洗剂清洗

冷却系高效清洁剂具有超强的清洁力和高效溶解性，能在发动机运行中彻底清除冷却系统内的水垢，恢复冷却系各管道的流通能力，确保散热性能。使用时按说明书的要求将适量的清洁剂加入冷却液中，拧好散热器盖，起动发动机运行6～8小时后，排出冷却液，清洗完毕后再重新加注冷却液即可。这种专用清洗剂对水垢的去除率至少在90%以上，且不会对冷却系统造成腐蚀。冷却系统专用清洗剂如图3-85所示。

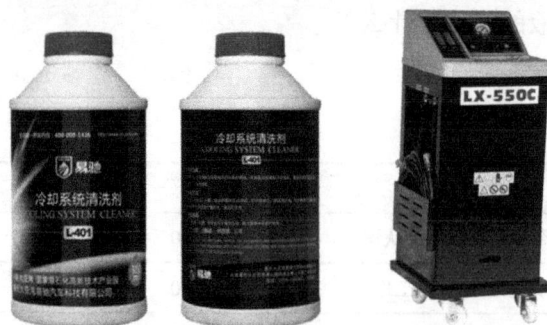

图3-85　清洗机和专用清洗剂

如果冷却系污垢不是很多，可按以下步骤清洗。

① 起动发动机，使冷却液达到节温器开启温度，停机后将冷却液放干净。

② 用10%烧碱水溶液作为冷却液，使发动机高速运转5分钟，浸泡1小时后放尽。

③ 加注软水，使发动机高速运转10分钟，将水放尽。反复进行几次，直到放出的水无污染为止。

二、故障分析

发动机冷却系统的作用是维持发动机的正常温度，保证发动机正常工作。由于发动机的工作温度较高，长期使用后冷却系统产生的水垢会堵塞水道，从而影响冷却系统的冷却效果，如不及时进行清洗，将导致发动机过热，气门及活塞膨胀，严重时甚至出现"拉缸"等现象，损坏发动机。

三、技术要求与标准

冷却系统的清洗一般根据行驶情况和污垢的积累量确定。

四、实训教学目标

① 让学生了解汽车冷却系统清洗施工的注意事项。

② 让学生掌握汽车冷却系统清洗施工的方法。

③ 锻炼学生的团队协作和动手能力。

五、实训器材

此次实训所需主要设备与工具分别为冷却系统清洗机、清洗液等。

六、实训操作安排

根据每组4人左右的规模安排实训。

七、实训操作注意事项

1. 施工前应了解免拆清洗机工作原理

发动机冷却系统清洗机（图3-86）主要是把散热器中的清洗液加到一定压力在冷却系统中循环。在冷却液循环的过程中，利用脉动液压冲击和清洗液的化学作用，快速地把水道中的水垢清洗干净。

发动机冷却系统免拆清洗机的工作过程主要包括循环清洗过程和冲击清洗过程。其工作原理如图3-87所示。

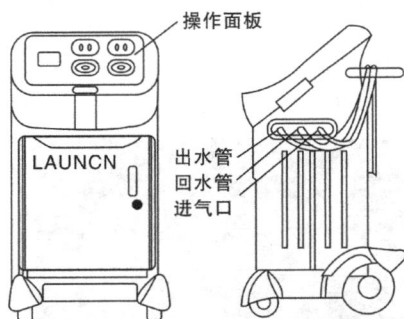

图3-86　发动机冷却系统清洗机

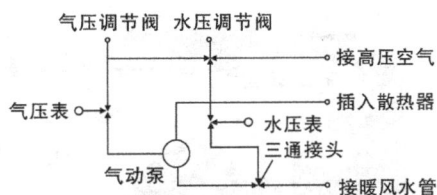

图3-87　免拆清洗机工作原理

（1）循环清洗过程

打开气压调节阀，气动泵开始工作，气动泵的一端把散热器中的清洗液吸出，经过气动泵加压后，从气动泵的另一端进入机体水道中，清洗液在冷却系统中不断循环，进行循环清洗。

（2）冲击清洗过程

当同时打开气压调节阀和水压调节阀时，经气动泵加压的清洗液在进入发动机机体水道之前，由一个三通接头引入一部分高压空气至管路中，高压清洗液和高压空气在三通接头处汇合形成冲击清洗液，在冷却系统中进行循环冲击清洗。

2. 免拆清洗机的使用操作

发动机冷却系统免拆清洗机的操作面板如图3-88所示。设备连接示意图如图3-89所示。

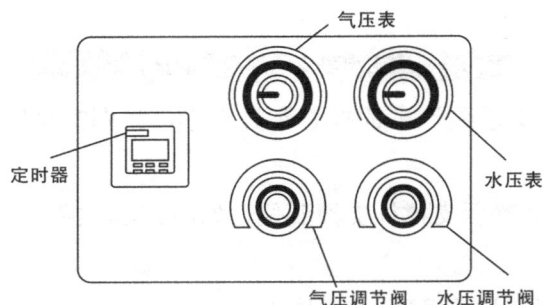

图3-88　免拆清洗机操作面板

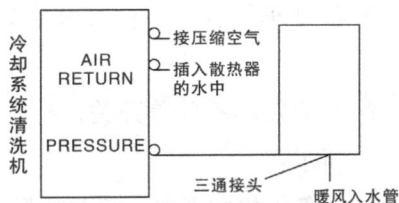

图3-89　设备连接示意图

设备连接方法如下。

① 使发动机熄火，并待冷却液温度下降至不烫手时方可进行清洗，以免操作时烫伤。

② 打开散热器盖，找出发动机连接暖风的加热水管，并将该水管拆下，连接一个合适的三通接头。

③ 将发动机冷却系统免拆清洗机的出水管连接在三通接头上，将回水管插入散热器液面以下。

八、实训操作步骤

下面以科鲁兹轿车为例介绍操作步骤。

① 施工前准备工作。

◆ 停放好车辆并拉紧驻车制动器，如图3-90、图3-91所示。

图3-90 停好车辆

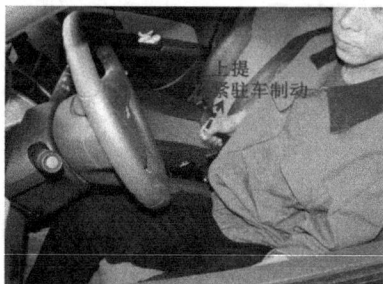

图3-91 拉紧驻车制动器

◆ 先了解汽车的重心位置，调整举升机上的托臂，使支承垫支承到汽车的推荐举升点上，如图3-92、图3-93所示。

图3-92 调整举升机上的托臂

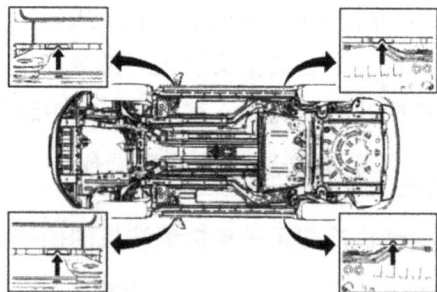

图3-93 使支承垫支承到汽车的推荐举升点上

◆ 举升车辆少许，检查并确认支承垫是否支承到汽车的推荐举升点上，如图3-94所示。

◆ 开启发动机前盖开关，打开发动机前盖并确保支撑杆支撑到位，如图3-95、图3-96所示。

◆ 准备维修实训作业相关的保护装置和实训工具及用品，如图3-97所示。

图3-94 举升车辆少许

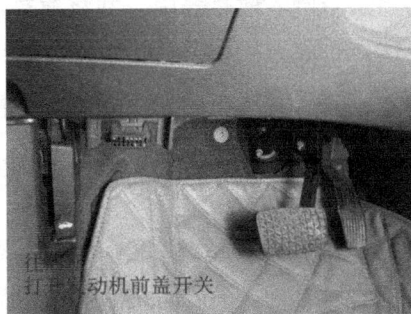

图3-95 开启发动机前盖开关

图3-96 确保支撑杆支撑到位

图3-97 准备实训工具及用品

② 了解发动机冷却系统基本情况，找到冷却液加注口盖和冷却液排放口，并确定相应的施工方案。

③ 拧开冷却液缓冲罐盖（注意：应在冷车状态下拧开冷却液缓冲罐盖，而且操作时最好用湿毛巾裹住缓冲罐盖再打开），如图3-98所示。

④ 举升车辆，准备好盛放废弃冷却液的容器。打开散热器上的排放螺钉以排放冷却液，如图3-99所示。

图3-98 拧开冷却液缓冲罐盖

图3-99 打开排放螺钉

⑤操作前的准备。

◆ 将清洗液倒入散热器中，并将散热器加满水。

◆ 将清洗机的"AIR"（空气）接头与空气压缩机相连。

◆ 将水压调节阀旋钮转到"OFF"位置，打开汽车暖风机开关。

⑥清洗操作。

◆ 循环清洗。

将气压调节阀的旋钮拉起并顺时针旋转，直至压力表指示为20psi（0.13MPa），然后按下旋钮，此时清洗机开始对发动机冷却系统进行循环清洗。

◆ 冲击清洗。

循环清洗5min后，开始进行冲击清洗。逆时针旋转水压调节阀旋钮，直至压力达到20psi（不要超过20psi，对于比较老旧的车辆，压力应适当减小），清洗5min。

◆ 再次循环清洗。

将水压调节阀旋钮顺时针转到"OFF"位置，循环清洗5min。

◆ 更换冷却液。

将回水管接到自来水管上，打开水龙头，同时将水压调节阀逆时针旋至水压为15psi（0.10MPa），直至散热器中流出的水变清为止。恢复冷却系统的管路连接，并将冷却系统加满水，然后让发动机运转10min，再将水放掉。

⑦确认安装好冷却液排放螺钉后，准备添加新的冷却液。

⑧拧开冷却液加注口盖，添加冷却液，如图3-100所示。注意：当冷却液流出到松开的通风螺钉上时，闭合通风螺钉，通风螺钉如图3-101所示。

⑨拆下散热器上的通风螺钉并再次旋进螺纹。

⑩加注冷却液，直到缓冲罐上的冷却液液位在"min"标线和"max"标线之间。当冷却液液位停止下降时，加注冷却液直到管口下方的底线标记"min"和"max"之间，如图3-102所示。

图3-100 添加冷却液

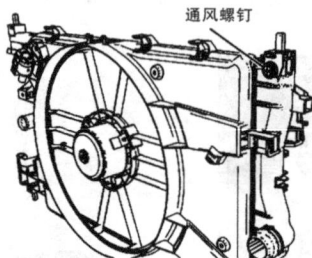

图3-101 通风螺钉

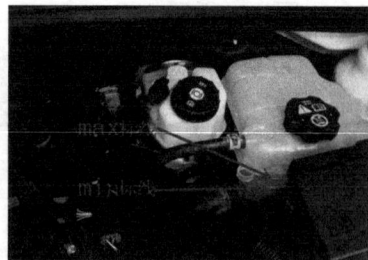

图3-102 加满冷却液至指定位置

⑪起动发动机，在发动机起动后，立即加满冷却液至管口下方的标线"min"和"max"之间并拧紧盖子。

⑫再次起动发动机，待发动机运转到正常工作温度之后，再次检查冷却液液位并校正

冷却液液位至"min"标线和"max"标线之间。

⑬ 整理和清洁施工现场和车辆

九、思考与练习

① 进行汽车冷却系统清洗项目时应该注意哪些事项？

② 简述进行冷却系统清洗项目的必要性。

十、实训考评

序　号	考评内容	评　分	考　核	点　评
1	汽车冷却系统清洗工具的认识	10		
2	实训施工准备工作	10		
3	工具的准备与使用	10		
4	汽车冷却系统清洗的顺序	20		
5	汽车冷却系统清洗的注意事项	20		
6	汽车冷却系统的清洗效果	20		
7	整理与清洁	10		
	总计	100		

任务四　冷却系统密封性的检测

一、概述

发动机冷却系统泄漏检查主要是查看散热器、水泵、水管、水套和放水开关等部位是否泄漏，冷却液的量是否足够。外观检查应在发动机静止且冷机状态下进行，因为冷却系统的外部渗漏在发动机处于冷态时容易被发现，当发动机处于热态时，这种泄漏因蒸发而不易被发现。对那些不容易接近的部位（汽缸体后部、放水阀及水泵的密封圈等）可以通过留在地面上的水迹判断泄漏部位。常见的检测方法如下。

① 直观检查机体、水泵、散热器及各水管连接处有无冷却液渗出，必要时可对冷却系统进行加压检查或用荧光检漏仪检测，若有渗漏，必须进行维修。

② 拔出机油尺，观察是否有冷却液泄漏到机油中。若有，应对发动机进行检修。

③ 如果发动机行驶无力，且排气管排白烟，则应检查发动机汽缸垫是否已被冲坏。若出现这种情况，应检修发动机。

防冻液颜色与性能无关，现在市场上的防冻液有很多种颜色。例如，长城多效防冻液为荧光绿色，加德士特级防冻液为橙色，蓝星防冻液为蓝色，统力防冻液为红色。防冻液本身是无色透明的液体，这些防冻液之所以做成鲜艳的颜色，主要是为了便于区分和辨别，以及

防止误食。防冻液的颜色与性能、质量没有必然的联系。长城多效防冻液制备成特殊的荧光绿色，主要是为了便于检漏。

二、故障分析

不管是冷却液泵密封不良和管路接头损坏、松动等造成冷却系统外部渗漏，还是汽缸垫损坏、缸体和缸盖水套破裂、汽缸盖翘曲以及缸盖螺栓松动等造成冷却系统内部渗漏，都容易造成发动机散热不良及过热等问题。

三、技术要求与标准

检查冷却液液位时应保证冷却液液位在"min"标线和"max"标线之间。

四、实训教学目标

① 让学生了解冷却系统密封性能测试的注意事项。
② 让学生掌握冷却系统密封性能测试的方法。
③ 锻炼学生的团队协作和动手能力。

五、实训器材

此次实训所需主要设备与工具分别为举升机、防冻液、毛巾、抹布等。

六、实训操作安排

根据每组4人左右的规模安排实训。

七、实训操作注意事项

① 在添加冷却液时，如果发动机是热的，不要直接打开散热器盖，以防热水喷出造成烫伤。须等待发动机冷却后，再用抹布裹着打开散热器盖，如果散热器内还有残余压力，打开时会听到排气的声音，应注意防护。

② 应使用车型规定的冷却液及推荐的混合浓度。通用科鲁兹发行的防冻混合液，其确保浓度为50%水对50%防冻液。

③ 尽量避免加生水（添加生水会产生水垢）。如果冷却液变得污浊或充满水垢，应将冷却液全部放掉，并清洗冷却系。

④ 应根据环境温度选择不同冰点的防冻液。防冻液的冰点应比该地区历史最低气温低10℃左右。

⑤ 冷却系统加压试漏时注意不要超出额定压力。

八、实训操作步骤

这里以科鲁兹轿车为例介绍操作步骤。

① 施工前准备工作。

◆ 停放好车辆并拉紧驻车制动器，如图3-103、图3-104所示。

◆ 先了解汽车的重心位置，调整举升机上的托臂，使支承垫支承到汽车的推荐举升点上，如图3-105、图3-106所示。

图3-103　停好车辆

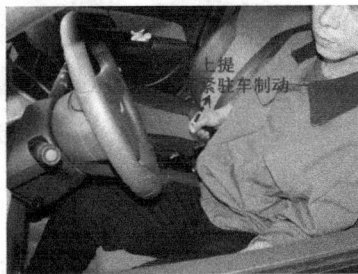

图3-104　拉紧驻车制动器

◆ 举升车辆少许，检查并确认支承垫是否支承到汽车的推荐举升点上，如图3-107所示。

◆ 开启发动机前盖开关，打开发动机前盖并确保支撑杆支撑到位，如图3-108、图3-109所示。

图3-105　调整举升机上的托臂

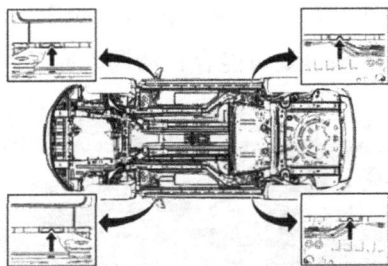

图3-106　使支承垫支承到汽车的推荐举升点上

◆ 准备维修实训作业相关的保护装置和实训工具及用品，如图3-110、图3-111所示。

图3-107　举升车辆少许

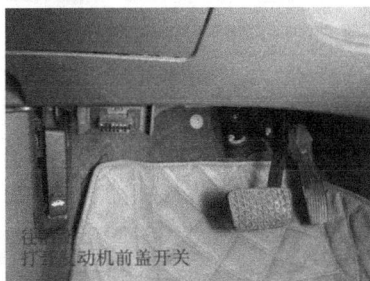

图3-108　开启发动机前盖开关

图3-109　确保支撑杆支撑到位

图3-110　准备实训保护装置

② 注意观察冷却液加注口位置分布情况并确定施工方案，如图3-112所示。

③ 举升车辆，检查冷却系统相关组件是否有明显泄漏部分。如有泄漏，应先对相关部件进行检修。

④ 在未找到明显泄漏点的情况下，找到并拧开冷却液缓冲罐盖。注意：应在冷车状态下拧开冷却液缓冲罐盖，而且操作时最好用湿毛巾裹住缓冲罐盖再打开。

⑤ 打开贮水箱盖，加水至溢出加水口为止，如图3-113所示。

⑥ 安装压力计，安装试验器材或进行试验时，注意保护水箱口。

⑦ 用手动泵加压至1.4×10^5Pa，此时如果冷却系统无渗漏，压力计指针将无变化；如果系统存在渗漏，则压力计指示的压力将下降。也就是说，各冷却装置的导管、散热器、水泵、汽缸垫等处可能存在渗漏，应及时修理，必要时应换成新件，如图3-114所示。

图3-111　准备实训工具及用品

图3-112　确定施工方案

图3-113　贮水箱加水

图3-114　测试压力

⑧ 修复泄漏点后再次进行冷却系统测漏试验。

⑨ 确认没有泄漏后，添加冷却液。

⑩ 整理和清洁施工现场和车辆。

九、思考与练习

① 简述汽车发动机使用普通冷却水和防冻液的区别。

② 防冻液不足时添加普通自来水会有什么影响？

十、实训考评

序　号	考评内容	评　分	考　核	点　评
1	冷却系统部件的认识	10		
2	实训施工准备工作	10		
3	工具的准备与使用	10		
4	冷却系统密封性测试顺序	20		
5	冷却系统密封性测试注意事项	20		
6	正确添加	20		
*	整理与清洁	10		
	总计	100		

项目三　进排气系统保养与维护实训

任务一　空气滤清器的检查与更换

一、概述

一般汽车多采用纸质空气滤清器。纸质滤芯滤清效率高，灰尘的透过率仅有0.1%～0.4%。使用纸质空气滤清器能减轻汽缸和活塞的磨损，延长发动机使用寿命。空气滤清器总成分解图如图3-115所示。

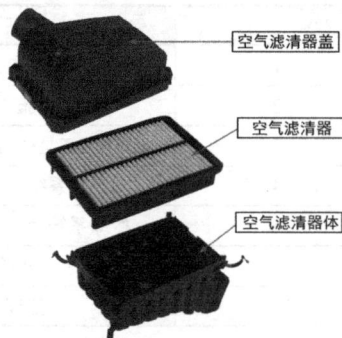

空气滤清器盖
空气滤清器
空气滤清器体

二、故障分析

在使用中应按汽车维护规定经常清洁空气滤清器集尘室和滤芯，如果滤芯上粘附灰尘过多，则会增大进气阻力，降低发动机功率，增加耗油量。如果阻塞严重，还会导致滤芯和橡胶垫等进入汽缸使发动机不易起动、冒黑烟等故障现象的发生。

图3-115　空气滤清器总成分解图

三、技术要求与标准

空气滤清器在汽车行驶4000～8000km时应进行除尘，通常在汽车行驶20000～25000km时应更换滤芯和密封圈。

四、实训教学目标

① 让学生了解空气滤清器滤芯的拆装、检查与更换注意事项。
② 让学生掌握空气滤清器滤芯的拆装、检查与更换方法。
③ 锻炼学生的团队协作和动手能力。

五、实训器材

此次实训所需主要设备与工具分别为十字螺丝批、毛巾、抹布、气枪。

六、实训操作安排

根据每组4人左右的规模安排实训。

七、实训操作注意事项

① 更换空气滤清器时，应使用合格品，使用不符合规格的空气滤清器，会使发动机内部及传感器发生故障。

② 检查并确认滤清器和滤清器罩垫的损坏程度，盖好空气滤清器盖，防止灰尘进入。

③ 检查及维修空气滤清器时，要避免空气滤清器受到冲击或进入灰尘及异物。

④ 分离空气滤清器时，应防止灰尘或杂物进入吸气口。

八、实训操作步骤

这里以科鲁兹轿车为例介绍操作步骤。

① 施工前准备工作。

◆ 停放好车辆并拉紧驻车制动器，如图3-116、图3-117所示。

图3-116 停好车辆

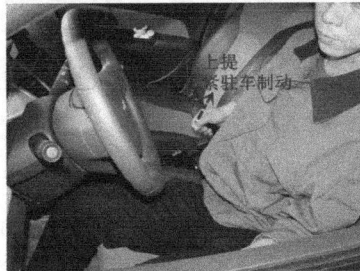

图3-117 拉紧驻车制动器

◆ 开启发动机前盖开关，打开发动机前盖并确保支撑杆支撑到位，如图3-118、图3-119所示。

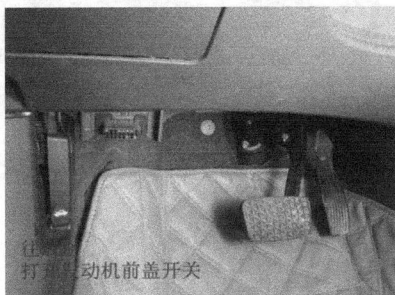

图3-118 开启发动机前盖开关

图3-119 确保支撑杆支撑到位

◆ 准备维修实训作业相关的保护装置和工具，如图3-120、图3-121所示。

图3-120　准备实训保护装置

图3-121　准备实训工具及用品

② 观察空气滤清器总成结构，并确定拆解方案，如图3-122所示。

图3-122　确定拆解方案

图3-123　断开相关线束连接插头

③ 断开相关线束连接插头，注意打开插头连接器保险开关后，再小心按住插头锁止开关缓慢拔出插头，如图3-123、图3-124所示。

④ 拆下空气滤清器盖上部的的固定螺栓，如图3-125所示。

⑤ 拿下空气滤清器滤芯上部端盖，取出空气滤清器滤芯，同时用洁净的毛巾塞紧发动机进气管以避免灰尘进入进气管，如图3-126、图3-127所示。

图3-124　拔出插头

图3-125　拆下固定螺栓

⑥ 用抹布将滤清器底部和周边清洁干净，如图3-128所示。

⑦ 用气枪清洁空气滤清器滤芯及空气滤清器滤芯端盖，如图3-129、图3-130所示。

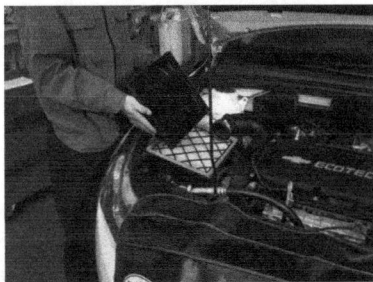

图3-126　取出空气滤清器滤芯

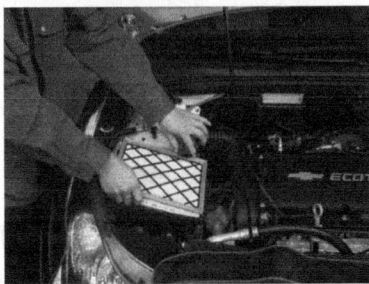

图3-127　用毛巾塞紧发动机进气管

图3-128　清洁滤清器

图3-129　清洁滤芯端盖

图3-130　清洁滤芯

⑧ 安装时按拆卸的相反顺序进行。

注意正确安装。检查维护时，滤芯上的密封垫必须安装在原位，以防止空气不经滤清器进入汽缸。橡胶密封垫易脱落、老化变形，空气易从密封垫缝隙中流过，把大量灰尘带进汽缸。如密封垫老化变形、断裂，应更换新品。纸质滤芯抗压能力低，不能装得过紧，否则易把纸质滤芯压坏，影响滤清效果。

九、思考与练习

① 定期清洁和更换滤芯的公里数为多少？

② 空气滤清器滤芯有什么特点？应该怎么选择和清洁？

十、实训考评

序　　号	考评内容	评　　分	考　　核	点　　评
1	空气滤清器相关部件的认识	10		
2	维修实训准备工作	10		
3	工具的准备与使用	10		
4	空气滤清器滤芯的拆装顺序	20		
5	空气滤清器滤芯的检查与清洁方法	20		
6	正确添加	20		
7	整理与清洁	10		
总计		100		

任务二　节气门的清洗与拆装

一、概述

发动机控制模块（ECM）读入通过节气门体的空气流量，以确保正确的怠速运转。读入气流值存储在发动机控制模块中。读入这些值是为了适应产品变化，并将在车辆寿命期内继续读入，以补偿节气门体焦化导致的空气流量的减少。节气门体空气流量变化时，如清洁或更换，这些值必须重新读入。

发动机有很重的节气门体焦化，需要清理或更换，可能经过多次行驶周期才能读出焦化。为了加快程序，故障诊断仪能够把所有已读入的数值重新设置为零。新的发动机控制模块也将这些值设置为零。

如果读入值与实际空气流量不匹配，怠速运转可能不平稳或将设置故障诊断码。

二、故障分析

汽车行驶一段时间和里程后，节气门阀片背面可能堆积沉积物。沉积物来自废气。这些沉积物一般不会引起故障。偶尔沉积物会堆积到一定程度使踏板或节气门的运动受到阻碍。

三、技术要求与标准

一般在汽车行驶5000～10000km时清洗发动机节气门，根据不同的行驶路况定时进行检查和清洗，但也没必要清洗得过于频繁。安装时注意节气门螺栓的拧紧力度。

四、实训教学目标

① 让学生了解发动机节气门的清洗与拆装注意事项。
② 让学生掌握发动机节气门的清洗与拆装方法。
③ 锻炼学生的团队协作和动手能力。

五、实训器材

此次实训所需主要设备与工具分别为十字螺丝批、毛巾、抹布、气枪等。

六、实训操作安排

根据每组4人左右的规模安排实训。

七、实训操作注意事项

① 将手指插入节气孔前，将点火开关置于"OFF（关闭）"位置。节气门意外移动会导致人身伤害。

② 切勿在点火开关置于"ON（打开）"位置时打开节气门阀片，因为这可能会导致故障诊断码设置。

③ 切勿将任何工具插入节气门体孔内，以避免损坏节气门阀片。

④ 注意清洗的过程中切勿使用任何含甲乙酮（MEK）的溶剂。这种溶剂可能会损坏燃油系统部件。

八、实训操作步骤

① 施工前准备工作。

◆ 停放好车辆并拉紧驻车制动器，如图3-131、图3-132所示。

图3-131 停好车辆

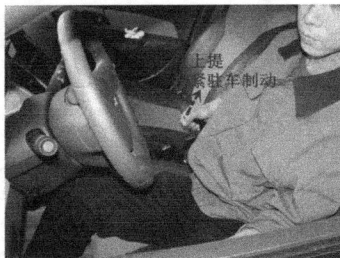

图3-132 拉紧驻车制动器

◆ 开启发动机前盖开关，打开发动机前盖并确保支撑杆支撑到位，如图3-133、图3-134所示。

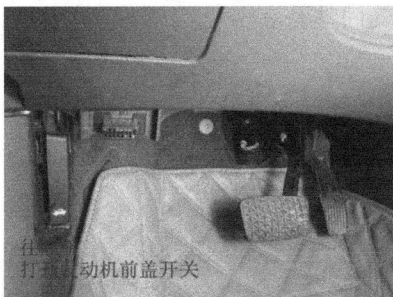

图3-133 开启发动机前盖开关

图3-134 确保支撑杆支撑到位

◆ 准备维修实训作业相关的保护装置和实训工具及用品，如图3-135、图3-136所示。

② 观察节气门总成布局结构，并确定拆解方案。

③ 拆下空气滤清器出气管，如图3-137所示。

④ 将接液盘置于下面。如图3-138所示，断开线束插头（图中2位置）、曲轴箱强制通风管（图中1位置）、节气门体加热器出口管（图中4位置）和节气门体加热器进口管（图中3位置）等相关连接部件。

⑤ 拆下4个节气门体螺栓，如图3-139所示。

⑥ 拆下节气门体并取出节气门体密封件。

⑦ 检查节气门体孔和节气门阀片上是否有沉积物。必须打开节气门才能检查所有表面。

图3-135　准备实训保护装置　　　图3-136　准备实训工具及用品　　　图3-137　拆下空气滤清器出气管

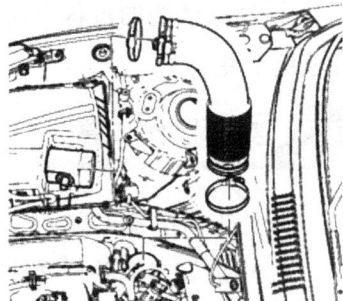

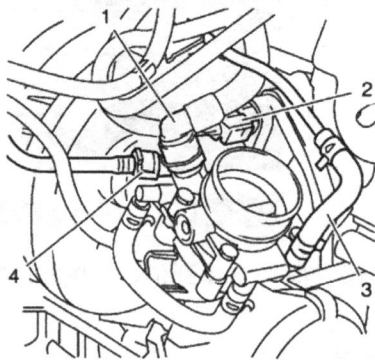

图3-138　断开相关连接部件　　　图3-139　拆下4个节气门体螺栓

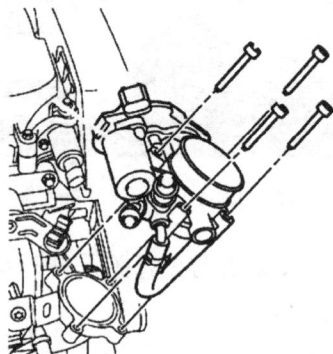

⑧ 使用一块干净抹布和合适的清洁剂，清洁节气门体孔和节气门阀片。

⑨ 节气门体的安装基本按拆卸相反顺序进行。

⑩ 安装完成后，执行节气门/怠速读入程序。

◆ 点火开关置于"ON（打开）"位置，关闭发动机，使用故障诊断仪，并执行"Module Setup（模块设置）"中的"Idle Learn Reset（怠速读入复位）"。

◆ 起动发动机，并监测"TB Idle Airflow Compensation（节气门怠速空气流量补偿）"参数。节气门怠速空气流量补偿值应该等于0%，发动机应该以正常的速度怠速运转。

◆ 清除故障诊断码，再次确定。

九、思考与练习

① 发动机节气门过脏对汽车正常行驶有什么影响？

② 发动机节气门的清洗与拆装过程中应注意什么？

十、实训考评

序　号	考评内容	评　分	考　核	点　评
1	节气门体相关部件的认识	10		
2	维修实训准备工作	10		
3	工具的准备与使用	10		
4	节气门体的拆装与清洁顺序	20		
5	节气门体的实训操作注意事项	20		
6	正确添加	20		
7	整理与清洁	10		
	总计	100		

任务三　曲轴箱通风装置的保养与维护

一、概述

曲轴箱通风包括自然通风和强制通风，现代汽油发动机常采用强制式曲轴箱通风，又称PCV系统。

1. 自然通风

自然通风方式，即在曲轴箱上设置通风管，管上装有空气滤网。当曲轴箱内压力增大时，漏入曲轴箱中的气体经由通风管排出。

2. 强制通风

强制通风方式，即将曲轴箱内的混合气通过连接管导向进气管的适当位置，返回汽缸重新燃烧，这样既可以减少排气污染，又可提高发动机的经济性。目前汽车用汽油机都采用强制通风，汽车用柴油机也逐渐采用强制性通风，强制通风系统如图3-140所示。强制通风可分为开式和闭式两种。

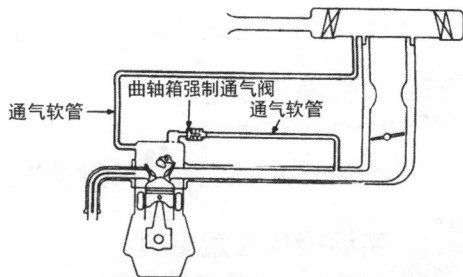

开式强制曲轴箱通风装置在发动机处于全负

图3-140　曲轴箱强制通气系统

荷低转速时，产生的窜气量大，但流量控制阀开度却减小，过量的窜缸混合气会通过开式通风盖散入大气，其净化率只有75%。

闭式强制曲轴箱通风装置能完全实现控制曲轴箱的排放，实现曲轴箱完全通风，防止油泥和其他有害物质的积蓄，减少了发动机的故障和磨损。闭式强制曲轴箱通风装置是汽油发动机满足排放法规规定的必要设计。

二、故障分析

在发动机工作时，总有一部分可燃混合气和废气经活塞环窜到曲轴箱内。窜到曲轴箱内的汽油蒸气凝结后将使机油变稀，性能变坏。废气内含有水蒸气和二氧化硫，水蒸气凝结在机油中会形成泡沫，破坏机油供给，这种现象在冬季尤为严重；二氧化硫遇水生成亚硫酸，亚硫酸遇到空气中的氧生成硫酸，这些酸性物质的出现不仅会使机油变质，也会使零件受到腐蚀。由于可燃混合气和废气窜到曲轴箱内，曲轴箱内的压力将增大，机油会从曲轴油封、曲轴箱衬垫等处渗出而流失。流失到大气中的机油蒸气会加大发动机对大气的污染。发动机装有曲轴箱通风装置就可以避免或减轻上述现象。因此，发动机曲轴箱通风装置的作用有：

① 防止机油变质；
② 防止曲轴油封、曲轴箱衬垫渗漏；
③ 防止各种油蒸气污染大气。

三、技术要求与标准

要定期检查曲轴箱通风装置的连接软管是否老化或产生裂纹。如果曲轴箱通风系统过脏，要使用清洗剂彻底清洗PCV阀及油气分离器或更换滤芯，确保发动机通风顺畅，工作正常。

四、实训教学目标

① 让学生了解发动机曲轴箱强制通风系统的保养与维护注意事项。
② 让学生掌握发动机曲轴箱强制通风系统的保养与维护方法。
③ 锻炼学生的团队协作和动手能力。

五、实训器材

此次实训所需主要设备与工具分别为十字螺丝批、毛巾、抹布、气枪。

六、实训操作安排

根据每组4人左右的规模安排实训。

七、实训操作注意事项

拆装曲轴箱通风装置的连接软管时注意力度，以免损坏橡胶管，同时避免沙石等异物掉

入连接软管。

八、实训操作步骤

➤ 1. 强制式曲轴箱通风系统的检查

① 从强制式曲轴箱通风阀（PCV阀）上拆下通气软管，如图3-141、图3-142。

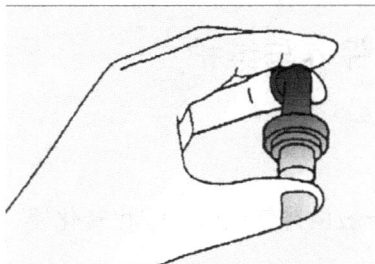

图3-141 强制式曲轴箱通风阀

图3-142 发动机PCV阀位置图

② 从摇臂盖上拆下曲轴箱通风阀。

③ 重新将曲轴箱通风阀与拆下的通气软管连接。

④ 起动发动机，怠速运转。

⑤ 将手指压在曲轴箱通风阀开口处，感觉确认进气岐管真空度（手指是否受到吸引作用）。此时曲轴箱通风阀的柱塞会前后移动。

⑥ 如果未感觉到真空度，则清洁或更换曲轴箱通风阀。

➤ 2. 强制式曲轴箱通风阀（PCV阀）的检查

① 如图3-143所示，从摇臂盖安装侧插入细棒，前后移动细棒以检查柱塞的移动状况。

② 如果柱塞未移动，则表示PCV阀被阻塞，须清洁或更换PCV阀。

九、思考与练习

① 为什么要进行发动机曲轴箱强制通风系统的保养与维护？

② 在进行发动机曲轴箱强制通风系统的保养与维护过程中应注意什么？

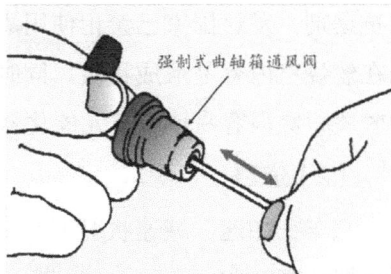

图3-143 强制式曲轴箱通风阀

十、实训考评

序 号	考评内容	评 分	考 核	点 评
1	相关部件的认识	10		
2	维修实训准备工作	10		
3	工具的准备与使用	10		

续表

序　号	考 评 内 容	评　分	考　核	点　评
4	保养维护顺序	20		
5	保养维护注意事项	20		
6	保养维护效果	20		
7	整理与清洁	10		
	总计	100		

任务四　排气系统的保养与维护

一、概述

汽车排气系统是指收集并且排放废气的系统，一般由排气歧管、催化转化器、排气温度传感器、汽车消声器和排气尾管等组成。

1. 三元催化器堵塞的内在因素

三元催化器载体上的贵金属催化剂对硫、磷、一氧化碳、未完全燃烧物、铅、锰等分子有强烈吸附作用，很容易形成成分复杂的化学络合物。同时贵金属催化剂强烈的氧化催化作用，使吸附的不完全燃烧物更容易氧化、缩聚、聚合形成胶质积炭，造成三元催化器堵塞。

2. 三元催化器堵塞的外在因素

（1）燃油

含硫量高的燃油容易形成化学络合物造成堵塞，使用添加含铅或含锰抗爆剂，油质差、胶质多的汽油容易堵塞三元催化器。我国已严禁使用含铅汽油，但有些地区仍在违法使用含铅抗爆剂。发达国家已禁止使用添加含锰抗爆剂的汽油，但我国部分地区仍在使用。乙醇汽油在燃烧室内容易形成积炭，同时又对进气系统、燃烧系统胶质积炭有冲洗作用。冲洗下来的胶质积炭很容易堵塞三元催化器。

（2）道路

汽车在加速、减速状况下产生不完全燃烧物最多，长期在拥堵道路上行驶容易造成三元催化器堵塞。

（3）喷油嘴、进气道免拆清洗养护

清洗过程中冲洗下来大量胶质积炭造成三元催化器堵塞。这也是车辆进行喷油嘴、进气道免拆清洗养护后油耗增加的原因。

（4）带涡轮增压器的车辆

带涡轮增压器的车辆容易发生三元催化器堵塞，这主要是驾驶员不正确操作造成的。

二、故障分析

汽车在使用过程中由于供油系统、点火系统等故障，发动机过热、回火，造成三元催化转化器载体烧结、剥落，排气阻力增大。此外由于燃油或润滑油使用原因，造成催化器中毒、活性下降，催化转化效率受到影响，三元催化器内产生硫、磷络合物和沉积物，进而使汽车性能恶化，造成油耗增加、动力下降、尾气超标、排气管烧红，甚至引发车辆自燃等。

三、技术要求与标准

应定期清除排气管内部的积炭和胶质。可用钢丝刷或钝口刮刀刮除，再用压缩空气吹干净。三元催化器堵塞是逐步形成的，堵塞过程是可逆的。堵塞可通过化学过程如氧化和气化而减少，也可以通过物理过程如解吸、挥发组分和气相组分蒸发而减少。

四、实训教学目标

① 让学生了解排气系统的保养与维护注意事项。
② 让学生掌握排气系统的保养与维护方法。
③ 锻炼学生的团队协作和动手能力。

五、实训器材

此次实训所需主要设备与工具分别为套筒扳手、清洗剂、毛巾、抹布、气枪等。

六、实训操作安排

根据每组4人左右的规模安排实训。

七、实训操作注意事项

① 拆装过程中如果不能确定发动机排气系统已经冷却，应戴上防热手套。
② 使用刮刀从零件上除去所有衬垫和密封材料时，小心不要擦伤或刮伤密封面。
③ 禁止用其他方法或技术从部件上除去密封胶或衬垫材料。
④ 切勿使用砂垫、砂纸或电动工具清洁衬垫表面，以免这些清洁方法损坏部件密封面。另外，砂垫还会产生机油滤清器无法清除的细砂，细砂有研磨性，会导致发动机内部损坏。

八、实训操作步骤

① 施工前准备工作。
◆ 停放好车辆并拉紧驻车制动器，如图3-144、图3-145所示。
◆ 先了解汽车的重心位置，调整举升机上的托臂，使支承垫支承到汽车的推荐举升点

上，如图3-146、图3-147所示。

图3-144　停好车辆

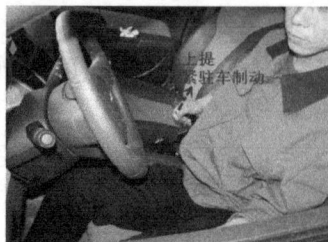

图3-145　拉紧驻车制动器

图3-146　调整举升机上的托臂

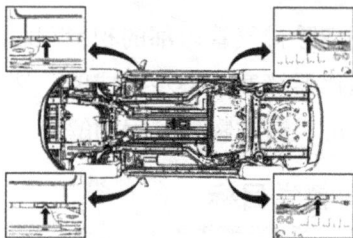

图3-147　使支承垫支承到汽车的推荐举升点上

◆ 举升车辆少许，检查并确认支承垫是否支承到汽车的推荐举升点上，如图3-148所示。

◆ 开启发动机前盖开关，打开发动机前盖并确保支撑杆支撑到位，如图3-149、图3-150所示。

图3-148　举升车辆少许

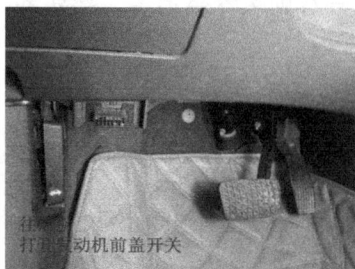

图3-149　开启发动机前盖开关

图3-150　确保支撑杆支撑到位

◆ 准备维修实训作业相关的保护装置和实训工具及用品，如图3-151、图3-152所示。

图3-151　准备实训保护装置

图3-152　准备实训工具及用品

② 观察排气歧管的总成结构，并确定拆解方案。

③ 拆下发动机底板防护罩及排气相关支撑和连接螺栓，如图3-153、图3-154所示。

图3-153　拆下发动机底板防护罩

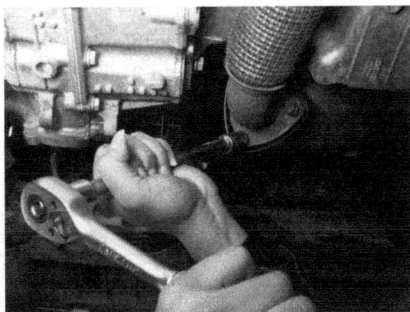

图3-154　拆下排气相关支撑和连接螺栓

④ 拆下排气歧管罩盖和排气歧管螺母，取下排气歧管，如图3-155、图3-156所示。

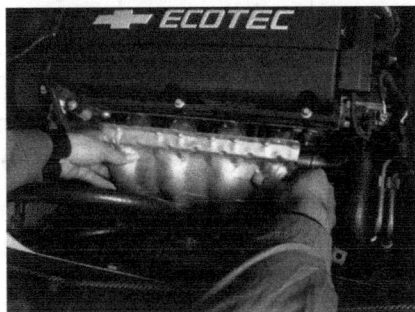

图3-155　拆下排气歧管罩盖

图3-156　取下排气歧管

⑤ 清洁所有衬垫表面，如图3-157所示。在溶剂中清洁排气歧管并用压缩空气吹干排气歧管，如图3-158所示。

图3-157　清洁所有衬垫表面

图3-158　清洁排气歧管

⑥ 检查排气歧管有无裂纹、损伤或堵塞情况，排气歧管如有裂纹、缺口应焊修。

⑦ 用直尺和塞尺测量接触面平面度，检查排气歧管与汽缸盖接合表面的变形情况，不平度不得超过0.10mm，否则应予修磨。

⑧ 按拆卸的相反顺序安装排气歧管。同时注意排气歧管泄漏或损坏可能导致排气泄漏，并可能影响OBDⅡ系统的性能。必须更换损坏的排气歧管。

⑨ 整理和清洁施工场地和车辆。

九、思考与练习

① 为什么要对排气系统进行保养与维护？

② 进行排气系统保养与维护时应该注意什么？

十、实训考评

序 号	考评内容	评 分	考 核	点 评
1	排气系统相关部件的认识	10		
2	维修实训准备工作	10		
3	工具的准备与使用	10		
4	排气歧管的拆装顺序	20		
5	实训操作注意事项	20		
6	正确清洁和安装到位	20		
7	整理与清洁	10		
总计		100		

项目四 点火系统保养与维护实训

任务一 火花塞的检查与更换

一、概述

火花塞俗称火嘴。主要由接线柱、绝缘体和电极组成，如图3-159所示。火花塞分很多种，按照材质分，主要有镍合金火花塞、铂金火花塞等，这些材料本身都有良好的导电性。火花塞按散热形式分有冷型火花塞和热型火花塞。火花塞的电极结构主要有单极、双极、四极等。出于提升车辆点火性能方面的考虑，多将单极火花塞改为多极火花塞，或者将镍合金火花塞改为铂金火花塞。

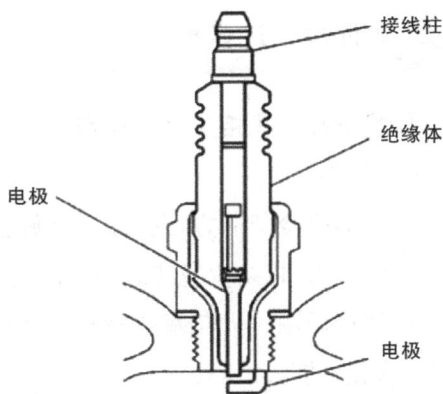

图3-159 火花塞

二、故障分析

火花塞的功用是将上万伏的高压电引入燃烧室，并产生电火花点燃混合气，与点火系统和供油系统配合使发动机做功，在很大程度上共同决定着发动机的性能。随着发动机的运行或汽车行驶距离的增加，火花塞电极间隙所需的放电电压也在不断地上升，会越来越接近点火线圈所提供的电压极限，于是点火越来越困难，甚至断火。火花塞的异常或故障一般有电极的间隙过大或过小，接线柱弯曲或断裂，绝缘体被击穿或有炭痕、炭黑，绝缘体有裂纹。若出现异常或故障，应对火花塞及时进行更换。

三、技术要求与标准

火花塞的更换里程一般为3万～7万公里，当然发动机的工作情况、环境以及火花塞的种类也会影响火花塞的寿命。科鲁兹轿车普通火花塞的正常更换里程为6万公里。不同类型的火花塞有不同的火花塞间隙标准，以通用科鲁兹轿车为例，LFH、LUW和LWE的火花塞间隙为0.6～0.7mm（0.024～0.028in），而其他火花塞间隙（除LFH、LUW和LWE）则为0.8～0.9mm（0.031～0.035in）。

四、实训教学目标

① 让学生了解火花塞的检查与更换注意事项。

② 让学生掌握火花塞的检查与更换方法。

③ 锻炼学生的团队协作和动手能力。

五、实训器材

此次实训所需主要设备与工具分别为拆卸火花塞专用套筒扳手、十字螺丝批、毛巾、抹布等。

六、实训操作安排

根据每组4人左右的规模安排实训。

七、实训操作注意事项

① 拔下高压线接头时应动作轻柔，操作时不可用力摇晃火花塞绝缘体，否则会破坏火花塞密封性能。

② 发动机冷却后方可拆卸，当旋松所要拆卸的火花塞后，用一根细软管逐一吹净火花塞周围的污物，以防火花塞旋出后污物落入燃烧室内。

③ 螺钉周围、火花塞电极和密封垫必须保持清洁、干燥、无油污，否则会引发漏电、漏气、火花减弱等故障。

④ 安装时，先用套筒将火花塞对准螺孔，用手轻轻拧入，拧到约螺纹全长的1/2后，再用加力杠杆紧固。若拧动时手感不畅，应退出检查是否对正螺口或螺纹中有无夹带杂质，切不可盲目加力紧固，以免损伤螺孔，殃及缸盖，特别是铝合金缸盖。

⑤ 应按规定力矩拧紧，过松会造成漏气，过紧会使密封垫失去弹性，同样会造成漏气。锥座型火花塞由于不用密封垫，遵守拧紧力矩尤显重要。

八、实训操作步骤

① 施工前准备工作。

◆ 停放好车辆并拉紧驻车制动器，如图3-160、图3-161所示。

图3-160 停好车辆

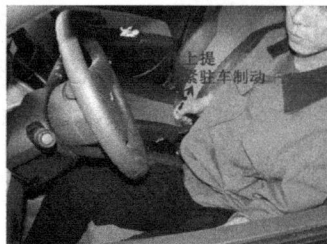

图3-161 拉紧驻车制动器

◆ 开启发动机前盖开关，打开发动机前盖并确保支撑杆支撑到位，如图3-162、图3-163所示。

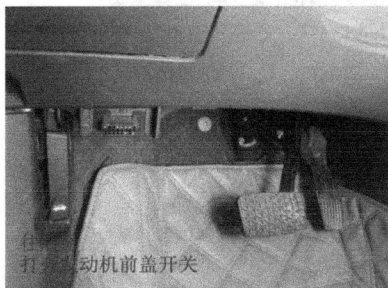

图3-162　开启发动机前盖开关

图3-163　确保支撑杆支撑到位

图3-164　准备实训保护装置

◆ 准备维修实训作业相关的保护装置和实训工具及用品，如图3-164、图3-165所示。

图3-165　准备实训工具及用品

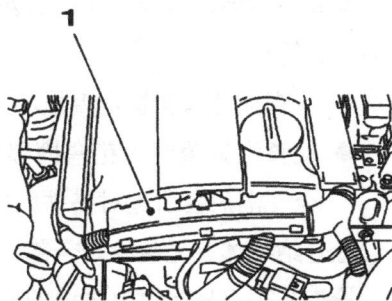

图3-166　拆下发动机线束导管

② 观察点火线圈的总成结构，并确定拆解方案。

③ 将发动机线束导管（图3-166中位置"1"）从汽缸盖上拆下。

④ 断开点火线圈插头，并沿端盖所标箭头方向拆下点火线圈盖，如图3-167所示。

⑤ 拆下2个点火线圈螺栓，取出点火线圈，如图3-168、图3-169所示。

⑥ 用专用火花塞套筒扳手取下火花塞，如图3-170所示。

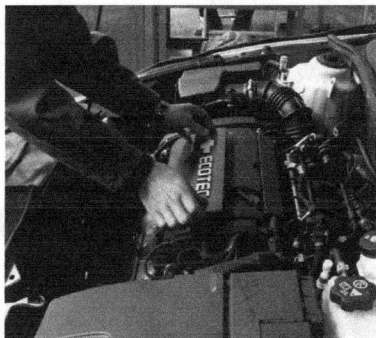

图3-167　拆下点火线圈盖

图3-168　拆下螺栓

图3-169　取出点火线圈

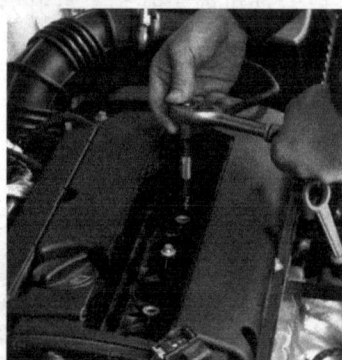

图3-170　取下火花塞

⑦ 对火花塞进行检查。

检查接线柱是否损坏。检查接线柱是否弯曲或断裂。同时通过拧动和拉动接线柱的方式，测试接线柱是否松动，端子接线柱应不晃动。

检查绝缘体是否被击穿或有炭痕、炭黑。这是由接线柱和搭铁之间的绝缘体两端之间放电而引起的。

◆ 检查火花塞套管是否损坏。

◆ 检查汽缸盖的火花塞槽部位是否潮湿，如是否有机油、冷却液或水。火花塞套管完全受潮后会引起对搭铁的电弧放电。

检查绝缘体有无裂纹。全部或部分电荷可能通过裂缝而不是电极进行电弧放电。

检查是否有异常电弧放电的迹象。

◆ 测量中心电极和侧电极端子之间的间隙。电极间隙过大可能妨碍火花塞正常工作。

◆ 检查火花塞扭矩是否正确。扭矩不足可能妨碍火花塞正常工作。火花塞紧固扭矩过大会引起绝缘体开裂。

◆ 检查绝缘体尖端而不是中心电极附近是否有漏电迹象。

◆ 检查侧电极是否断裂或磨损。

◆ 通过摇动火花塞检查中心电极是否断裂、磨损或松动。如果听到喀啦声则表示内部已损坏。中心电极若松动会降低火花强度。

◆ 检查电极之间是否存在桥接短接现象。电极上的积炭会减小甚至消除它们的间隙。

◆ 检查电极上的铂层是否磨损或缺失（如装备）。

◆ 检查电极是否过于脏污。

◆ 检查汽缸盖的火花塞槽部位是否有碎屑。脏污或损坏的螺纹可能导致火花塞在安装过程中不能正确就位。

⑧ 火花塞的选择参考。

◆ 尺寸。

更换火花塞必须选择适合车辆的尺寸。每支火花塞上都印有它的型号，一般第二个字母表示火花塞的尺寸，其中同时包含了螺纹的直径和长度。选择火花塞的时候首先要了解实训车辆搭配的是什么尺寸的火花塞。常见车型的螺纹直径主要有10mm、12mm和14mm三种，其中14mm较为常见。当然一些比较紧凑的发动机会使用直径10mm、12mm等更细的火花塞。螺纹长度有的地方叫"牙长"。

◆ 热值。

火花塞的热值反映了火花塞把热量从燃烧室传递到汽缸盖的能力。把燃烧室温度控制在燃烧室的理想燃烧温度范围（500～850℃），能够有效避免火花塞提前跳火及火花塞头部过热；同时也能够有效清除汽缸燃烧残留物，避免汽缸失火。火花塞的型号中一般标有热值，如NGK的BP5ES和博世的FR8NP，其中数字表示热值。

◆ 电极材质。

常见的电极材质有铜、镍合金、铂金、铱金等。不同的电极材质金属导电性能、点火需要的电压有所不同。贵金属火花塞对于发动机的负荷更小，使用寿命也更长，油耗经济性也比较好。

⑨ 安装基本按拆卸的相反顺序进行。安装过程中注意检查紧固火花塞和2个点火线圈螺栓（紧固力矩为8N·m），同时确保点火线圈盖和点火线圈插头安装到位。

⑩ 整理和清洁施工场地和车辆。

九、思考与练习

1．火花塞的拆装过程中有哪些注意事项？
2．怎么样选择匹配的汽车火花塞？

十、实训考评

序　号	考 评 内 容	评　分	考　核	点　评
1	相关部件的认识	10		
2	维修实训准备工作	10		
3	工具的准备与使用	10		
4	火花塞的检查	20		
5	火花塞的更换注意事项	20		
6	正确添加	20		
7	整理与清洁	10		
	总计	100		

任务二　正时皮带的检查与调整

一、概述

正时皮带是发动机配气系统的重要组成部分，通过与曲轴的连接并配合一定的传动比来保证进、排气时间的准确。使用皮带而不是齿轮来传动是因为皮带噪声小，自身变化量小且易于补偿。

二、故障分析

正时皮带在使用过程中会出现裂纹、老化、破损、折断等故障现象，检查的过程中一旦发现应及时更换。同时应该检查正时皮带的张紧力是否符合要求。因为正时皮带主要起着传递动力的作用，所以还应注意检查与其连接的齿轮等部件是否损坏。

三、技术要求与标准

正时皮带属于橡胶部件，随着发动机工作时间的增加，正时皮带和正时皮带的附件，如正时皮带张紧轮、正时皮带张紧器和水泵等都会发生磨损或老化。因此，凡是装有正时皮带的发动机，厂家都会有严格要求，在规定的周期内定期更换正时皮带及附件，更换周期则随着发动机的结构不同而有所不同，一般在车辆行驶6万～10万公里时应该更换，具体的更换周期应该以车辆的保养手册说明为准。

四、实训教学目标

① 让学生了解发动机正时皮带的拆装、检查与调整注意事项。
② 让学生掌握发动机正时皮带的拆装、检查与调整方法。
③ 锻炼学生的团队协作和动手能力。

五、实训器材

此次实训所需主要设备与工具分别为套筒扳手、螺丝批、毛巾、抹布、气枪等。

六、实训操作安排

根据每组4人左右的规模安排实训。

七、实训操作注意事项

① 在拆装皮带的过程中注意不要用尖锐金属工具触碰皮带。

② 在检查皮带的过程中除注意检查皮带的损坏情况外，还应该对其相关部件如齿轮、张紧器等进行检查。

③ 更换新的正时皮带时，应注意选对皮带的型号。

④ 安装皮带时，应注意曲轴和凸轮轴的对正标记及皮带的绕向；安装完成后，应注意转动曲轴，再次验证曲轴和凸轮轴是否对正。

八、实训操作步骤

① 施工前准备工作。

◆ 停放好车辆并拉紧驻车制动器，如图3-171、图3-172所示。

图3-171 停好车辆

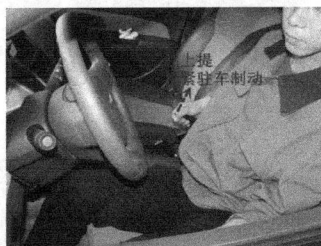

图3-172 拉紧驻车制动器

◆ 开启发动机前盖开关，打开发动机前盖并确保支撑杆支撑到位，如图3-173、图3-174所示。

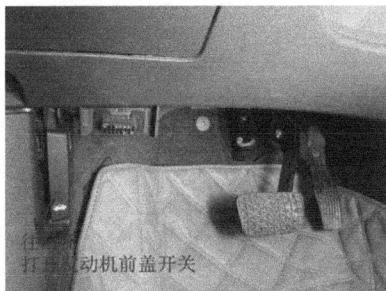

图3-173 开启发动机前盖开关

图3-174 确保支撑杆支撑到位

◆ 准备维修实训作业相关的保护装置和实训工具及用品，如图3-175、图3-176所示。

② 观察正时皮带的总体布置情况，并确定拆解方案。

③ 拆下正时皮带上前盖。如图3-177、图3-178所示，拆下两个正时皮带前盖螺栓即可取出正时皮带上前盖。

④ 将曲轴扭转减振器沿发动机旋转的方向设置到第一个汽缸的上止点（图3-179中"1"位置）。

⑤将专用的链轮锁止工具 （图3-180中标示"1"和"2"位置）插入凸轮轴链轮中。注意：图3-180中标示"1"和"2"部件上的标记和图3-180中标示"3"的部位必须对齐，如图3-181所示。

图3-175　准备实训保护装置

图3-176　准备实训工具及用品

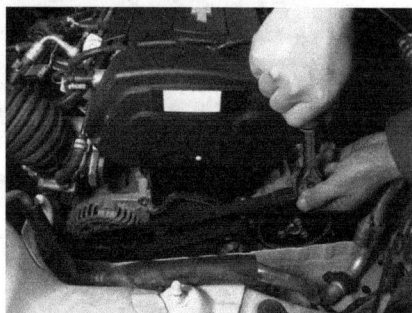

图3-177　拆下螺栓

图3-178　拆下正时皮带上前盖

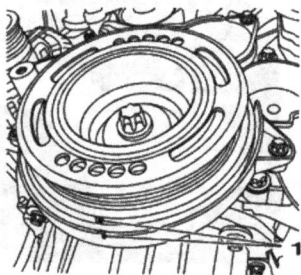

图3-179　旋转曲轴扭转减振器

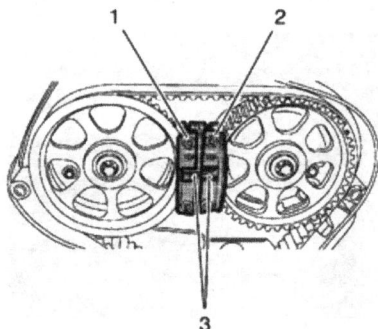

图3-180　将锁止工具插入凸轮轴链轮中

⑥如图3-182所示，安装锁销（图中标示"3"位置），并按图中箭头方向使用内六角扳手（图中标示"1"位置）对正时皮带张紧轮（图中标示"2"位置）施加张力。

⑦如图3-183所示，安装飞轮固定工具（图中标示"1"位置），并通过起动机齿圈锁止飞轮（图中标示"2"位置）或各自的自动变速器挠性盘。

⑧如图3-184所示，分别拆下曲轴扭转减振器螺栓（图中标示"4"）、曲轴扭转减振器垫圈（图中标示"3"）、曲轴扭转减振器（图中标示"2"）。

⑨ 拆下正时皮带下前盖，观察旋转方向，拆下正时皮带。

图3-181 对齐

图3-182 安装锁销

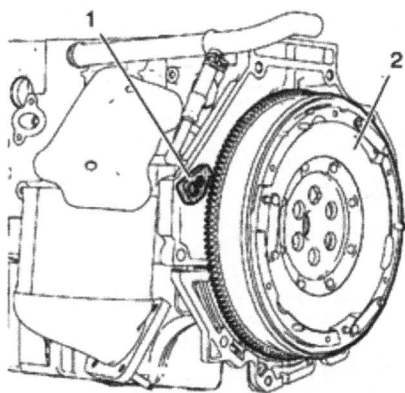

图3-183 安装飞轮固定工具

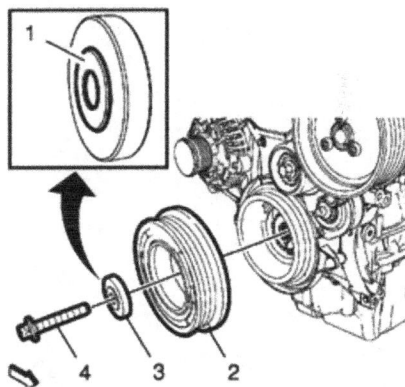

图3-184 拆下曲轴扭转减振器螺栓等

⑩ 安装基本按拆卸的相反顺序进行。安装过程中注意相关标记的对齐和相关锁止工具的拆卸，如图3-185、图3-186所示。

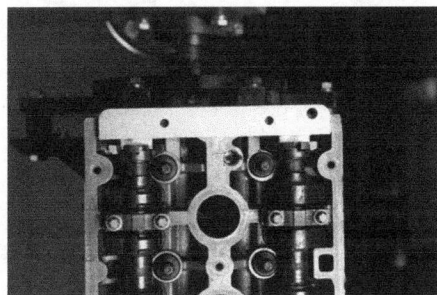

图3-185 对齐标记

图3-186 拆卸锁止工具

九、思考与练习

正时皮带如果没有及时更换，一旦断裂会引发什么后果？

十、实训考评

序　号	考评内容	评　分	考　核	点　评
1	相关部件的认识	10		
2	维修实训准备工作	10		
3	工具的准备与使用	10		
4	正时皮带的拆装顺序	20		
5	正时皮带的实训操作注意事项	20		
6	正确安装到位	20		
7	整理与清洁	10		
总计		100		

项目五 燃油喷射系统保养与维护实训

任务一 汽车燃料的选择与添加

一、概述

汽车燃料主要指汽油机和柴油机用燃料，它们目前是汽车运行的主要动力来源。随着全球经济的发展，汽车保有量逐年增加，汽车尾气对环境的污染也日益严重，已成为空气污染的主要来源之一。因此，汽车制造商在不断完善发动机的燃烧系统，采用先进的电子控制技术和高性能的污染净化装置，使用无铅汽油的同时，还不断研制污染排放少、有利于环境保护的新型燃料和新型燃料汽车。

1. 汽油

汽油分为含铅汽油和无铅汽油两类，均采用研究法辛烷值划分。截至2000年1月1日，我国所有汽油生产企业一律停止生产车用含铅汽油；从2000年7月1日起，全国实现汽油无铅化。我国现在使用的车用汽油都是无铅汽油。根据国家标准GB17930—1999《车用无铅汽油》的规定，汽油划分为90号、93号和95号三个牌号（目前市场上所见到的97号和98号汽油产品执行的产品标准为企业标准）。

2. 柴油

国产柴油根据国家标准GB252—2000的规定，按照其凝点的高低划分为10号、5号、0号、-10号、-20号、-35号、-50号7种。2000年中国石化集团发布了城市柴油企业标准QSHR006—2000《城市车用柴油技术要求》，该标准按凝点将城市车用柴油分为10号、0号、-5号、-10号、-20号，并从2004年4月1日开始执行。

二、故障分析

当燃油报警灯亮时，就要及时加油。因为油箱底部含有较多的水分和杂质，会影响发动机的正常工作，尤其对电喷汽油机影响较大，会降低油泵、喷油器的使用寿命，也容易造成油路堵塞。此外如果使用等级不正确的燃油，发动机和催化转化器会严重受损。

三、技术要求与标准

在选择燃料时，应严格按照车辆使用说明书上推荐的燃油种类和标号选择燃料的牌号。

四、实训教学目标

① 让学生了解汽车燃油的选择与添加注意事项。

② 让学生掌握汽车燃油的选择与添加方法。

③ 锻炼学生的团队协作和动手能力。

五、实训器材

此次实训所需主要设备与工具分别为漏斗、毛巾、抹布等。

六、实训操作安排

根据每组4人左右的规模安排实训。

七、实训操作注意事项

➡ 1. 车用汽油使用注意事项

① 尽量使用高标准的清洁汽油，以提高车辆的经济性和排放性。

② 当换用其他牌号汽油时，发动机的点火提前角（若能人工调整的话）要做相应的调整。当由低牌号汽油换用高牌号汽油时，应适当提前点火提前角；而当由高牌号汽油换用低牌号汽油时，应适当推迟点火提前角。

③ 汽车由平原驶入高原时，应换用低牌号汽油或适当推迟点火提前角，以免发动机发生过热，影响发动机的动力性；而汽车由高原驶入平原时，应换用高牌号汽油或适当提前点火提前角，以免发动机发生爆震燃烧。

④ 尽量不将不同牌号或不同用途的汽油进行掺兑使用，严禁汽油与其他燃料掺和使用，以免影响发动机的正常使用。

⑤ 不要使用长期存放的变质汽油。因为其结胶严重，辛烷值下降，会影响发动机的正常使用。

⑥ 汽油是易燃、易爆品，易产生静电，有一定的毒性，使用时要注意安全。在汽油存放场所的附近禁用明火，不能用塑料桶存放汽油。

➡ 2. 车用柴油使用注意事项

① 不同牌号的柴油可以掺兑使用，并可根据气温情况酌情适当调配。混合后的柴油凝点并不按比例计算，一般比其比例值高2℃左右。例如，-10号柴油与-20号柴油各以50%混合，混合后柴油的凝点约为-13℃。

② 在寒冷地区，若缺乏低凝点柴油，可以向高凝点轻柴油中掺入10%～40%的灯用煤

油，混合均匀，以降低凝点。也可以采用适当的预热措施，提高发动机温度。

③ 在严寒的冬季如果发动机不能起动，要另用起动燃料（如乙醚与航空煤油按体积1∶1配制）帮助起动。但严禁向柴油中加入汽油，否则发动机更不好起动。

④ 柴油加入油箱前，要充分沉淀（不少于48h）。然后用滤网过滤，以除去杂质。

⑤ 当燃油报警灯亮时，就要及时加油。因为油箱底部含有较多的水分和杂质，会影响发动机的正常工作，容易造成输油泵、喷油泵、喷油器等的磨损而降低它们的使用寿命，也容易造成油路堵塞。

八、实训操作步骤

1. 操作步骤

① 施工前准备。

◆ 停放好车辆并拉紧驻车制动器，如图3-187、图3-188所示。

图3-187 停好车辆

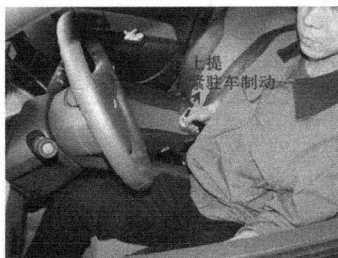

图3-188 拉紧驻车制动器

◆ 开启发动机前盖开关，打开发动机前盖并确保支撑杆支撑到位，如图3-189、图3-190所示。

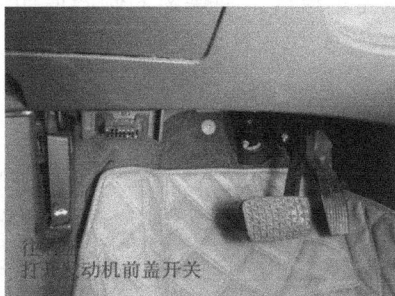

图3-189 开启发动机前盖开关

图3-190 确保支撑杆支撑到位

◆ 准备维修实训作业相关的保护装置和实训工具及用品，如图3-191、图3-192所示。

② 判断发动机燃油加注口盖位置（一般可以通过看燃油加注位置符号的三角形指示方

向，如图3-193所示。如果没有指示标记，则要阅读车辆使用说明书或下车观察），并确定施工方案。

③ 熄火并按下燃油加注口打开按钮。

④ 拧开燃油加注口盖，加注燃油。没有加油枪时可使用漏斗，应避免汽车燃油漏出破坏车漆。

图3-191　准备实训保护装置　　图3-192　准备实训工具及用品　　图3-193　判断发动机燃油加注口盖位置

⑤ 加注完毕后注意拧紧燃油加注口盖。

⑥ 整理和清洁施工现场和车辆。

2. 汽油选用原则

① 根据车辆使用说明书的要求选择。

② 根据发动机的压缩比选用。

压缩比大，选用高牌号的汽油；反之，压缩比小，选用低牌号的汽油。

③ 根据使用条件选择。

高原地区大气压力小，空气稀薄，汽油机工作时爆震的倾向减小，可以适当降低汽油的辛烷值。一般海拔高度每上升100米，汽油辛烷值可以降低约0.1个单位。经常在大负荷、低转速下工作的汽油机，应选择辛烷值较高的汽油。

④ 根据发动机的使用时间选择。

使用时间长的汽油机，由于燃烧室积炭、水套积垢等原因，使爆燃的倾向增加，应选用高牌号的汽油。

3. 柴油选用原则及注意事项

（1）柴油的选用

柴油应根据使用地区和季节的不同进行选用。气温较高的地区，选用凝点较高的柴油；反之，气温较低的地区，选用凝点较低的柴油。一般选用柴油的凝点应比当地当月环境最低气温低5℃以上，以保证柴油在最低气温时不致凝固。

（2）各种柴油的适用范围

10号轻柴油适合有供油系加热设备的高速柴油机使用。

0号轻柴油适合最低气温在4℃以上的地区使用。

-10号轻柴油适合最低气温在-5℃以上的地区使用。

-20号轻柴油适合最低气温在-14～-5℃的地区使用。

-35号柴油适合最低气温在-29℃以上的地区使用。

-50号柴油适合最低气温在-44℃以上的地区使用。

九、思考与练习

在加油站和实训场地添加燃油时应该注意什么？

十、实训考评

序　号	考评内容	评　分	考　核	点　评
1	相关部件的认识	10		
2	维修实训准备工作	10		
3	工具的准备与使用	10		
4	燃料的选择与添加	20		
5	实训操作注意事项	20		
6	正确添加	20		
7	整理与清洁	10		
总计		100		

任务二　燃油滤芯的更换

一、概述

汽车燃油供给系统主要由油箱、汽油泵、汽油滤芯、油管、喷油器等组成，如图3-194所示。

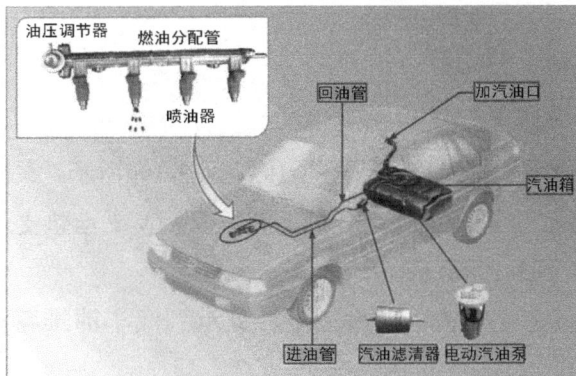

图3-194　燃油供给系统

二、故障分析

燃油供给系统主要为喷油器提供喷射所需的燃油。而燃油滤芯主要起过滤杂质的作用，不按期保养，滤芯容易脏堵导致供油不畅。

三、技术要求与标准

通用汽车燃油滤清器每半年或1万公里应进行例行检查，每一年或2万公里则应对燃油滤清器进行更换。

四、实训教学目标

① 让学生了解汽车燃油滤芯的检查与更换注意事项。
② 让学生掌握燃油滤芯的检查与更换方法。
③ 锻炼学生的团队协作和动手能力。

五、实训器材

此次实训所需主要设备与工具分别为螺丝批、毛巾、抹布等。

六、实训操作安排

根据每组4人左右的规模安排实训。

七、实训操作注意事项

① 往燃油箱内加注燃油时应选择车型规定的燃油，以免损坏发动机和催化器。
② 燃油箱、泵和管道必须正确接地，以防止静电点燃汽油蒸气。

八、实训操作步骤

① 施工前准备工作。

◆ 停放好车辆并拉紧驻车制动器，如图3-195、图3-196所示。
◆ 先了解汽车的重心位置，调整举升机上的托臂，使支承垫支承到汽车的推荐举升点上，如图3-197、图3-198所示。
◆ 举升车辆少许，检查并确认支承垫是否支承到汽车的推荐举升点上，如图3-199所示。
◆ 开启发动机前盖开关，打开发动机前盖并确保支撑杆支撑到位，如图3-200、图3-201

所示。

图3-195　停好车辆

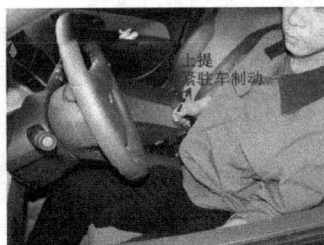

图3-196　拉紧驻车制动器

图3-197　调整举升机上的托臂

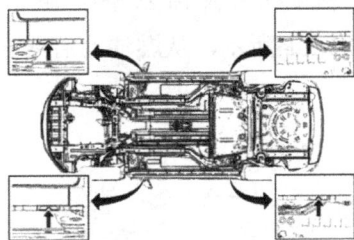

图3-198　使支承垫支承到汽车的推荐举升点上

图3-199　举升车辆少许

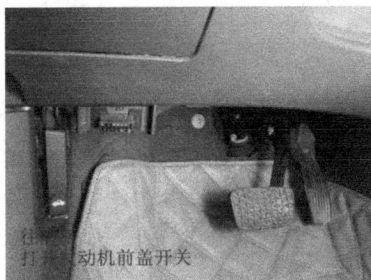

图3-200　开启发动机前盖开关

图3-201　确保支撑杆支撑到位

图3-202　准备实训保护装置

◆　准备维修实训作业相关的保护装置和实训工具及用品，如图3-202、图3-203所示。

图3-203　准备实训工具及用品

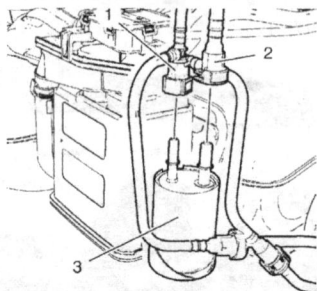

图3-204　拆下回油管和供油管

② 断开蓄电池负极电缆并将车辆举升至适当高度。

③ 如图3-204所示，从燃油滤清器（3）上拆下回油管（1）和供油管（2）。

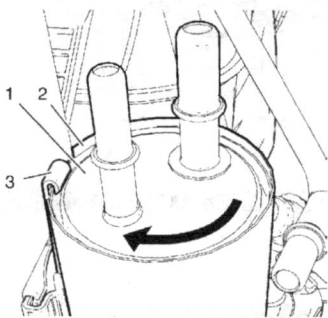

图3-205　转动燃油滤清器

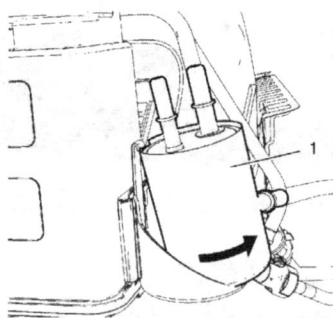

图3-206　取出燃油滤清器

④ 如图3-205和图3-206所示，用螺塞闭合燃油通风口，转动燃油滤清器（1）直到卡夹（3）从边缘（2）完全松开并取出燃油滤清器。

⑤ 安装按拆卸的相反顺序进行。注意确保蓄电池负极电缆安装牢靠。

⑥ 整理和清洁施工现场和车辆。

九、思考与练习

更换燃油滤芯时应该注意什么？

十、实训考评

序　号	考评内容	评　分	考　核	点　评
1	燃油供给部件的认识	10		
2	实训施工准备工作	10		
3	工具的准备与使用	10		
4	燃油滤芯的拆装顺序	20		
5	燃油滤芯的更换注意事项	20		
6	正确添加	20		
7	整理与清洁	10		
	总计	100		

任务三 燃油系统的清洁护理

一、概述

传统清洗方法是拆卸分解后用酒精、丙酮和汽油等浸泡刷洗，然后用压缩空气清理。此办法费时费力，清洗效果又不稳定，一些高黏性物质根本清洗不掉。目前，主要使用汽车燃料系统免拆清洗设备进行清洗。其工作原理是：在发动机工作时，专用的免拆清洗剂在一定温度与压力作用下，与胶质、积炭和油污起反应，其中胶质和油污被乳化、分散，积炭被软化、分解，再经燃烧、冲刷和清洗等反复作用，即可将燃料系、燃烧室黏附的胶质、积炭清洗干净。该设备操作简单，清洗时只需要按发动机的排量将燃料与清洗剂进行混合，然后送入汽缸燃烧；对于有回油管的，要拆下回油管，并用堵头堵住；使用电动汽油泵的，应使油泵不工作或使进、回油管连接在一起。起动发动机，则带有清洗剂的燃料被吸入发动机燃料系中，边工作边进行清洗，最后从排气管排到发动机外，如此循环作用。

二、故障分析

发动机供油系统经过一段时间的使用，空气中的尘埃和汽油中的杂质等会使油路不畅或堵塞，加上燃烧过程中产生的积炭和胶质也会附着在进排气门、进排气道、节气门和燃烧室上，尤其是附着在汽油喷射的喷油嘴上，使喷油嘴堵塞，造成喷油渗漏、雾化不良，甚至不喷油，从而导致油耗量增加、发动机动力下降、怠速不稳、加速不良、起动困难，甚至出现爆燃等情况。据试验，燃料系只要有10%的喷油量受到阻碍，就会导致燃油燃烧不完全，发动机性能下降，燃油消耗增加，排气温度升高。因此，必须及时清洗发动机供油系统和燃烧室。

三、技术要求与标准

一般5000～20000公里进行一次燃油系统的清洁护理为宜，根据不同的行驶环境进行增减。一般燃油系统脏堵有如下特征：

① 冷起动困难，油耗增加；

② 动力下降，爬坡无力；

③ 加速反应迟缓或者不灵；

④ 怠速不稳，中途熄火；

⑤ 车辆抖动，发动机噪声突然增大；

⑥ 烧机油，冒蓝烟；

⑦ 尾气超标，年检时不能通过环保检测；

⑧ 汽车驾驶性能整体下降。

四、实训教学目标

① 让学生了解燃油系统的清洁护理施工注意事项。

② 让学生掌握燃油系统的清洁护理施工方法。

③ 锻炼学生的团队协作和动手能力。

五、实训器材

此次实训所需主要设备与工具分别为燃油系统清洗机、毛巾、抹布、气枪等。

六、实训操作安排

根据每组4人左右的规模安排实训。

七、实训操作注意事项

① 实训施工时注意阅读清洗机说明书和了解汽车燃油系统构造，以免对燃油系统造成损坏。

② 实训过程中注意防火。

八、实训操作步骤

1. 专用清洗机清洗

这里以德奥克KF-202引擎燃油系统免拆清洗机为例，如图3-207所示。

① 仔细阅读清洗机说明书，查阅所施工车型是否可以在该清洗机上操作并确定相应的施工方案。没有回油管的车，清洗机的回油蓝管不用连接，但清洗前必须把汽车油泵的保险拔掉，即将油泵断电。

② 判断汽车燃油喷射系统的喷射方式，并确定其汽缸数。

③ 先打开汽车油箱盖，让油气畅通，减小油路压力。

④ 从加油口加入适量清洗液。清洗液用量如下。

八缸车：295mL清洗液加入944mL燃油。

六缸车：221mL清洗液加入708mL燃油。

四缸车：148mL清洗液加入472mL燃油。

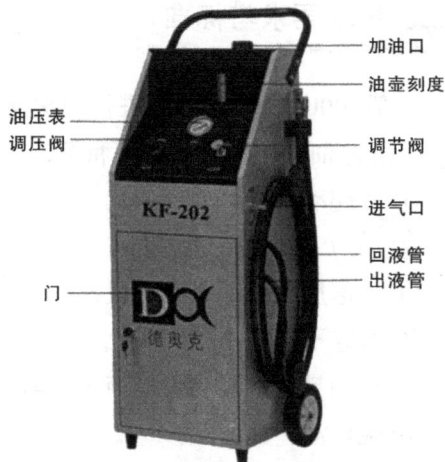

图3-207　燃油系统免拆清洗机

⑤ 查找发动机的回油管，选择合适的接头连接到发动机燃油系统免拆清洗机的回液管，起动发动机，将回油管的油引入清洗机的储油桶内，如为4缸机则调到4CYI处，6缸机则调到6CYI处，8缸机则调到8CYI处。然后关掉发动机。

⑥ 将发动机的进油管与发动机的连接点（或入口处）拆下，选择合适的接头、接管，将发动机燃油泵出来的进油管与油箱出来的回油管连接起来，使发动机燃油泵出来的油经回油管直接流回油箱。

⑦ 进择合适的接头，将清洗机的出液管连接到发动机的进油管，发动机的回油管连接到清洗机的回油管。当清洗发动机时，将由发动机燃油系统免拆清洗机的供油取代原汽油箱的供油。

⑧ 将清洗机的油压调节阀逆时针慢慢旋转减压。

⑨ 将压缩空气连接到进气口接头处。把空气调压阀旋钮提起，慢慢顺时针旋转（顺时针旋转为增压，逆时针旋转为减压），旋至压力表指针轻微往回晃动时停止操作。

⑩ 检查管路及各接头处是否漏油、渗油，如有渗漏，须修复好方可继续工作。

⑪ 继续慢慢调控调压阀，直到清洗机油桶内有回油时，将调压阀旋钮按下。此时清洗机的供油压力已达到发动机工作压力，可起动发动机进行清洗工作。在发动机起动并运转正常后，设定清洗时间。先怠速运转，再高速运转约2000r/min，连续多次加大油门把积炭和杂质排出。当清洗完毕时，先关掉清洗机，然后汽车会自动熄火，此时将汽车钥匙扳回原处。

⑫ 清洗机拆管时，先逆时针旋转调节阀减压，再拆除接头，照原样接好发动机的进、回油管，起动发动机并适当加速，检查各接头处及管路是否渗、漏油。清理现场，整理好清洗机，以备后用。

2. 点滴瓶清洗

① 检查车辆有无故障，确定燃烧系统分布位置并确定施工方案。清洗工具如图3-208所示。

② 预热发动机至水温为80～100℃，断开油泵电路。

③ 松开油箱盖，释放油管中的压力。

④ 为进一步降低燃油管压力，起动发动机，几秒钟后发动机将自行熄火。

⑤ 找到发动机进油管，寻找适用的接头及替代管，另一端接上清洗设备的出口。注意：应根据设备资料选用各车型适用的接头型号。

⑥ 若有回油管，应断开油压调整器上的真空橡皮管，并将真空橡皮管与调压阀堵住，以截断回油端，使清洗剂不会通过回油管回到油箱。

⑦ 确认清洗设备出口阀门置于关闭位置（垂直方向），逆时针旋转压缩空气调压阀，将压力调到最低。

⑧ 将燃油管路清洗剂倒入清洗设备中，并将上方的加液/排气功能阀锁紧。

⑨ 将设备挂在发动机盖下方并接上压缩空气，如图3-209所示。

⑩ 调节管路压力到规定范围。压力规范请参阅相关维修手册。

⑪ 打开油路阀，检查管路有无泄漏。

⑫ 起动发动机，怠速运转，直至发动机自行熄火为止。注意：为避免喷油嘴及燃油系统部件受损，清洗时请勿提高发动机转速。

⑬ 结束后，关闭油路手阀；将调压阀逆时针拧转到底；中断空气管；按下加液/排气功能阀，释放设备内部压力；再次开启油路手阀；二度按下加液/排气功能阀，以释放设备内部压力；用擦拭布包覆快速接头并拆下。

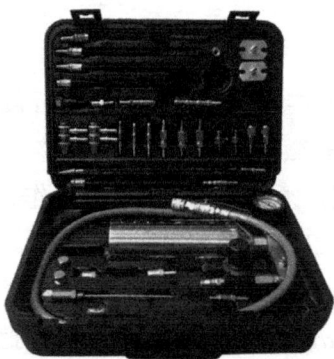

图3-208　清洗工具

图3-209　接上压缩空气

⑭ 恢复安装所有接头与连接管。

⑮ 连接油泵电路及锁上油箱盖。

⑯ 起动发动机并检查油路是否有泄漏现象，测试车辆。

九、思考与练习

① 燃油系统为什么会产生积炭？

② 简述燃油系统的工作原理。

十、实训考评

序　号	考评内容	评　分	考　核	点　评
1	清洗工具的认识	10		
2	实训施工准备工作	10		
3	工具的准备与使用	10		
4	燃油系统的清洗顺序	20		
5	燃油系统清洗注意事项	20		
6	汽车燃油系统的清洗效果	20		
7	整理与清洁	10		
	总计	100		

任务四 喷油器的拆卸与清洗

一、概述

喷油器总成是一个由发动机控制模块控制的电磁阀装置，该总成计量输送至发动机各汽缸的压力燃油。发动机控制模块使高阻抗的12Ω喷射器电磁阀通电，以打开常闭的球阀。这使燃油能够流经球阀和通过喷射器出口处的导流板流入喷射器的顶部。导流板上钻有孔，用于控制燃油流量，同时在喷射器喷嘴上产生细微的燃油喷雾。燃油从喷射器喷嘴引导到进气门，使燃油在进入燃烧室前进一步雾化和汽化。此细微的雾化过程可改善燃油经济性和排放性能。发动机真空下降时，油压调节器通过增加燃油压力来补偿发动机负载。

二、故障分析

电喷发动机喷油嘴易损故障可分为机械故障和电路故障两种。

1. 机械故障

机械故障表现为喷油嘴由于黏滞、堵塞、泄漏而引起机械动作失效，造成发动机的运转出现损坏性工况，严重影响轿车的正常使用。这时需要对喷油器进行更换。

2. 电路故障

喷油嘴自身的电路故障主要表现在电磁线圈上，可以归纳为线圈断路、线圈短路和线圈老化。必要时应对喷油器进行更换。

三、技术要求与标准

① 喷油嘴依据电磁线圈的电阻值又可分为低阻值和高阻值两种。低阻值喷油嘴电阻值为$2\sim3\,\Omega$，高阻值喷油嘴电阻值为$13\sim16\,\Omega$。

② 喷油量由电脉冲宽度决定。脉冲宽度=喷油持续时间=喷油量。

③ 一般喷油器针阀升程约为0.1mm，而喷油持续时间在2～10ms范围内。

四、实训教学目标

① 让学生深刻理解喷油嘴的结构和工作原理。

② 让学生学会排查喷油嘴的故障，以及拆卸和清洗喷油嘴。

③ 培养学生的动手能力和团队协作能力。

五、实训器材

喷油器清洗仪、CH-807封闭螺塞、EN-6015封闭螺塞、十字起子、扳手、套筒、抹布和

清洗剂等。

六、实训操作安排

根据每组4人左右的规模安排实训。

七、实训操作注意事项

① 由于喷油嘴是密封零件，拆卸和安装时要非常小心，否则会使其遭到破坏。

② 在维修燃油系统前，先拆下燃油箱盖并释放燃油系统压力，以减小人员受伤的风险。

③ 安装新的喷油器密封件之前，用硅基润滑脂涂抹密封件。

④ 注意蓄电池负极电缆的断开和连接。注意防火。

八、实训操作步骤

① 施工前准备工作。

◆ 停放好车辆并拉紧驻车制动器，如图3-210、图3-211所示。

图3-210　停好车辆

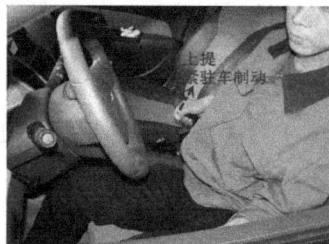

图3-211　拉紧驻车制动器

◆ 开启发动机前盖开关，打开发动机前盖并确保支撑杆支撑到位，如图3-212、图3-213所示。

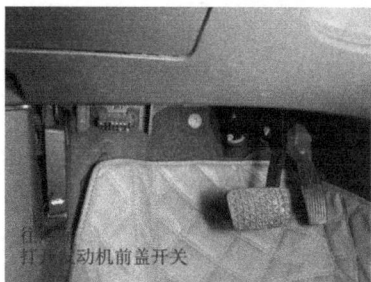

图3-212　开启发动机前盖开关

图3-213　确保支撑杆支撑到位

◆ 准备维修实训作业相关的保护装置和实训工具及用品，如图3-214、图3-215所示。

② 观察喷油器的总成结构，并确定拆解方案。

③ 断开蓄电池负极电缆。

图3-214 准备实训保护装置

图3-215 准备实训工具及用品

④ 拆下曲轴箱强制（正压）通风管。如图3-216所示，将发动机控制模块线束导管（图中"3"位置）从汽缸盖罩上松开，断开2个曲轴箱强制通风管连接器（图中"1"位置），拆下曲轴箱强制通风管（图中"2"位置）。

⑤ 断开相关线束和部件。

⑥ 准备一个接液盘，连接专用量表释放燃油压力，如图3-217所示。

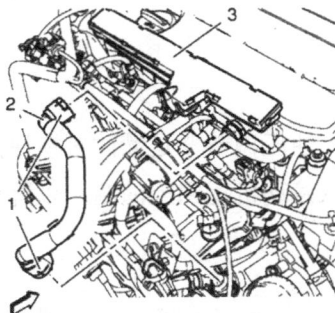

图3-216 拆下曲轴箱强制通风管

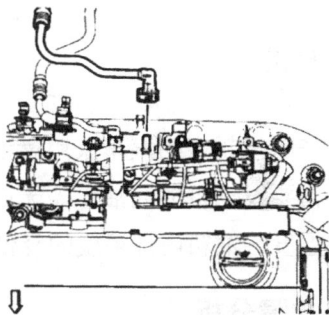

图3-217 释放燃油压力

⑦ 拆下2个多点燃油喷射燃油导轨螺栓。将带喷油器的多点燃油喷射燃油导轨从进气歧管上拆下，如图3-218所示。

⑧ 拆下喷油器固定件。拆下喷油器。把4个喷油器用喷油器清洗仪清洗干净。

⑨ 安装时，基本按拆卸的相反顺序进行。同时注意安装新的喷油器密封件时，先用硅基润滑脂涂抹密封件，并确定各部件按规定的扭矩紧固。

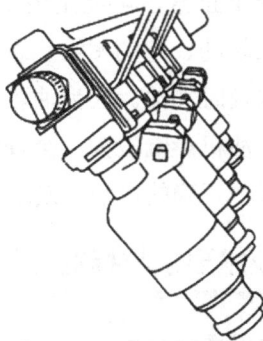

图3-218 拆下多点燃油喷射燃油导轨

九、思考与练习

① 什么情况下必须清洗喷油嘴？

② 如何清洗喷油嘴？

十、实训考评

序　号	考评内容	评　分	考　核	点　评
1	部件的认识	10		
2	工具的准备与使用	10		
3	固定螺栓的拆 装顺序	10		
4	固定螺栓的正确拧紧力矩	20		
5	喷油嘴的清洗	20		
6	喷油嘴的拆装步骤	20		
7	燃油压力的释放	10		
8	整理与清洁	10		
	总计	100		

任务五　燃油压力的检查与测试

一、概述

现在越来越多的汽车采用燃油系统无回路请求式设计。油压调节器是燃油泵模块的一部分，不需要发动机的回油管。无回路燃油系统不使热燃油从发动机返回至油箱，以降低油箱的内部温度。油箱内部温度的降低导致较低的蒸发排放。

二、故障分析

油压不正常，可能是由于燃油泵、燃油滤清器或燃油压力调节器发生故障，会引发发动机无法起动、起动困难、怠速不稳、易熄火等现象，应予以修理或更换。当燃油报警灯亮时，就要及时加油。因为油箱底部含有较多的水分和杂质，会影响发动机的正常工作，尤其对电喷汽油机影响较大，会降低油泵、喷油器的使用寿命，也容易造成油路堵塞。此外如果使用等级不正确的燃油，发动机和催化转化器会严重受损。

三、技术要求与标准

对于燃油工作压力，一般不同的车型有不同的标准。多点喷射一般应为0.25～0.35MPa，单点喷射一般应为0.07～0.10MPa。1.6L科鲁兹轿车的燃油压力标称值为380kPa（3.8bar）。

四、实训教学目标

① 让学生了解燃油压力的标准值。

② 让学生掌握测试燃油压力的方法。

五、实训器材

本次实训所需要的工具有EN-34730-91测试仪、敞口容器、干粉化学（B级）灭火器、手套、抹布等。

六、实训操作安排

根据每组4人左右的规模安排实训。

七、实训操作注意事项

① 汽油或汽油蒸气非常容易燃烧，若存在火源可能会导致火灾。为防止火灾或爆炸危险，切勿使用敞口容器排出或存放汽油或柴油。实训时应准备一个干粉化学（B级）灭火器。

② 在维修燃油系统前，先拆下燃油箱盖并释放燃油系统压力，以减小人员受伤的风险。释放燃油系统压力后，在维修燃油管路、喷油泵或接头时，会溢出少量燃油。为降低发生人身伤害的风险，在断开连接前用抹布盖住燃油系统部件。抹布可以吸附泄漏的燃油。断开连接后，将棉丝抹布放入许可的容器内。

③ 在进行任何拆卸操作之前，应清理以下所有部位，以免污染系统：

◆ 燃油管接头；

◆ 软管接头；

◆ 接头周围部位。

八、实训操作步骤

① 施工前准备工作。

◆ 停放好车辆并拉紧驻车制动器，如图3-219、图3-220所示。

图3-219 停好车辆

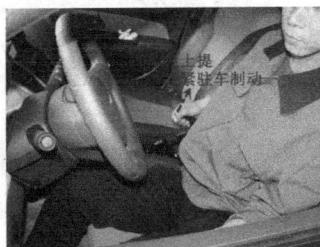

图3-220 拉紧驻车制动器

◆ 开启发动机前盖开关，打开发动机前盖并确保支撑杆支撑到位，如图3-221、图3-222所示。

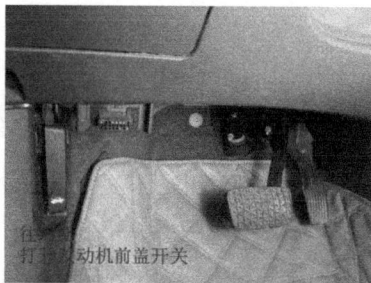

图3-221　开启发动机前盖开关

图3-222　确保支撑杆支撑到位

◆ 准备维修实训作业相关的保护装置和实训工具及用品，如图3-223、图3-224所示。

图3-223　准备实训保护装置

图3-224　准备实训工具及用品

② 如图3-225所示，将保护盖（1）从测试接头（2）上拆下。

③ 如图3-226所示，将EN-34730-91测试仪（1）连接至测试接头，进行燃油压力检查。

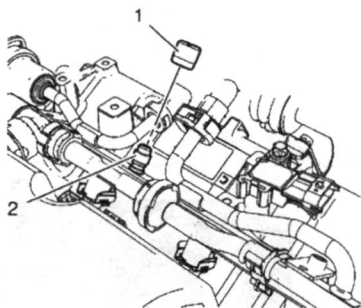

图3-225　拆下保护盖

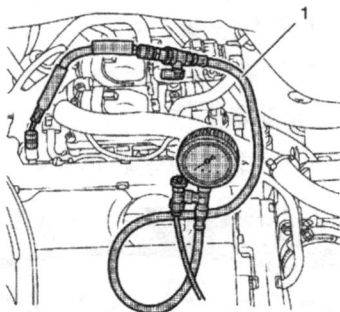

图3-226　进行燃油压力检查

④ 起动发动机，怠速时放出压力测试仪中的空气。

⑤ 将流出的燃油收集到合适的容器中。

⑥ 从压力表上读取燃油压力，如图3-227所示。标称值应为380kPa（3.8bar）。

⑦ 测试完毕后，关闭发动机。

⑧ 卸去燃油压力测试仪处的燃油压力。将流出的燃油收集到合适的容器中。

⑨ 将EN-34730-91测试仪从测试连接处断开。

⑩ 如图3-228所示，将保护盖（1）安装到测试接头（2）上。

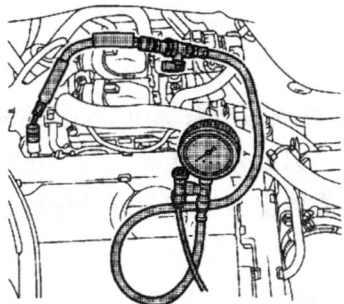

图3-227　读取燃油压力

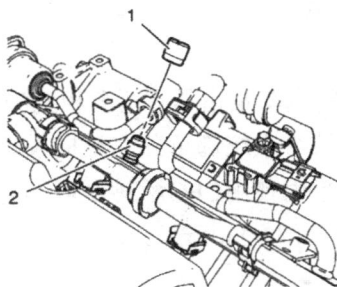

图3-228　安装保护盖

⑪ 关闭发动机舱盖。

⑫ 整理和清洁施工场地和车辆。

九、思考与练习

① 燃油压力过低和过高的主要原因分别是什么？

② 测试燃油压力需要注意什么？

十、实训考评

序　号	考评内容	评　分	考　核	点　评
1	部件的认识	10		
2	工具的准备与使用	10		
3	固定螺栓的拆装顺序	10		
4	正确使用燃油压力表	20		
5	正确卸掉燃油压力	15		
6	燃油压力的测试步骤	15		
7	正确读出压力表的数值	10		
8	整理与清洁	10		
总计		100		

项目六 汽油-液化石油气双燃料汽车供给系统保养与维护实训

一、概述

双燃料汽车是指具有两套相互独立的燃料供给系统（燃油供给系统和LPG供给系统），两套燃料供给系统都可独立地向发动机供给燃料的汽车。只要做到正确使用与维护，双燃料汽车运行中使用LPG燃料，可具有较高的经济性、可靠的安全性和良好的排放净化效果（图3-229、图3-230所示）。

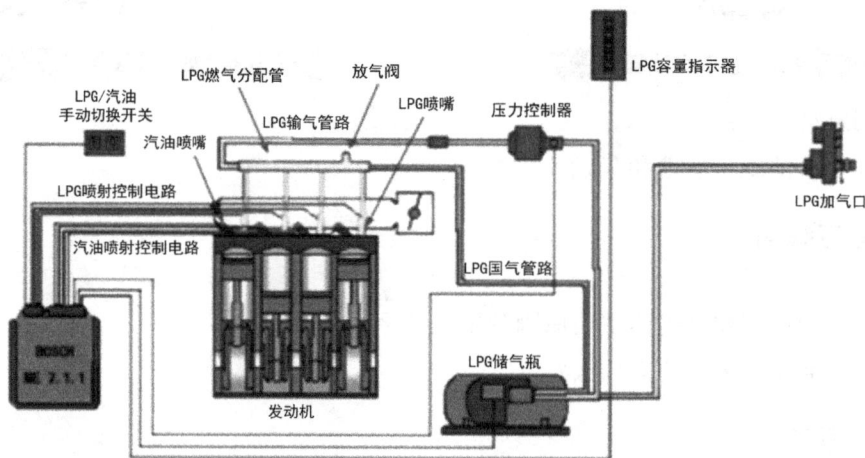

图3-229 LPG系统结构简图

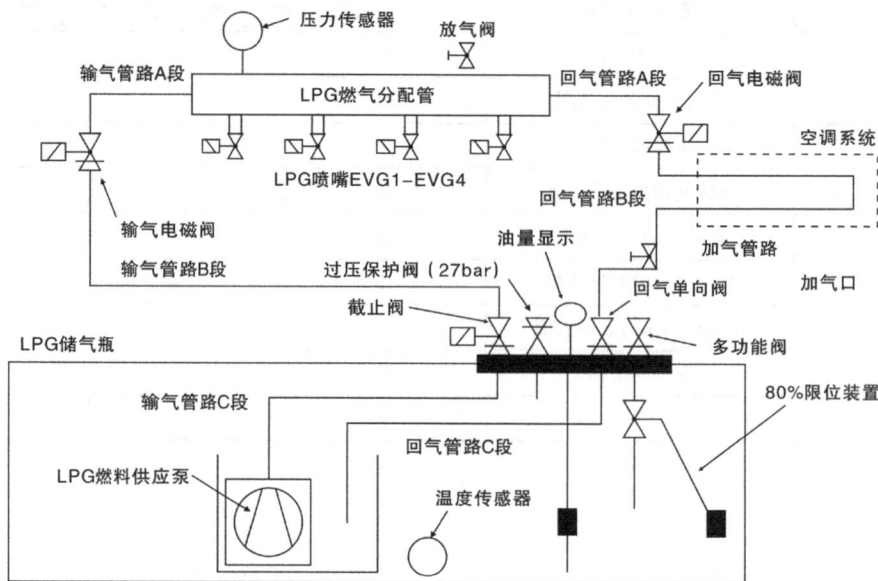

图3-230 LPG系统管路布置图

二、LPG供给系统的维护分类及维护周期

1. LPG供给系统的维护分类

日常维护LPG供给系统的维护要根据双燃料汽车的特点和运行规律进行确定，可以分为日常维护和定期维护。

（1）日常维护

日常维护以清洁、补给和安全检视为中心，作业内容由驾驶员负责执行。

（2）定期维护

除日常维护作业外，以检漏、检查、调整、紧固、恢复和保持为中心作业内容，维护和检修燃气专用装置各功能部件，确保燃气专用装置安全有效，系统运行稳定并达到相应的技术条件。此项作业由具有相应资质的LPG汽车维护企业负责执行。

2. LPG供给系统的维护周期

（1）日常维护

每日出车前、行车中和收车后进行。

（2）定期维护

建议周期为5000～7500km，出租汽车等使用频繁的汽车每月进行一次，其他商务和家用汽车每季度进行一次。

三、实训教学目标

① 让学生了解汽油-液化石油气双燃料车的保养与维护注意事项。
② 让学生掌握汽油-液化石油气双燃料车的保养与维护方法。
③ 锻炼学生的团队协作和动手能力。

四、实训器材

此次实训所需主要设备与工具分别为扳手、毛巾、抹布、气枪等。

五、实训操作安排

根据每组4人左右的规模安排实训。

六、实训操作注意事项

① LPG含有非挥发性物质，很容易损坏膜片和密封件，所以每月要将排污口打开一次，清除掉LPG沉积物。

② 每天至少用汽油工作20分钟，以保持汽油机的良好状态，否则气门座的寿命会由于长期得不到润滑而降低。

③ 用汽油起动发动机时，只要将转换开关置于"汽油"位置即可，但用LPG起动时应首先将化油器中的汽油燃尽。为此，必须先将转换开关放在中间位置（即既不供气也不供油的位置），待化油器中的汽油燃尽后再将它换到"LPG"位置。

④ 如果准备长期不用LPG，则必须将管道和蒸发器中的LPG燃尽或排尽，还要将蒸发器排液孔打开，放出污液，再对蒸发器做必要的清洗；否则LPG中不易挥发的物质会沉淀在密封件和膜片上，腐蚀密封件和膜片。

⑤ 汽车每行驶2000公里应清洗一次混合器，检查和调整一次发动机的排放，还应在拆下管道过滤器后用压缩空气吹去管道过滤器中的污物，防止气道堵塞。

⑥ LPG装置的调整方法：在发动机工作后，先将LPG调节阀开度由大逐渐关小，直至发动机运转正常；然后调整蒸发器上的怠速调整螺栓，使发动机怠速时CO和HC的排放量分别小于1%和300×10^{-6}，或使混合气在发动机转速为1200～1600r/min时的空燃比为12.5～12.8。

⑦ 必须注意车用LPG的质量，无论是进口LPG还是国产LPG，其丁二烯和硫的含量都应分别小于0.5%和0.015%（重量百分比）。

⑧ 在汽车行驶中如果发现LPG泄漏，应立即关闭LPG开关，然后检查各紧固件和管路接头的松、漏情况，并及时检修。在故障未排除的情况下，汽车应用汽油行驶。

七、实训操作步骤

➡ 1. 日常维护的内容和要求

① 检视燃气专用装置各功能部件、系统的工作状态及其连接和密封。要求系统的工作状态正常且连接无松动、泄漏和损坏。

② 检查LPG压力或LPG储气瓶的储气量，不足时应立即加充，加充最大容量不要超过储气瓶容量的80%。

③ 每天出车和收车时要进行两种燃料的转换运行，确保LPG供给系统和油气转换开关工作正常。

④ 车辆使用LPG时，电动汽油泵仍在工作，汽油箱中应保留10 L以上的汽油，以防止电动汽油泵损坏。

⑤ 行车中要随时观察燃气系统的工作状况，要特别注意燃气系统是否出现过热、异响、异味、碰撞（包括车辆底盘）、漏电和打火现象。如出现异常情况，应及时关闭LPG储气瓶阀门，并及时到有资质的LPG汽车维护企业进行维修。

➡ 2. 定期维护的内容和要求

（1）LPG储气瓶和固定支架

检查外观和固定情况。

要求：LPG储气瓶表面应无严重划伤、凹凸和裂纹，当表面损伤深度超过1mm或多处为0.7mm以上时应更换LPG储气瓶；LPG储气瓶应固定牢固，无松动和窜动，LPG储气瓶的安装应符合QC/T2427—1998《液化石油气汽车专用装置和安装要求》的规定；固定支架应完好，无裂纹和变形，固定牢固，垫层完好。

（2）LPG管路

检查各管路及接头有无破损、泄漏、松动和堵塞。

要求：管路无损伤、挤压变形和堵塞，接头牢固且无泄漏；管路与其他物件无摩擦，不干涉，无老化和裂纹，连接可靠，与车体装卡牢固，无脱落，必要时进行管路通透、清洗或更换管路；拆装高压管路时应更换管接头的环形卡箍。

（3）组合阀、止回阀和充气阀

检测密封和工作性能。

要求：各种阀的密封良好，开闭灵活有效；止回阀工作可靠，无漏气现象；加气口固定牢固。

（4）蒸发减压器

检视外观和工作状况。

要求：外观清洁，安装牢固，无泄漏；必要时进行解体清洗，更换一级膜片、二级膜片、调压膜片和水封，试压检漏，并用测试器进行系统调试，调试后其尾气排放要符合相关标准；工作无异常情况。

（5）混合器

检视外观和工作情况。

要求：固定牢固，气道通畅，必要时进行清洗；空气滤清器要保持清洁。

（6）油气转换开关和气量表

检查油气转换开关和气量表的使用性能。

要求：油气转换开关灵活有效，气量表显示值与LPG储气瓶内存气量相符，出现不一致时应检修组合阀；检查储气瓶安装位置与气量表，必要时予以更换。

（7）LPG电磁截止阀

检查线路安装的牢固性和使用性能。

要求：接线牢固可靠，开闭性能良好；LPG电磁截止阀内置滤网应清洁有效，必要时予以清洗或更换。

（8）LPG供给系统线束

检查线束和接头。

要求：线束无干涉、磨损和裸露现象，接地有效，接插可靠，必要时更换线束。

（9）LPG闭环控制系统

检查系统的工作状况。

要求：两种燃料均能保证发动机正常运转，并可以自由转换；LPG供给系统工作正常，没有油气混烧现象；油气转换开关在"LPG"位置，发动机不运转时，气路各种电磁阀均正常有效，适时关闭；λ控制器工作正常，排放符合要求；电喷模拟调节器和功率阀工作正常，发动机工作平稳；发动机功率下降不超过5%。

（10）电喷模拟控制装置

检查线束和工作状况。

要求：车辆能在两种燃料模式下独立工作且油气转换过渡平稳，在LPG状况下发动机工作稳定，电喷模拟线束和电喷模拟调节器连接牢固，无磨损和干涉现象。

（11）试车

检查发动机起动和工作状况及车辆行驶的动力性。

要求：发动机起动顺畅、工作平稳，系统运行安全无泄漏，排放符合相关标准；车辆加速性能、爬坡性能及平顺性能良好，动力损失少。

八、思考与练习

简述LPG供给系统保养与维护的意义和注意事项。

九、实训考评

序　号	考 评 内 容	评　分	考　核	点　评
1	LPG供给系统部件的认识	10		
2	维修实训准备工作	10		
3	工具的准备与使用	10		
4	保养与维护项目的顺序	20		
5	保养与维护项目的注意事项	20		
6	保养与维护项目的效果	20		
7	整理与清洁	10		
	总计	100		

第四章　底盘保养与维护

项目一　转向系统保养与维护实训

任务一　动力转向机的检查与更换

一、概述

　　动力转向系统是在机械式转向系统的基础上增加一套液压助力装置构成的。动力转向系统按照传递能量的介质不同，可以分为液压式和气压式两种。这里主要介绍液压式动力转向系统。

　　液压动力转向装置包括方向盘、转向柱、动力转向器、转向油泵、流量控制阀、安全阀、储油罐及油管等，如图4-1所示。

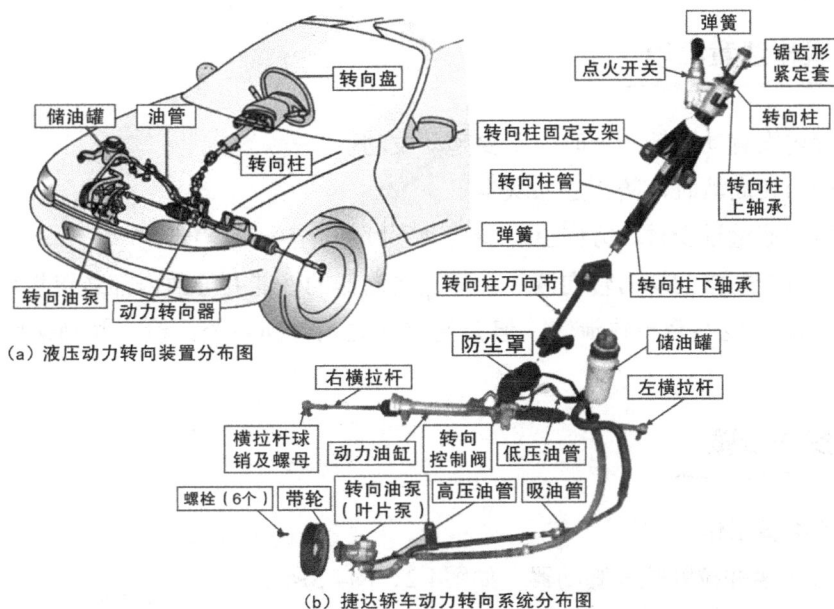

（a）液压动力转向装置分布图

（b）捷达轿车动力转向系统分布图

图4-1　液压动力转向系统组成与结构

二、故障分析

　　动力转向系统属于安全舒适系统的一种，它可以在低速时减轻转向力，以提高转向系统的操纵稳定性；在高速时则可适当加重转向力，以提高操纵稳定性。从其结构来看，动力转向系统一般会引发机械和电控故障，导致转向不良。

三、 技术要求与标准

动力转向液一般主要做日常检查，确保液位保持在液位线"min"和"max"之间就可以了。

四、 实训教学目标

① 让学生了解动力转向液的检查与更换注意事项。

② 让学生掌握动力转向液的检查与更换方法。

③ 锻炼学生的团队协作和动手能力。

五、 实训器材

此次实训所需主要设备与工具分别为扳手、毛巾、抹布、动力转向液等。

六、 实训操作安排

根据每组4人左右的规模安排实训。

七、 实训操作注意事项

① 储液罐内没有动力转向液时，不要起动发动机。

② 补充动力转向液时，防止进入灰尘。

③ 动力转向液量过少时，方向盘可能转动不顺畅并有异常声音。

④ 使用不符合规格的动力转向液，会降低转向器的性能并导致内部装置损坏。

⑤ 接头松动可能不会导致泄漏，但会使空气进入转向系统。检查并确认所有的软管连接牢固。

八、 实训操作步骤

① 施工前准备工作。

◆ 停放好车辆并拉紧驻车制动器，如图4-2、图4-3所示。

图4-2 停好车辆

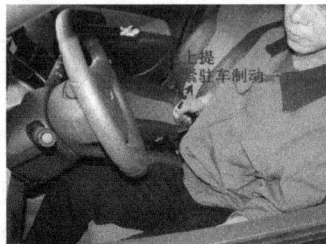

图4-3 拉紧驻车制动器

◆ 先了解汽车的重心位置，调整举升机上的托臂，使支承垫支承到汽车的推荐举升点上，如图4-4、图4-5所示。

图4-4　调整举升机的托臂

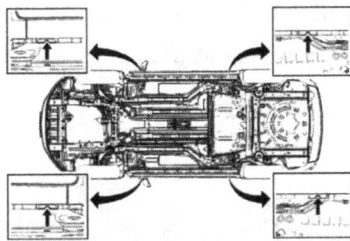

图4-5　使支承垫支承到汽车的推荐举升点上

◆ 举升车辆少许，检查并确认支承垫是否支承到汽车的推荐举升点上，如图4-6所示。

◆ 开启发动机前盖开关，打开发动机前盖并确保支撑杆支撑到位，如图4-7所示。

图4-6　举升车辆少许

图4-7　确保支撑杆支撑到位

◆ 准备维修实训作业相关的保护装置和实训工具及用品，如图4-8、图4-9、图4-10所示。

图4-8　准备保护装置

图4-9　准备实训工具及用品

图4-10　保护装置

② 检查并添加动力转向液，清洁储液罐盖周边区域并拆下储液罐盖，根据实际情况确定是否需要添加油液。

③ 油液预热，运行发动机直到油液温度达到80℃（170°F）。

④ 关闭发动机，拆下储液罐盖。检查转向液罐盖油尺上的液位。

⑤ 确保液位处于转向液罐盖油尺的"HOT/FULL/MAX（热态/充满/最大）"标记位

置。如果液位偏低，则添加动力转向液至合适液位。

　　⑥ 安装储液罐盖。

　　⑦ 在维修转向系统后检查液位时，要排出系统中的空气。排气步骤如下。

　　◆ 用油液将储液罐液位加注至最小系统液位、冷态充满液位或储液罐盖油尺上液位指示器斜线标记的中间。

!注意

　　仅采用液压助力时，如果液压助力储能器油液没有完全注满，油位会错误地显示为"高"。发动机关闭时，不要踩下制动踏板。这将排空液压助力储能器。

　　◆ 如果装备了液压助力装置，将液压助力储能器注满，起动发动机，用力踩下制动踏板10～15次，关闭发动机。

　　◆ 举升车辆，直到前轮离开地面。将点火钥匙置于"ON"位置，发动机关闭，将方向盘在两个极限位置之间来回转动12次。注意：如果车辆装备了液压助力系统或更长的动力系统软管，则可能需要在两个极限位置之间来回转动15～20次。

　　◆ 确认动力转向液液位符合工作规格。

　　◆ 起动发动机，从左到右转动方向盘，检查是否存在气蚀或液体充气迹象（泵噪声/呜呜声。

　　◆ 检查液位。必要时，重复排气程序。

九、思考与练习

　　① 更换动力转向液时应该注意什么？

　　② 检修动力转向装置后应该怎样进行动力转向系统的排空？

十、实训考评

序　号	考评内容	评　分	考　核	点　评
1	动力转向系统部件的认识	10		
2	维修实训准备工作	10		
3	工具的准备与使用	10		
4	动力转向液的添加方法	20		
5	动力转向系统的排空方法	20		
6	正确安装	20		
7	整理与清洁	10		
	总计	100		

任务二 转向机的拆卸、更换与调整

一、概述

汽车转向机的作用是保证汽车在行驶中能够按照驾驶员的操作要求，适时地改变行驶方向，并且能够在汽车受到路面干扰偏离行驶方向时，与行驶系配合，共同保持汽车稳定地沿直线行驶。动力转向系统有两种基本类型，一种是循环球式转向系统，另一种是齿轮齿条式转向系统。

科鲁兹轿车的动力转向系统中，动力转向泵产生液压，促使油液经过压力软管流到转向机阀总成中。转向机阀总成调节油液进入左侧和右侧腔室中，促使车辆向左和向右转。其组成如图4-11所示。

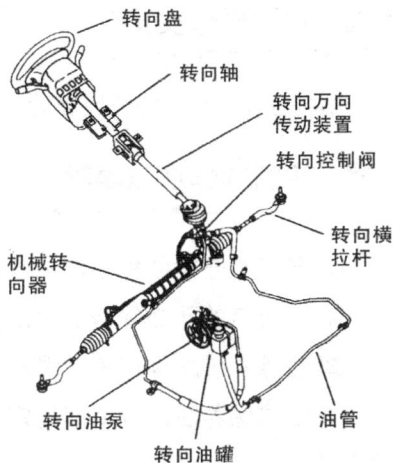

图4-11 动力转向系统组成

二、故障分析

汽车转向机常见故障主要有方向盘转动过大、操纵不稳定、前轮摆头、跑偏、转向沉重等。应检查转向机横拉杆球头、车轮轴承等处磨损情况，如磨损严重或间隙超限，应调整修理。

三、技术要求与标准

① 安装科鲁兹轿车配套的转向机部件。

② 更换转向机后必须进行四轮定位。

③ 凡是自锁螺母只能使用一次，拆卸后必须更换。

④ 坚固件紧固规格见表4-1。

表4-1 紧固件紧固规格

紧 固 件	规 格
转向机螺栓	110 N·m
转向机至转向节螺母	35 N·m
转向传动机构转向横拉杆螺母	35 N·m
方向盘螺栓	35 N·m

四、实训教学目标

① 让学生了解转向机的重要性。

②让学生了解动力转向系统的组成及零件名称。

③让学生掌握转向机的更换操作过程。

五、实训器材

扭力扳手、套筒、梅花扳手、棘轮扳手、一字螺丝刀等工具。

六、实训操作安排

根据每组4人左右的规模安排实训。

七、实训操作注意事项

①严格遵守拆装程序，注意操作安全。

②万向节的孔必须精确对准转向小齿轮的凹槽。

③注意各装配标记和润滑部位。

④维修保养后，应将车轮定位角调整到规定值方可使用。

八、实训操作步骤

1. 转向机的拆装

（1）拆卸程序

①使方向盘处于正中位置，并固定方向盘防止移动。

②拆下中间转向轴下螺栓，如图4-12所示。

③将中间转向轴从转向机上拆下。

④举升并支撑车辆。

⑤拆下轮胎和车轮总成。

⑥拆下排气挠性管。

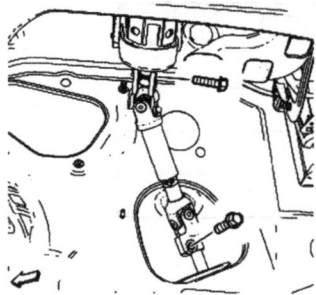

图4-12　拆卸中间转向轴下螺栓

⑦拆下前舱防溅罩。

⑧拆下前舱隔振垫（若装配）。

⑨拆下转向传动机构内转向横拉杆。

⑩如图4-13所示，将稳定杆连杆螺母（1）从前减振器上拆下。

⑪将稳定杆连杆从滑柱上拆下。

⑫在车辆下面放置一个大容器，以收集排出的油液。

⑬如图4-14所示，拆下动力转向机进口和出口软管螺栓

（1），将进口和出口软管（2）从转向机（3）上拆下。

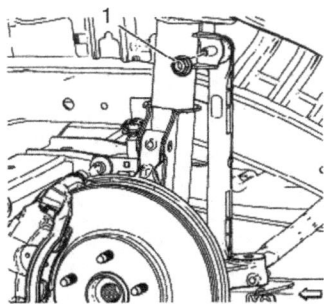

图4-13　拆卸稳定杆连杆螺母

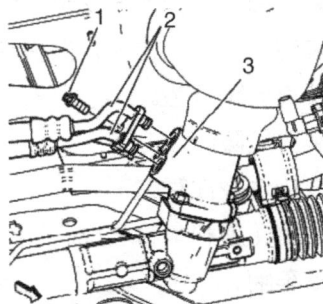

图4-14　拆卸转向机软管

⑭ 如图4-15所示，拆下前（1）和后（2）变速器支座托架螺栓。

⑮ 拆下后车架至车身的螺栓。

⑯ 降下车架后部，以便与转向机之间留出最大50mm的间隙。

⑰ 如图4-16所示，将转向机螺栓（1）、螺母（3）和垫圈（2）从转向机上拆下并取下转向机。

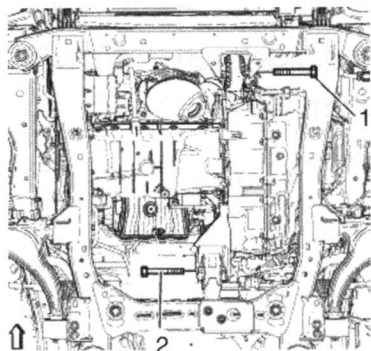

图4-15　拆卸变速器支座托架螺栓

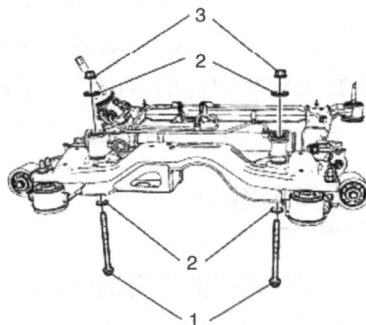

图4-16　拆卸转向机

（2）安装程序

安装程序与拆卸程序相反，步骤如下。

① 安装转向机。

② 将转向机螺栓、垫圈和螺母安装至转向机。

③ 将新的转向机螺栓紧固至125 N·m。

④ 用液压千斤顶举升车架。

⑤ 安装后车架至车身的螺栓。

⑥ 安装前变速器支座托架螺栓并将其紧固至58 N·m。

⑦ 安装后变速器支座托架螺栓并将其紧固至100 N·m。

⑧ 更换进口和出口软管的O形圈。用少量液压油润滑O形圈。

⑨ 将进口和出口软管安装至转向机，同时安装动力转向机进口和出口软管螺栓。将动力转向机进口和出口软管螺栓紧固至11 N·m。

⑩ 将稳定杆连杆安装至前减振器。

⑪ 安装新的稳定杆连杆螺母并紧固至65 N·m。

⑫ 安装转向传动机构内转向横拉杆。

⑬ 安装前舱隔振垫。

⑭ 安装前舱防溅罩。

⑮ 安装排气挠性管。

⑯ 安装前轮胎和车轮总成。

⑰ 降下车辆。

⑱ 检查万向节和转向小齿轮的良好轮齿的定位。

⑲ 安装中间转向轴下螺栓，并将其紧固至34 N·m。

⑳ 调整前轮前束。

㉑ 排空液压转向系统中的空气。

2. 转向机的更换与调整

① 检查转向机是否有漏油或损坏的异常情况，如果出现异常情况应更换新品。

② 检查时，将前轮置于直线位置，向左右轻轻转动转向盘，直到感到有阻力时为止。若自由转动量过大，易造成前轮摆动，应检查并调整转向机、轮毂轴承和纵拉杆、横拉杆球头等。

③ 按规定转向盘的自由转动量应不大于15°，否则应进行调整。

④ 更换转向机后要按照规定进行四轮定位调整前束值。

九、思考与练习

① 汽车转向机的作用是什么？

② 转向机工作原理是什么？

③ 转向机的故障如何处理？

④ 简述转向机的拆装过程。

十、实训考评

序　号	考评内容	评　分	考　核	点　评
1	部件认识	10		
2	工具准备和使用	10		
3	固定螺栓的拆装顺序	10		
4	固定螺栓的正确拧紧力矩	10		
5	转向机的更换与拆装顺序	15		
6	转向机的调整	15		
7	转向机相关部件的检查	20		
8	整理与清洁	10		
	总计	100		

任务三　助力泵的检查与调整

一、概述

转向助力泵主要零件有定子、转子、配油盘、叶片、泵体及后盖等，如图4-17所示。泵体内装有流量控制阀和安全阀。当泵工作时滑阀有一定开度，使流量达到规定要求，多余的流量又回到泵的吸油腔内。若油路发生堵塞或意外事故，使系统压力超过泵的最大工作压力，则安全阀打开，滑阀全部开启，所有压力油均回到吸油腔，对系统起安全保护作用。

二、故障分析

在车辆的长期使用过程中，由于汽车转向助力泵内部阀及组件的磨损，会导致汽车转向困难或异常，给车辆的正常行驶造成很大的影响，因此应及时对助力泵进行检查维修，定期更换助力泵油、助力泵内部的相关部件。

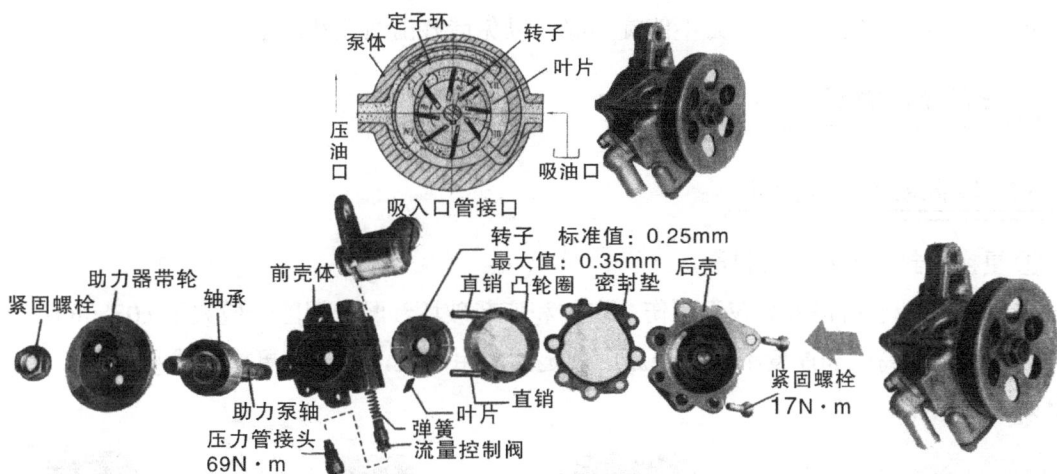

图4-17　助力泵的结构示意图

三、技术要求与标准

① 安装科鲁兹轿车配套的转向助力泵部件。

② 更换转向助力泵专用的液压油。

③ 转向助力泵螺栓紧固力矩为22N·m。

④ 转向助力泵规格：高流量为8.0L/min，限压为12.0～12.9MPa。

四、实训教学目标

① 让学生了解转向助力泵的重要性。

② 让学生了解转向助力泵的组成及零件名称。

③ 让学生掌握转向助力泵的更换操作过程。

五、实训器材

扭力扳手、套筒、梅花扳手、棘轮扳手等工具。

六、实训操作安排

根据每组2人左右的规模安排实训。

七、实训操作注意事项

① 为了保证助力泵不进空气，泵体内腔清洁度达到要求，油管接头连接必须密封可靠。

② 进油管路必须畅通，防止有老化、破损、弯折、堵塞等现象。

③ 储液罐必须清理干净，过滤器必须清洗或更换，防止堵塞。

④ 安装出油管接头时，千万不能旋到底，以免堵塞出油孔及调压孔。

八、实训操作步骤

1. 转向助力泵的检查

① 更换油封和橡胶类密封圈。

② 叶片与转子滑槽表面应无划伤、烧灼和疲劳破坏，配合间隙一般大于0.035mm；叶片磨损后的长度、高度和厚度不得小于原厂规定的使用限度，否则应更换叶片和总成，叶片的测量如图4-18所示。

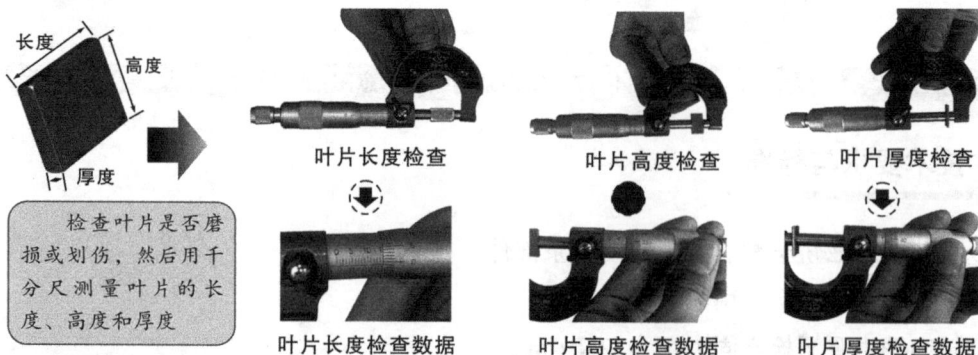

检查叶片是否磨损或划伤，然后用千分尺测量叶片的长度、高度和厚度

叶片长度检查　叶片高度检查　叶片厚度检查

叶片长度检查数据　叶片高度检查数据　叶片厚度检查数据

图4-18　叶片的测量

③ 转子轴颈配合间隙为0.03～0.05mm，间隙过大时，应视情况更换轴承。

④ 转子与凸轮环配合间隙约为0.06mm。工作面要光滑，无疲劳损坏等缺陷。转子与凸轮环一般配对使用，成对更换。

⑤ 皮带轮因缺陷或其他原因而丧失平衡性能之后，应更换。

⑥ 流量控制阀弹簧的弹力或自由长度应符合原厂规定，并检查流量控制阀球阀密封性能。

2. 转向助力泵的更换

① 拆下转向助力泵皮带。

② 如图4-19所示，拆下转向助力泵进口软管中空螺钉（1），并取下进口软管（2）。

③ 拆下转向助力泵储液罐出口软管（3）。

④ 拆下转向助力泵螺栓（4），并取下转向助力泵（5）。

⑤ 转向助力泵的安装程序与拆卸程序相反。

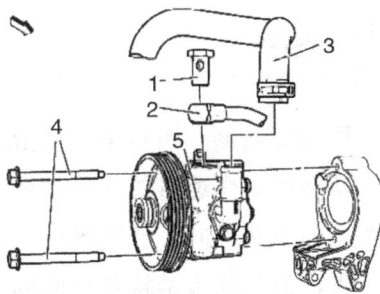

图4-19　拆卸转向助力泵

九、思考与练习

① 汽车转向助力泵的组成与工作原理是什么？

② 转向助力泵故障如何检查？

③ 简述转向助力泵的更换过程。

十、实训考评

序　号	考评内容	评　分	考　核	点　评
1	部件认识	10		
2	工具准备和使用	10		
3	固定螺栓的拆装顺序	10		
4	固定螺栓的正确拧紧力矩	10		
5	转向助力泵的更换	15		
6	转向助力泵的故障处理	15		
7	转向助力泵的检查	20		
8	整理与清洁	10		
	总计	100		

项目二　传动系统保养与维护实训

任务一　手动变速器油的检查与更换

一、概述

　　手动变速器（图4-20）是指通过拨动变速杆改变变速器内的齿轮啮合状态，改变传动比，从而达到变速目的的一种变速器。车辆的驱动方式不同，变速器的外部形状差异较大，但其基本结构是相同的，一般由动力传动机构、变速执行机构和减速输出机构组成。

图4-20　二轴式手动变速器

二、故障分析

　　手动变速器油（齿轮油）的主要作用是润滑变速箱内的齿轮和给变速箱内的齿轮散热。齿轮油使用一定时间后，其润滑性能就会下降，如果不及时更换，会使变速箱内的齿轮加速磨损，产生异响、换挡不平顺等故障，使变速器使用寿命缩短。

三、技术要求与标准

　　应该选用车辆规定使用范围内的变速器油，通用汽车一般每半年或1万公里应该对变速器油液位进行一次检查。

四、实训教学目标

　　①让学生了解手动变速器油的检查与更换注意事项。
　　②让学生掌握手动变速器油的检查与更换方法。
　　③锻炼学生的团队协作和动手能力。

五、实训器材

　　此次实训所需主要设备与工具分别为举升机、废弃变速油器盛装容器、扳手、毛巾、抹布等。

六、 实训操作安排

根据每组4人左右的规模安排实训。

七、 实训操作注意事项

① 更换变速器油，拆装紧固螺栓时注意做好安全防护措施。
② 注意选用同一牌号的变速器油和检查变速器油的油位。

八、 实训操作步骤

这里以科鲁兹轿车为例介绍操作步骤。

① 施工前准备工作。

◆ 停放好车辆并拉紧驻车制动器，如图4-21、图4-22所示。

图4-21 停好车辆

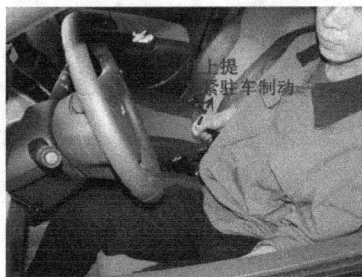

图4-22 拉紧驻车制动器

◆ 先了解汽车的重心位置，调整举升机上的托臂，使支承垫支承到汽车的推荐举升点
上，如图4-23、图4-24所示。

图4-23 调整举升机的托臂

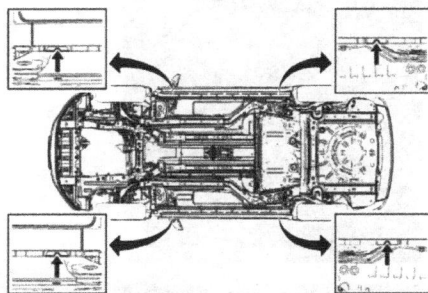

图4-24 使支承垫支承到汽车的推荐举升点上

◆ 举升车辆少许，检查并确认支承垫是否支承到汽车的推荐举升点上，如图4-25所示。

◆ 开启发动机前盖开关，打开发动机前盖并确保支撑杆支撑到位，如图4-26、图4-27
所示。

◆ 准备维修实训作业相关的保护装置和实训工具及用品，如图4-28、图4-29所示。

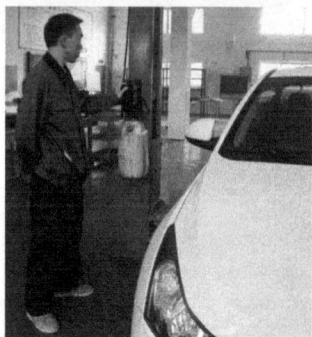

图4-25 举升车辆少许

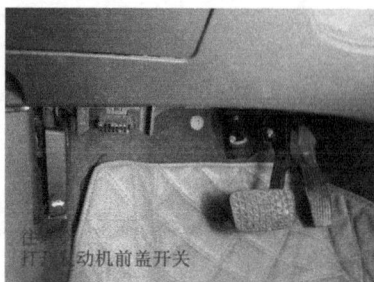

图4-26 打开发动机前盖开关

图4-27 确保支撑杆支撑到位

图4-28 准备保护装置

图4-29 准备实训工具及用品

② 拆下发动机防护板，如图4-30所示。

③ 拆下11个离合器和差速器壳体螺栓，拆下离合器和差速器壳体盖，将变速器油排入合适的容器，如图4-31所示。

图4-30 拆下发动机防护板

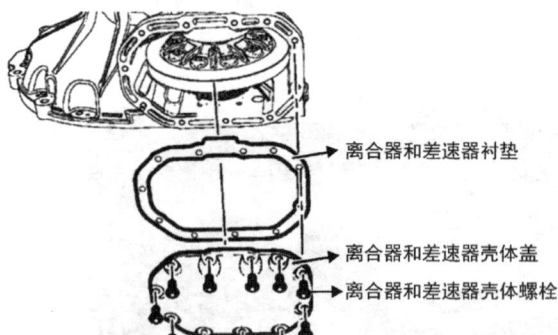

图4-31 拆下离合器和差速器壳体螺栓、壳体盖

④ 让变速器排放10分钟，待排放干净，检查变速器油量。拆下离合器片和差速器衬垫。

⑤ 检查收集的变速器油中是否有燃烧的油残留物、金属碎屑和其他异物。如果发现以上异物，则查找原因。

⑥ 将离合器和差速器壳体盖及新的差速器衬垫安装至离合器和差速器壳体并紧固至

15N·m，安装11个离合器和差速器壳体螺栓。

⑦ 加注油时先使车辆传动系统及其排气系统冷却，拆下检查螺栓并降下车辆，如图4-32所示。

⑧ 在未断开电气连接器的情况下，拆下发动机控制模块并悬挂在一边。拆下加油口盖和加油螺栓，如图4-33所示。

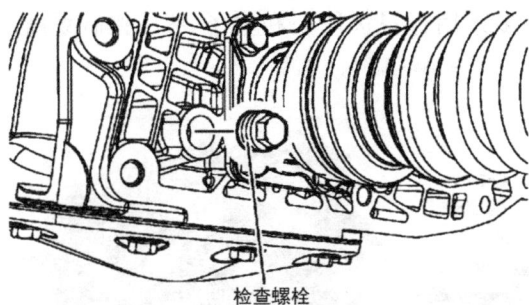

图4-32　拆下检查螺栓

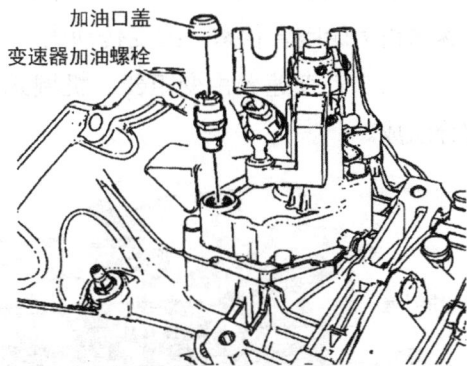

图4-33　拆下加油口盖和加油螺栓

⑨ 用正确的变速器油加注至合适油位，直至油从油位检查螺栓孔中溢出，必要时添加变速器油。

⑩ 加完油后，安装加油螺栓和加油口盖并紧固至35N·m。安装发动机控制模块。

⑪ 举升车辆，安装变速器油检查螺栓和其他附件。

九、思考与练习

① 更换变速器油应该注意什么？

② 怎么判断变速器油加注是否达到规定值？

十、实训考评

序　号	考评内容	评　分	考　核	点　评
1	变速器部件的认识	10		
2	维修实训准备工作	10		
3	工具的准备与使用	10		
4	手动变速器油的检查与更换注意事项	20		
5	手动变速器油的检查与更换方法	20		
6	正确更换	20		
7	整理与清洁	10		
	总计	100		

任务二　自动变速器油的检查与更换

一、概述

自动变速器（图4-34）根据发动机转速、动力传动载荷、车速和其他操作因素自动改变变速器内齿轮啮合状态，改变传动比，从而达到变速的目的。

液力自动变速器由变矩器、机械式变速器（多采用行星齿轮）和电子-液压控制系统三部分组成。

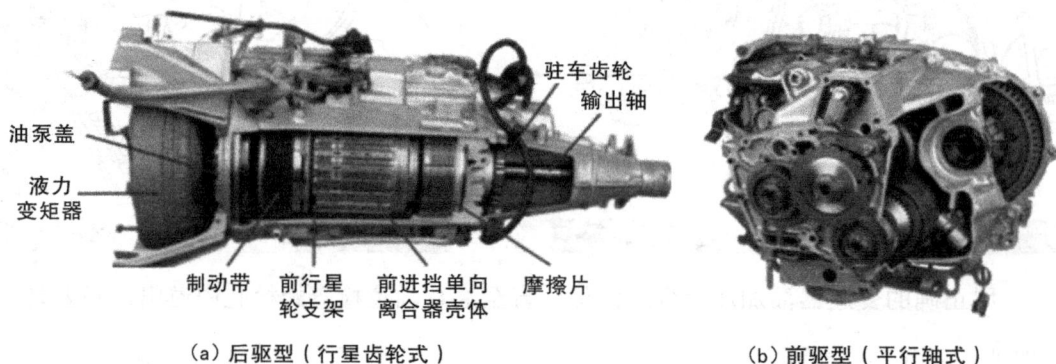

（a）后驱型（行星齿轮式）　　　　　　　（b）前驱型（平行轴式）

图4-34　自动变速器实物图

二、故障分析

自动变速器油对自动变速器的工作、使用性能及使用寿命都有非常重要的影响。汽车自动变速器保养的主要内容就是对自动变速器油的检查和更换。在自动变速器中，自动变速器油主要有下列功用。

①通过液力变矩器将发动机动力传递给变速器。

②通过电控、液控系统传递压力和运动，完成对各换挡元件的操纵。

③冷却：将变速器中的热量带出传递给冷却介质。

④润滑：对行星齿轮机构和摩擦副强制润滑。

⑤清洁运动零件并起密封作用。

三、技术要求与标准

一般车辆每行驶约100000km时更换一次自动变速器油。恶劣条件下应每行驶40000km时更换一次。注意选用规定型号的变速器油。通用雪佛兰科鲁兹轿车一般每160000km更换一次，恶劣天气下行驶则为每80000km更换一次。正常情况下不需要定期检查油液。如果变速器发生故障或漏油，则需要检查变速器油。

四、实训教学目标

① 让学生了解自动变速器油的检查与更换注意事项。
② 让学生掌握自动变速器油的检查与更换方法。
③ 锻炼学生的团队协作和动手能力。

五、实训器材

此次实训所需主要设备与工具分别为十字螺丝批、毛巾、抹布、气枪等。

六、实训操作安排

根据每组4人左右的规模安排实训。

七、实训操作注意事项

① 当变速器处于工作温度时，在拆下检查或加注螺栓时要采取必要的保护措施，以避免被排放的油液烫伤。
② 变速器油温度很高，将变速器油从变速器中排出时必须小心，以免造成人身伤害。

八、实训操作步骤

这里以科鲁兹轿车为例介绍操作步骤。
① 施工前准备工作。
◆ 停放好车辆并拉紧驻车制动器，如图4-35、图4-36所示。

图4-35 停好车辆

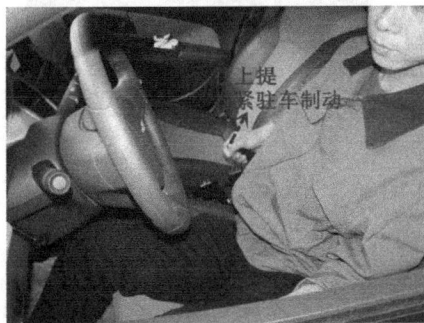

图4-36 拉紧驻车制动器

◆ 先了解汽车的重心位置，调整举升机上的托臂，使支承垫支承到汽车的推荐举升点上，如图4-37、图4-38所示。

图4-37 调整举升机的托臂

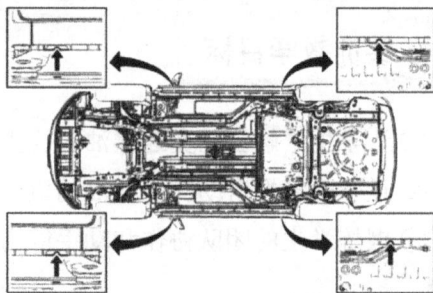

图4-38 使支承垫支承到汽车的推荐举升点上

◆ 举升车辆少许，检查并确认支承垫是否支承到汽车的推荐举升点上，如图4-39所示。
◆ 开启发动机前盖开关，打开发动机前盖并确保支撑杆支撑到位，如图4-40、图4-41所示。

图4-39 举升车辆少许

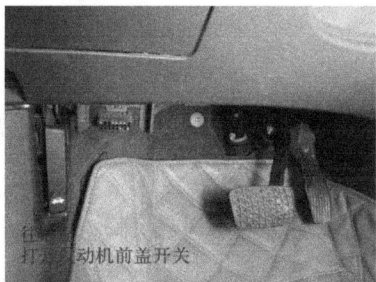

图4-40 打开发动机前盖开关

图4-41 确保支撑杆支撑到位

◆ 准备维修实训作业相关的保护装置和实训工具及用品，如图4-42、图4-43所示。

图4-42 准备保护装置

图4-43 准备实训工具及用品

② 拆下发动机防护板，如图4-44所示。

③ 拆下自动变速器放油螺栓，将变速器油排入合适的容器。

④ 在10分钟内将变速器油排放干净，检查变速器油量。如有必要，用正确的油以排放的量加注至合适油位。

⑤ 检查收集的变速器油中是否有燃烧的油残留物、金属碎屑和其他异物。如果发现以上异物，则查找原因。

⑥ 安装放油螺栓并紧固至12N·m。

⑦ 加注油时先降下车辆。在未断开电气连接器的情况下，拆下发动机控制模块并悬挂在一边。拆下变速器通风软管和油加注口盖并添加适量的变速器油，如图4-45所示。

图4-44 拆下发动机防护板

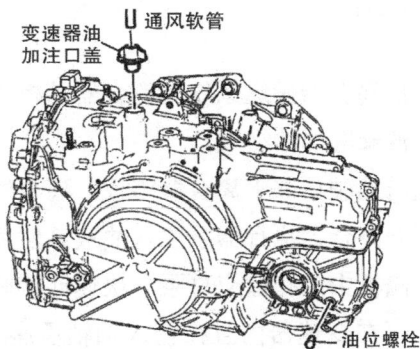

图4-45 拆下变速器通风软管与油加注口盖

⑧ 添加完安装油加注口盖和变速器通风软管并准备检查变速器油液位。

⑨ 检查变速器油的液位时，按以下步骤进行。

◆ 先起动发动机，然后踩下制动踏板并将换挡杆挂到每个挡位，且在每个挡位停顿3秒钟。然后将换挡杆挂回驻车挡（P）。

◆ 保持发动机运转，通过驾驶员信息中心或者故障诊断仪观察变速器油温度（TFT）。

◆ 车辆怠速运行时，拆下油位螺栓，将油液排放至接油盘。

◆ 如果油液稳定地流出，则等待直到油液开始滴落。然后停止发动机。加注完成。

◆ 如果没有油液流出，则降下车辆，重复前面的加注方法，直至油从油位螺栓孔中流出。

◆ 加注完成后安装好其他拆下的附件并做好清洁工作。

九、思考与练习

① 更换变速器油应该注意什么？

② 怎么判断变速器油加注是否达到规定值？

十、实训考评

序 号	考评内容	评 分	考 核	点 评
1	变速器部件的认识	10		
2	维修实训准备工作	10		
3	工具的准备与使用	10		
4	自动变速器油的检查与更换注意事项	20		
5	自动变速器油的检查与更换方法	20		
6	正确更换	20		
7	整理与清洁	10		
	总计	100		

任务三　离合器总泵与分泵的检查与维修

一、概述

液压离合器操纵系统由离合器踏板、离合器总泵、离合器分泵、油管、分离轴承、分离叉和储液罐等部件组成。

随着驾驶员踩下离合器踏板，离合器总泵推杆力加压至总泵。该推杆运动通过软管总成从总泵向离合器执行器泵注入油液。然后离合器执行器泵将分离轴承推入膜片弹簧以分离离合器。隔板中的孔适应总泵。快速连接联轴器将离合器执行器泵前管总成连接至执行器泵。执行器泵在变速器内且在输入轴轴承座上。离合器踏板/托架总成上的离合器踏板位置传感器有两个功能。一个功能是离合器互锁，确保发动机不起动，除非离合器踏板被踩至地板上。第二个功能是当离合器踏板被踩下时，切断巡航控制系统（若配备）。

➤ 1. 离合器总泵

离合器总泵如图4-46所示。

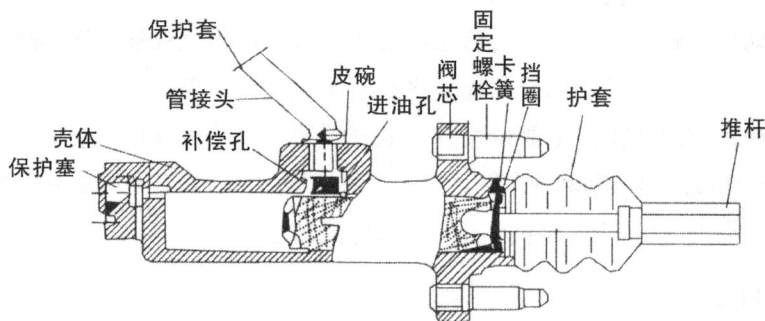

图4-46　离合器总泵示意图

➤ 2. 离合器分泵

离合器分泵如图4-47所示。

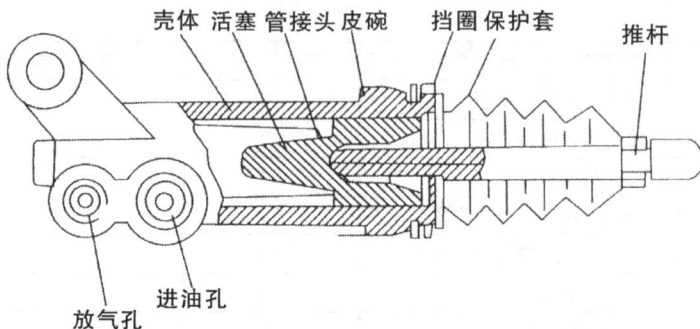

图4-47　离合器分泵示意图

二、故障分析

在车辆的长期使用过程中，离合器总泵和离合器分泵中的活塞与缸筒内壁磨损、密封圈老化、复位弹簧弹力下降或失效，会导致离合器液压系统油压下降、漏油、离合器踏板复位不良、分离轴承过早损坏等故障发生，给车辆的正常行驶造成很大的影响，因此应及时对离合器液压系统进行检查维修，更换离合器总泵、离合器分泵等相关部件。

三、技术要求与标准

① 安装与科鲁兹轿车配套的离合器总泵和分泵。

② 离合器液压系统中的工作油液有毒，严禁接触皮肤。不慎溅入眼中应迅速用清水冲洗干净。

③ 紧固件紧固规格见表4-2。

表4-2　紧固件紧固规格

紧　固　件	规　格
离合器分泵螺栓	7 N·m
离合器总泵螺母	18 N·m
离合器踏板位置传感器螺栓	3 N·m
离合器分泵管螺母	18 N·m

四、实训教学目标

① 让学生了解液压离合器总泵和分泵的结构特点及工作原理，熟悉零件名称。

② 让学生了解液压离合器总泵和分泵的检查。

③ 让学生掌握更换液压离合器总泵和分泵的操作。

五、实训器材

常用工具一套、零件盘、台虎钳等。

六、实训操作安排

根据每组4人左右的规模安排实训。

七、实训操作注意事项

① 拆装卡簧时，应注意操作安全。

② 装配时，活塞、缸筒、皮圈和皮碗等必须先用酒精清洗干净，并涂上制动液后才能装合。

③ 装配后应自检装配质量。

八、实训操作步骤

1. 离合器总泵与分泵的检查

① 检查是否有阻碍踏板踩至地板的障碍物，清除踏板区域下的所有障碍物，如地板垫或内饰板。

② 检查总泵活塞是否能够自由移动并能在整个行程范围内移动。必要时，更换离合器总泵。

③ 检查离合器液压系统中是否存在空气。

④ 检查离合器分泵活塞是否能自由移动，如果活塞卡滞，则更换离合器分泵。

⑤ 检查离合器总泵回位情况，如果离合器踏板高度不正确，则调整离合器踏板位置开关。

⑥ 检查离合器分泵前管是否出现扭结或损坏的情况，如损坏，则更换离合器分泵前管。

2. 离合器总泵的更换

① 如图4-48所示，拆下散热器储液罐卡夹（2）及散热器储液罐（1），将散热器储液罐放置在一边。

② 如图4-49所示，从总泵（1）上断开总泵储液罐软管（3）和离合器执行器泵前管（2）。

③ 如图4-50所示，从离合器踏板上断开推杆固定件（1）及总泵螺母（2），然后拆下总泵（3）。

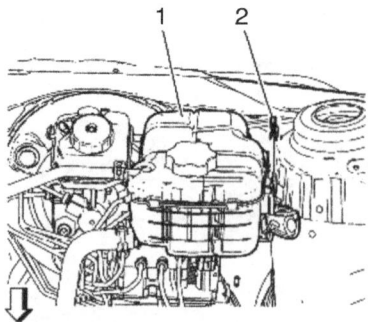

图4-48　拆卸散热器储液罐　　　图4-49　断开相关管路　　　图4-50　拆卸总泵

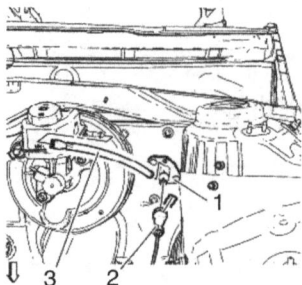

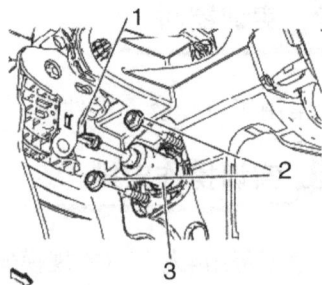

④ 安装程序与拆卸程序相反。

3. 离合器分泵的更换

（1）拆卸程序

① 拆下手动变速器。

② 如图4-51所示，从离合器分泵（2）上脱开离合器分泵管（3）。

③ 拆下离合器分泵螺栓（1）。

④ 如图4-52所示，拆下离合器分泵（1）和密封件（2）。

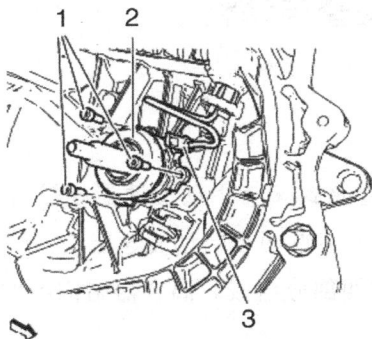

图4-51　拆卸离合器分泵螺栓

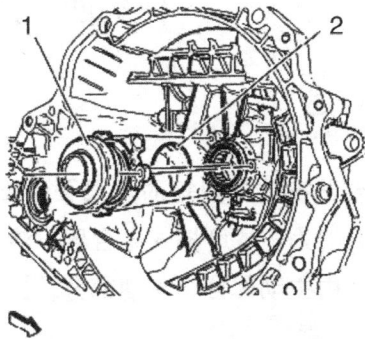

图4-52　拆卸离合器分泵

（2）安装程序

安装程序与拆卸程序相反，步骤如下。

① 安装离合器分泵密封件和离合器分泵。

② 安装离合器分泵螺栓并将其紧固至7N·m。

③ 将离合器分泵管连接至离合器分泵并将其紧固至18 N·m。

④ 安装手动变速器。

⑤ 排出液压离合器系统中的空气。

⑥ 加注离合器/制动器油液至储液罐最高油位。

九、思考与练习

① 液压离合器操纵系统由哪些部件组成？

② 简述离合器液压系统故障原因。

③ 简述离合器总泵与分泵的更换步骤。

十、实训考评

序　号	考评内容	评　分	考　核	点　评
1	部件认识	10		
2	工具准备与使用	5		
3	固定螺栓的拆装顺序	10		
4	固定螺栓的正确拧紧力矩	10		

续表

序　号	考评内容	评　分	考　核	点　评
5	离合器总泵拆装顺序	20		
6	离合器总泵与分泵的检查	15		
7	离合器分泵的拆装顺序	20		
8	整理与清洁	10		
	总计	100		

任务四　汽车离合器的检查与调整

一、概述

离合器按传递扭矩的方式分为摩擦式、液力式和电磁式。与手动变速器相配合的绝大多数离合器为干式摩擦式离合器，液力式和电磁式离合器普遍用于自动变速器中。摩擦式离合器主要由主动部分、从动部分、压紧机构和操纵机构四部分组成。离合器结构图如图4-53所示。

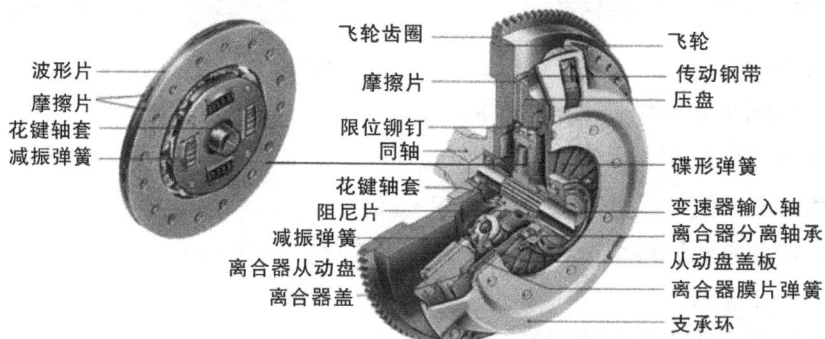

图4-53　离合器结构图

二、故障分析

离合器是汽车传动系中直接与发动机相联系的部件。其作用是使发动机的动力与传动装置平稳地接合或暂时分离，可靠传递发动机扭矩。其一旦出现故障，将会影响驾驶员进行汽车的起步、停车、换挡等操作，同时会伴有异响。离合器踏板如果没有自由行程，会造成离合器打滑，汽车行驶无力；如果离合器踏板自由行程过大，不能使离合器彻底分离，会造成换挡困难。

三、技术要求与标准

检查时，踩下离合器踏板，直到感到有阻力为止。这一行程即是离合器踏板的自由行程。自由行程一般在规定的极限值范围内（6～13mm）。如果不符合规定，应到维修站检修。

四、 实训教学目标

① 让学生了解汽车离合器的检查与调整注意事项。

② 让学生掌握汽车离合器的检查与调整方法。

③ 锻炼学生的团队协作和动手能力。

五、 实训器材

此次实训所需主要设备与工具分别为十字螺丝批、毛巾、抹布、气枪等。

六、 实训操作安排

根据每组4人左右的规模安排实训。

七、 实训操作步骤

这里以科鲁兹轿车为例进行介绍。

① 施工前准备工作。

◆ 停放好车辆并拉紧驻车制动器，如图4-54所示。

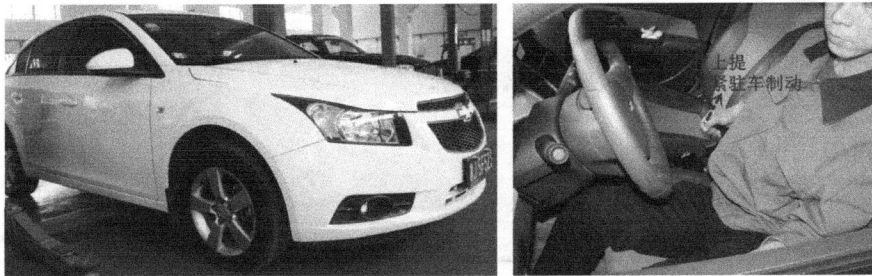

图4-54　停好车辆并拉紧驻车制动器

◆ 先了解汽车的重心位置，调整举升机上的托臂，使支承垫支承到汽车的推荐举升点上，如图4-55、图4-56所示。

图4-55　调整举升机的托臂

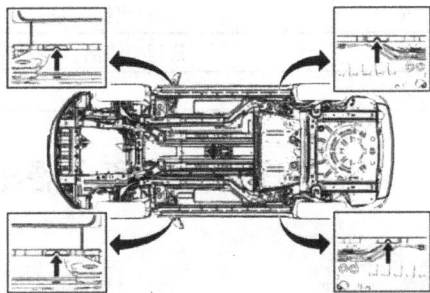

图4-56　使支承垫支承到汽车的推荐举升点上

◆ 举升车辆少许，检查并确认支承垫是否支承到汽车的推荐举升点上，如图4-57所示。

② 打开前盖，检查离合器液压总泵、分泵及管路是否有渗漏或明显缺陷。

③ 检查离合器储油杯中的制动液是否足够。

④ 排净液压管路中的空气。排除方法如下。

图4-57 举升车辆少许

◆ 取下离合器分泵后部放气塞上的防尘帽，将放气塞旋松，并插上一根透明塑料管，将另一端插入装有制动液的容器中。

◆ 反复踏下离合器踏板，使储油杯中的制动液由总泵泵入管路和分泵中，将管路中的气体从放气塞中排出。

◆ 在排气过程中，如果储油杯中制动液减少，应及时补足。

◆ 当反复踏下离合器踏板，从放入容器的管端排出的都是制动液而无气泡时，将放气塞旋紧，拔掉塑料管，套上防尘帽。

⑤ 调整总泵活塞与推杆端部的间隙。

松开推杆紧固螺母，转动偏心螺钉，使推杆端部碰到活塞或有0.65mm以下的间隙，然后拧紧推杆紧固螺母。

八、思考与练习

离合器油变质对汽车正常行驶有什么影响？

九、实训考评

序　号	考评内容	评　分	考　核	点　评
1	离合器部件的认识	10		
2	维修实训准备工作	10		
3	工具的准备与使用	10		
4	汽车离合器的检查与调整顺序	20		
5	汽车离合器的检查与调整方法	20		
6	正确更换	20		
7	整理与清洁	10		
	总计	100		

任务五　离合器压盘和从动盘的更换与调整

一、概述

摩擦离合器广泛应用于手动变速器汽车上，安装在发动机飞轮上，连接变速器，控制着

发动机动力的输出或切断，保证汽车平稳起步，使变速器顺利换挡，并防止传动系过载。离合器压盘和从动盘示意图如图4-58所示。

二、故障分析

离合器操作频繁、过载以及使用和调整不当，会造成离合器损伤，使离合器出现打滑、分离不彻底、抖动和异响等故障，影响离合器正常工作，使车辆使用性能下降。因此，应及时对离合器部件进行更换与调整。

三、技术要求与标准

① 安装科鲁兹轿车配套的离合器压盘和从动盘。

② 离合器压盘螺栓按照"对角多遍"的要求拧松或拧紧。

③ D16型手动变速器离合器压盘螺栓紧固力矩为15N·m；D33型手动变速器离合器压盘螺栓紧固力矩为28N·m。

四、实训教学目标

① 让学生了解离合器的重要性。

② 让学生了解离合器的结构。

③ 让学生掌握离合器的检修及拆装过程。

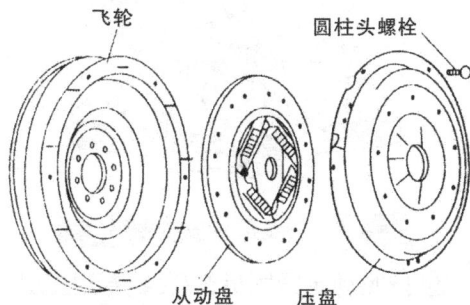

图4-58　离合器压盘和从动盘示意图

五、实训器材

一个导向专用工具、一个拉马专用工具和一套组合套筒。

六、实训操作安排

根据每组4人左右的规模安排实训。

七、实训操作注意事项

① 注意安装时从动盘带减振弹簧突出的一面朝向压盘。

② 在安装前要检查从动盘毂花键与输入轴花键的配合情况，正常情况下应运动自如，但不卡滞，不能有明显的松旷感。

③ 从飞轮上拆下离合器时，应仔细检查离合器盖及平衡垫片原有的记号，如没有记号，应打上记号再开始拆卸。

④ 分解离合器前，应该预先在离合器盖及压盘上做出装配的标记，以防止破坏离合器本身的平衡。

⑤ 将拆下来的零件分类按顺序排好，并清洗干净，以防止错乱。

⑥ 检查从动盘，应注意从动盘毂铆钉及减振器的磨损，如损坏应更换从动盘总成。

⑦ 离合器压盘装配完后，有条件的最好进行动平衡试验。

八、实训操作步骤

➡ 1. 拆卸程序

① 拆下变速器。

② 如图4-59所示，将拆卸/安装专用工具（1）连接至发动机汽缸体。

③ 安装4个螺栓（图4-59中箭头所示）。

④ 如图4-60所示，将合适的离合器对中导板连接至拆卸/专用工具的中心孔（2），紧固螺栓（1和3）。

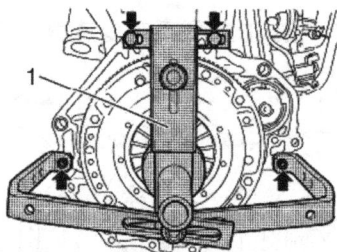

图4-59 安装拆卸/安装专用工具

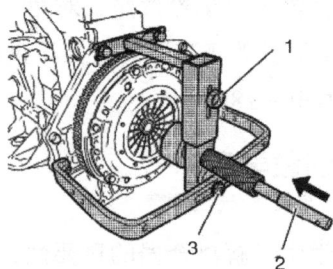

图4-60 安装离合器对中导板

⑤ 按照规定紧固拆卸/安装专用工具。

⑥ 卸去离合器从动盘上的压力。

⑦ 如图4-61所示，从飞轮上拆下离合器压力盘（1）。

⑧ 拆下并报废6个离合器压力盘螺栓（图4-61中箭头所示）。

⑨ 分离离合器压力盘和从动盘。

⑩ 如图4-62所示，检查离合器压力盘和从动盘（1）是否磨损，如有必要，则更换。

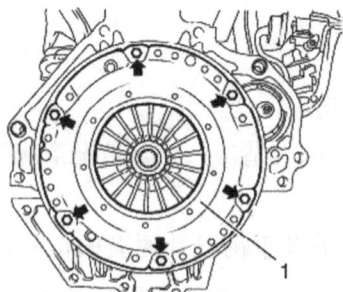

图4-61 拆下离合器压力盘

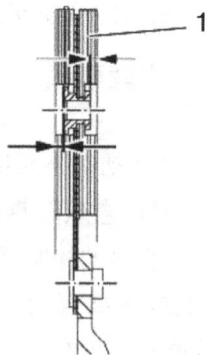

图4-62 检查离合器从动盘

⑪ 检查离合器管路铆钉是否凸起。如果管路凸起小于0.5mm（图4-62中箭头所示），必须更换离合器从动盘。同时将离合器从动盘安装至变速器输入轴并检查是否易于移动。

2. 安装程序

① 将离合器压力盘和从动盘安装至飞轮。

② 如图4-63所示，用专用拆装工具的中心冲子和离合器对中导板对中离合器压力盘和从动盘。

③ 安装6个新螺栓（图4-63中箭头所示）。

④ 如图4-64所示，将离合器压力盘安装至飞轮并旋转拆卸/安装专用工具（1）。

⑤ 将6个新螺栓交叉紧固至15N·m。

⑥ 从发动机汽缸体上拆下拆卸/安装专用工具。

⑦ 安装变速器。

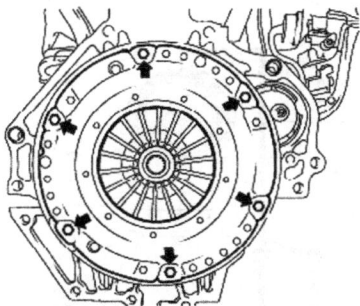

图4-63 对中

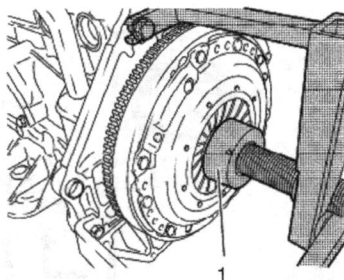

图4-64 旋转拆卸/安装专用工具

九、思考与练习

① 离合器压盘和从动盘有什么作用？

② 离合器的故障原因主要有哪些？

③ 简述离合器拆装步骤。

十、实训考评

序 号	考评内容	评 分	考 核	点 评
1	部件认识	10		
2	工具准备和使用	5		
3	固定螺栓的拆装顺序	10		
4	固定螺栓的正确拧紧力矩	10		
5	离合器卸装顺序	20		
6	离合器操作注意事项	15		
7	离合器安拆装顺序	20		
8	整理与清洁	10		
	总计	100		

项目三　制动系统保养与维护实训

任务一　制动液的检查与加注

一、概述

液压制动传动机构主要由制动踏板、推杆、真空助力器、储液室、制动主缸、制动轮缸以及管路、接头等组成，如图4-65所示。

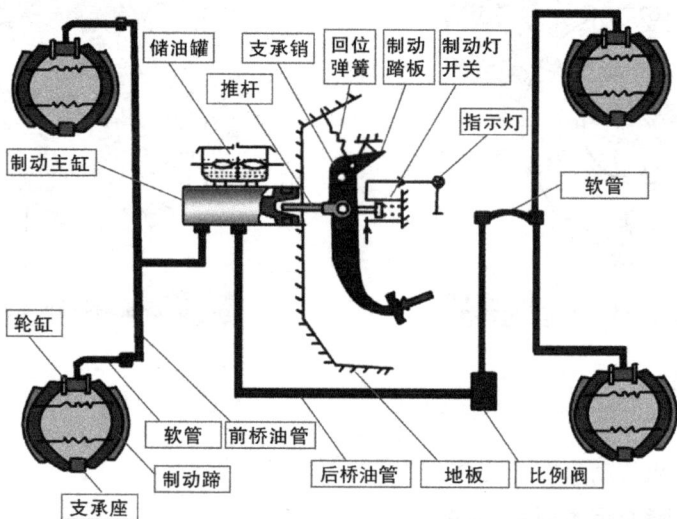

图4-65　液压制动传动机构的组成

制动时，驾驶员踩下制动踏板，通过助力器助力后，使主缸内的活塞移动，将制动液自主缸内压出，并经管路分别进入前后轮制动轮缸内，使轮缸活塞移动，从而将制动蹄压靠在制动鼓、制动盘上，产生制动作用。解除制动时，驾驶员放松制动踏板，制动蹄和轮缸活塞在回位弹簧的作用下回位，将制动液压回制动主缸，制动作用解除。

二、故障分析

液压制动传动装置利用特制油液作为传力介质，将制动踏板力转换为油液压力，并通过管路传至车轮制动器，再将油液压力转变为制动蹄张开的推力。所以制动液一旦混入空气、变质或不足，很容易造成制动不良。

三、技术要求与标准

应按车辆使用说明书的要求，定期更换制动液。一般车辆每行驶4万～5万公里或1～2年

更换一次，因为制动液使用一定时间，其各种使用性能会下降，从而影响行车安全。更换下的制动液应集中处理，以免对环境造成污染。

四、实训教学目标

① 让学生了解汽车制动液的检查与加注注意事项。
② 让学生掌握汽车制动液的检查与加注方法。
③ 锻炼学生的团队协作和动手能力。

五、实训器材

此次实训所需主要设备与工具分别为十字螺丝批、毛巾、抹布、气枪等。

六、实训操作安排

根据每组4人左右的规模安排实训。

七、实训操作注意事项

① 制动液应密封存放，车辆上制动液油壶盖应盖好，以防制动液吸收大气中的水分而降低沸点。
② 更换不同品牌或不同级别的制动液时，应用新的制动液清洗一次系统。不得用汽油、煤油等清洗，还要防止水分和各种杂质混入。
③ 制动液对车辆漆面有一定的腐蚀性，检查或更换制动液时，应注意别溅到车上或身上。若不慎溅到车上或身上，应及时用清水清洗。
④ 行车中若发现制动液液位报警灯闪烁，应及时检查制动液液面是否正常。液面若过低，应及时补充同级同牌的制动液。为此，车上尽量备有制动液。

八、实训操作步骤

这里以科鲁兹轿车为例进行介绍。
① 施工前准备工作。
◆ 停放好车辆并拉紧驻车制动器，如图4-66、图4-67所示。

图4-66 停好车辆

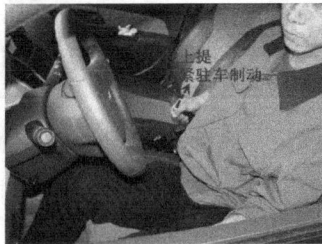

图4-67 拉紧驻车制动器

◆ 先了解汽车的重心位置，调整举升机上的托臂，使支承垫支承到汽车的推荐举升点上，如图4-68、图4-691所示。

图4-68　调整举升机的托臂

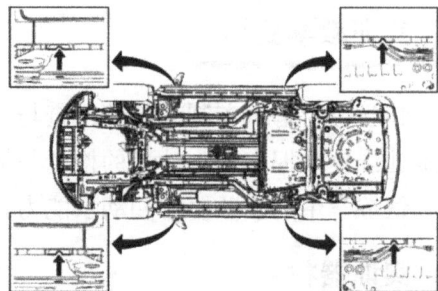

图4-69　使支承垫支承到汽车的推荐举升点上

◆ 举升车辆少许，检查并确认支承垫是否支承到汽车的推荐举升点上，如图4-70所示。

◆ 开启发动机前盖开关，打开发动机前盖并确保支撑杆支撑到位，如图4-71、图4-72所示。

图4-70　举升车辆少许

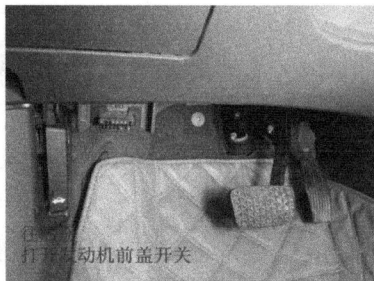

图4-71　打开发动机前盖开关

图4-72　确保支撑杆支撑到位

◆ 准备维修实训作业相关的保护装置和实训工具及用品，如图4-73、图4-74所示。

图4-73　准备保护装置

图4-74　准备实训工具及用品

②拧下制动液罐盖，加满制动液，如图4-75所示。注意勿将制动液滴在车身上，如车身沾上制动液，应立即清洗干净，以免腐蚀车漆。

③从来自总泵的供液管开始，按以总泵为中心由远及近的顺序对各车轮分泵放气。

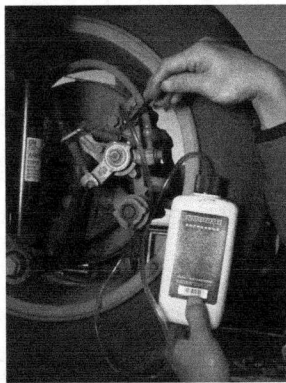

④ 在制动分泵放气孔上插上软管，将另一端插入容器中，如图4-76、图4-77所示。

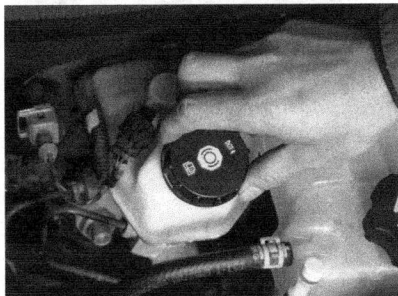

图4-75 拧下制动液罐盖并加满制动液　图4-76 在制动分泵放气孔上插上软管　图4-77 将软管另一端插入容器中

⑤ 一名操作者在车上踩若干次制动踏板。

⑥ 在踩住制动踏板的情况下，另一名操作者拧松放气螺塞，直到流出制动液时再拧紧，然后松开制动踏板。

⑦ 重复进行以下两步，直到放气孔中无气泡流出，按规定扭矩17N·m拧紧放气螺塞。

九、思考与练习

新添加制动液为什么要排空？

十、实训考评

序 号	考评内容	评 分	考 核	点 评
1	液压制动系统部件的认识	10		
2	维修实训准备工作	10		
3	工具的准备与使用	10		
4	汽车制动液的检查与加注注意事项	20		
5	汽车制动液的检查与加注方法	20		
6	正确添加	20		
7	整理与清洁	10		
	总计	100		

任务二　制动踏板自由行程的检查

一、概述

关闭发动机后踩几次制动器，用手下压制动踏板，有阻力时制动踏板移动的距离即为自

由行程，如图4-78所示。

二、故障分析

图4-78　制动踏板自由行程

制动踏板自由行程是为保证不发生制动拖滞、彻底解除制动而设置的。制动踏板自由行程如果检查或调整不当一般会影响制动效果，行程过小会引起制动拖滞，行程过大则会引起制动不良。

三、技术要求与标准

当自由行程不合适时，可松开总泵推杆的锁紧螺母，拧动推杆，通过改变其长度进行调整。调整完毕后，再拧紧锁紧螺母。液压制动踏板自由行程一般在15～20mm，应按车型规定的数值进行调整。但正常使用情况下，汽车制动踏板自由行程一般不需要调整，自由行程不合适多为制动系统故障导致。

四、实训教学目标

① 让学生了解制动踏板自由行程的检查与调整注意事项。
② 让学生掌握制动踏板自由行程的检查与调整方法。
③ 锻炼学生的团队协作和动手能力。

五、实训器材

此次实训所需主要设备与工具分别为套筒扳手、测量尺、毛巾、抹布、气枪等。

六、实训操作安排

根据每组4人左右的规模安排实训。

七、实训操作注意事项

① 注意测试前务必耗尽制动助力器的后备电源。
② 测量制动踏板的行程时注意姿势一致，以免形成误差。

八、实训操作步骤

① 施工前准备工作。

◆ 停放好车辆并拉紧驻车制动器，如图4-79、图4-80所示。

图4-79　停好车辆

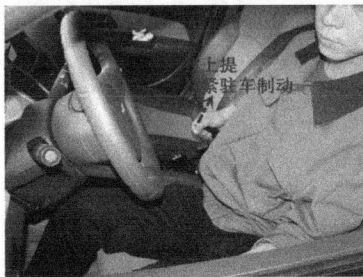

图4-80　拉紧驻车制动器

◆ 打开发动机前盖并确保支撑杆支撑到位，如图4-81所示。

◆ 准备维修实训作业相关的保护装置和实训工具及用品，如图4-82、图4-83所示。

图4-81　确保支撑杆支撑到位

图4-82　准备保护装置

图4-83　准备实训工具及用品

② 点火开关置于"OFF"位置且制动器处于冷态，踩制动器3～5次，或直到制动踏板变得坚实为止，以耗尽制动助力器后备电源。

③ 如图4-84所示，将专用测量仪表安装至制动踏板上。测量并记录制动踏板至方向盘轮缘的距离（图4-84中的距离"1"）。

④ 根据专用测量仪表的指示，在制动踏板上施加并保持445N的制动作用力。

⑤ 在制动踏板上保持445N的作用力的同时，测量并记录从制动踏板上相同点到方向盘轮缘上相同点间的距离（图4-84中的距离"2"）。

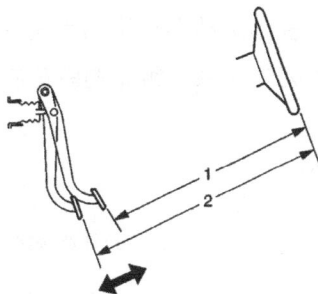

图4-84　将测量仪表安装至制动踏板上

⑥ 松开制动器，并重复以上两个步骤，以获得第二个测量值。

⑦ 将两次施加制动时记录的两个测量值进行平均。

⑧ 从施加制动时的平均测量值中减去未施加制动时的初始测量值，以获得制动踏板的行程距离。

⑨ 制动踏板最大行程（在点火开关置于"OFF"位置，制动助力器后备电源耗尽，并且

制动器处于冷态的情况下测量）如果小于规定值，应检查制动系统油位、泄漏和密封情况、制动蹄磨损程度等。检修完，再次测量制动踏板的最大行程，直至符合规定要求为止。

九、思考与练习

简述制动踏板自由行程的检查与调整方法。

十、实训考评

序 号	考 评 内 容	评 分	考 核	点 评
1	液压制动系统部件的认识	10		
2	维修实训准备工作	10		
3	工具的准备与使用	10		
4	制动踏板行程的测量	20		
5	制动踏板自由行程检查与调整方法	20		
6	制动踏板自由行程检查与调整注意事项	20		
7	整理与清洁	10		
	总计	100		

任务三　驻车制动器的检查与调整

一、概述

驻车制动系也称为手制动系，可以是人力式或动力式。专门用于挂车的还有惯性制动系和重力制动系。常见的驻车制动系统的组成如图4-85所示。

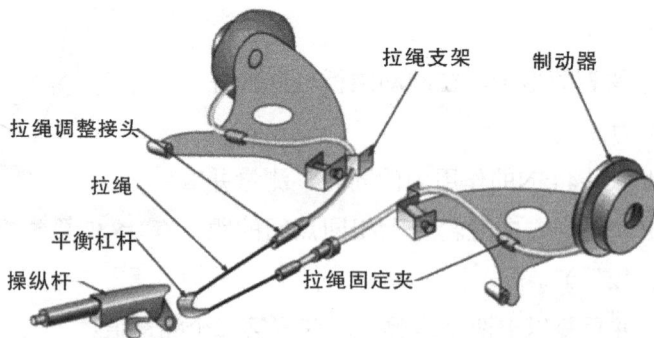

图4-85　驻车制动系统的组成

二、故障分析

驻车制动器主要用于汽车停驶后使汽车可靠地停放，不致溜车，有时也可以在行车制动

失效时用于紧急制动。所以驻车制动器一旦出现问题，不仅影响汽车驻车的可靠性，而且影响汽车行车安全或半坡熄火后再起步。

三、 技术要求与标准

科鲁兹轿车使用的是一个自动张紧或自动调节的驻车制动器拉线系统。驻车制动器在正常工作条件下不需要调整。在盘式制动器或驻车制动系统的维修过程中，必要时可停用或启用驻车制动器拉线的张紧功能，如图4-86所示。

图4-86 驻车制动器拉线的张紧

四、 实训教学目标

① 让学生了解驻车制动器的检查与调整注意事项。

② 让学生掌握驻车制动器的检查与调整方法。

③ 锻炼学生的团队协作和动手能力。

五、 实训器材

此次实训所需主要设备与工具分别为举升机、十字螺丝批、毛巾、抹布等。

六、 实训操作安排

根据每组4人左右的规模安排实训。

七、 实训操作注意事项

① 有些车型或售后加装的制动零件可能含有一定的石棉纤维，吸入含有石棉纤维的粉尘会严重损害身体。应用湿抹布清理制动零件上的粉尘。市场上有进行此类清洗作业的设备出售。使用湿法清理可防止纤维混入空气中。

② 维修车轮制动零件时，应避免用砂纸打磨制动器摩擦衬片，切勿干刷或用压缩空气清理车轮制动零件。

八、 实训操作步骤

① 施工前准备工作。

◆ 停放好车辆并拉紧驻车制动器，如图4-87、图4-88所示。

图4-87　停好车辆

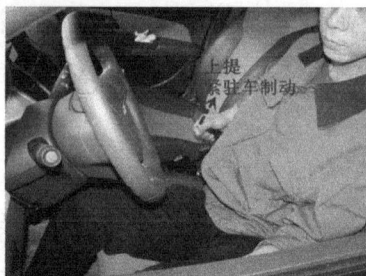

图4-88　拉紧驻车制动器

◆ 先了解汽车的重心位置，调整举升机上的托臂，使支承垫支承到汽车的推荐举升点上，如图4-89、图4-90所示。

图4-89　调整举升机的托臂

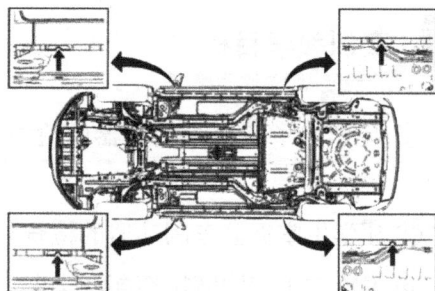

图4-90　使支承垫支承到汽车的推荐举升点上

◆ 举升车辆少许，检查并确认支承垫是否支承到汽车的推荐举升点上，如图4-91所示。

图4-91　举升车辆少许

② 拉起并完全释放驻车制动器几次。确认驻车制动器拉杆已完全释放。

③ 将点火开关置于"ON"（打开）位置。确认红色制动系统警告灯未点亮。

④ 如果红色制动系统警告灯点亮，则确认驻车制动器拉杆是否处于完全释放的装置且顶住止动位置和驻车制动器拉线是否松弛。

⑤ 将点火开关置于"OFF"（关闭）位置。

⑥ 举升和顶起车辆。

⑦ 驻车制动器拉杆处于完全释放的位置，检查后制动钳上的驻车制动器拉杆。

⑧ 拉杆应顶住制动钳壳体的止动装置。如果拉杆没有顶住止动装置，则可能出现卡滞。

⑨ 充分拉起并释放驻车制动器拉杆3～5次，使驻车制动器拉线松弛。

⑩ 充分拉起驻车制动器拉杆，拉起拉杆不到一个完整行程便可以使拉杆坚实。

⑪ 尝试转动后轮胎和车轮总成，应不存在向前或向后的旋转。

⑫ 完全释放驻车制动器拉杆。

⑬ 确认当转动后轮胎和车轮总成后，驻车制动器得到释放。后轮胎和车轮总成应自由转动，不存在任何的制动器拖滞。

⑭ 降下车辆。

九、思考与练习

在检修的过程中注意观察驻车制动器自动装置的工作方式并简述其工作原理。

十、实训考评

序 号	考 评 内 容	评 分	考 核	点 评
1	驻车制动器部件的认识	10		
2	维修实训准备工作	10		
3	工具的准备与使用	10		
4	驻车制动器的检查方法	20		
5	驻车制动器的调整方法	20		
6	正确安装	20		
7	整理与清洁	10		
	总计	100		

任务四 盘式制动器制动片的检查与更换

一、概述

汽车制动片多用于前轮制动器，一般由钢板、粘接隔热层和摩擦块构成，如图4-92所示。其中隔热层是由不传热的材料组成，目的是隔热。摩擦块由摩擦材料、黏合剂组成的，刹车时被挤压在制动盘上产生摩擦，从而达到车辆减速制动的目的。

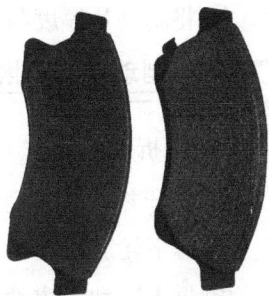

二、故障分析

在车辆的长期使用过程中汽车制动片磨损等情况，会造成车辆制动力下降、制动抖振、行驶跑偏、行驶摇摆等现象。因此，应注意定期检查制动片。摩擦材料使用完后要及时更换，否则钢板与制动盘就会直接接触，最终会丧失制动效果并损坏制动盘。

图4-92 制动片

三、技术要求与标准

① 安装科鲁兹轿车配套的制动片。

② 安装时禁止将油液沾到制动片表面上。

③ 制动钳导销紧固规定力矩为28N·m。

四、实训教学目标

① 让学生了解制动片的重要性。

② 让学生掌握制动片的检查及更换操作过程。

五、实训器材

轮胎扳手、扭力扳手、套筒、棘轮扳手、一字螺丝刀及游标卡尺等工具。

六、实训操作安排

根据每组2人左右的规模安排实训。

七、实训操作注意事项

① 切勿将液压制动挠性软管从制动钳上断开。

② 确保挠性制动软管没有损坏，否则可能使制动液泄漏。

八、实训操作步骤

1. 制动片的检查

① 拆下制动片。

② 如图4-93所示，使用游标卡尺测量几个点上的制动片厚度。

③ 将制动片厚度与盘式制动器组件规格比较，当达到最小厚度时必须更换制动片。

2. 制动片的更换

（1）拆卸程序

① 举升并支撑车辆。

② 拆下轮胎和车轮总成。

③ 拆下制动夹钳紧固螺栓，如图4-94所示。

④ 将制动钳作为一个总成拆开，如图4-95所示。

⑤ 将制动片从制动钳安装支架上拆下。

⑥ 使用盘式制动钳活塞安装工具将盘式制动钳活塞推至制动钳孔内，如图4-96所示。

⑦ 将制动片固定件弹簧从制动钳支架上拆下。

⑧ 彻底清理制动钳支架上的制动片构件接合面处的碎屑和腐蚀物。

⑨ 如图4-97所示，检查制动钳导销是否能自由移动，并检查导销护套的状况。在支架孔内，里外移动导销，但不能使其脱离护套，并查看是否有以下状况：

图4-93　制动片厚度检查

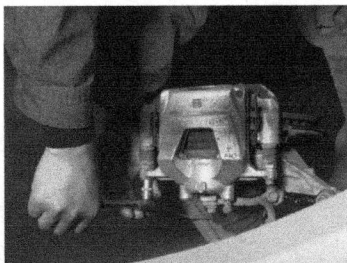

图4-94　拆卸制动夹钳紧固螺栓

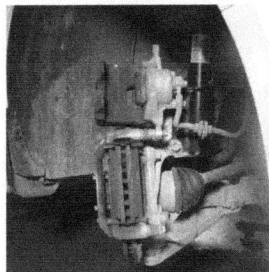

图4-95　拆开制动钳总成

图4-96　调整制动钳活塞

图4-97　检查制动钳导销与护套

◆ 制动钳导销移动受限；

◆ 制动钳安装支架松动；

◆ 制动钳导销卡死或卡滞；

◆ 护套开裂或破损。

如果发现上述状况，则需要更换制动钳导销或护套。

（2）安装程序

安装程序与拆卸程序相反，步骤如下。

① 确保制动片构件接合面处清洁，如图4-98所示。

② 将制动片固定件弹簧安装至制动钳支架。在制动片固定件上，涂抹一薄层高温硅润滑剂。

③ 将制动片安装至制动钳支架，如图4-99所示。

图4-98　清洁制动片构件

图4-99　安装制动片

④ 安装制动钳下导销螺栓且紧固至28 N·m。

⑤ 安装轮胎和车轮总成。

⑥ 降下车辆。

⑦ 关闭发动机，逐渐踩下制动踏板至其行程约2/3处。

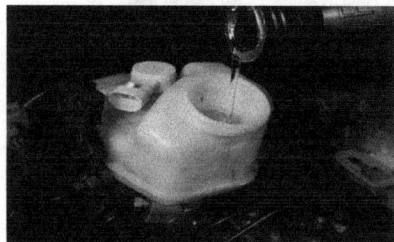

图4-100　加注制动液

⑧ 缓慢地松开制动踏板。

⑨ 等待15秒钟，然后再次逐渐踩下制动踏板至其行程约2/3处，直到制动踏板坚实。这将使制动钳活塞和制动片正确就位。

⑩ 最后将总泵储液罐中的制动液加注至适当液位，如图4-100所示。

九、思考与练习

① 简述汽车制动片的作用及组成。

② 如何检查制动片故障？

③ 简述制动片的更换过程。

十、实训考评

序　　号	考评内容	评　　分	考　核	点　评
1	部件认识	10		
2	工具准备和使用	10		
3	固定螺栓的拆装顺序	10		
4	固定螺栓的正确拧紧力矩	10		
5	制动片的检查	15		
6	制动片的故障处理	15		
7	制动片的拆装	20		
8	整理与清洁	10		
	总计	100		

任务五　盘式制动器制动盘的检查与更换

一、概述

汽车制动盘多用于前轮制动器，它利用盘式制动片作用在制动盘摩擦面上的机械输出力，降低轮胎和车轮总成的转速，如图4-101所示。

二、故障分析

在车辆的长期使用过程中，汽车制动盘会产生磨损、变形、螺栓孔损坏等异常情况，造成制动力下降、制动抖振、行驶跑偏、行驶摇摆等现象。因此，应注意定期进行检查，如果制动盘出现异常应进行修复或更换。

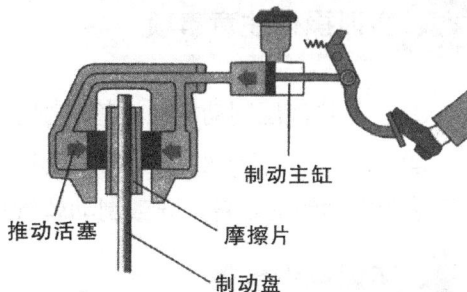

图4-101 盘式制动器示意图

三、技术要求与标准

① 安装科鲁兹轿车配套的制动盘。

② 安装时禁止将油液沾到制动盘及摩擦片表面上。

③ 紧固件紧固规格见表4-3。

表4-3 紧固件紧固规格

紧 固 件	规 格
制动钳排气阀	17N·m
制动软管和制动软管至制动钳螺栓	18N·m
制动管接头螺栓	18N·m
前制动钳导销螺栓	28N·m
制动钳支架螺栓	90N·m+60°
后制动钳导销螺栓	28N·m

四、实训教学目标

① 让学生了解制动盘的重要性。

② 让学生了解制动盘的工作原理。

③ 让学生掌握制动盘的检查及更换操作过程。

五、实训器材

轮胎扳手、扭力扳手、套筒、棘轮扳手、十字螺丝刀、游标卡尺、百分表及外径千分尺等工具。

六、实训操作安排

根据每组2人左右的规模安排实训。

七、实训操作注意事项

① 切勿将液压制动挠性软管从制动钳上断开。

② 制动钳从其支座上分离后要用粗钢丝或同等工具支撑住制动钳，否则会使挠性制动软管承受制动钳的重量，导致制动软管损坏，从而可能使制动液泄漏。

八、实训操作步骤

1. 制动盘的检查

① 检查制动盘表面是否有凹槽、裂纹及生锈的情况。

② 检查制动盘的厚度，在距离制动盘边缘10mm位置沿圆周8个等分点分别测量制动盘厚度，如图4-102所示。

③ 确保仅在摩擦面内进行测量，且每次测量时千分尺与制动盘外缘的距离相等，约为13mm。然后将最小厚度测量值与盘式制动器组件规格相比较。

④ 如果制动盘的最小厚度测量值大于规定的最小厚度允许值，则根据表面状况和磨损情况，对制动盘进行表面修整。

⑤ 如果制动盘的最小厚度测量值等于或低于厚度规格，则需要更换制动盘。

⑥ 如图4-103所示，测量制动盘端面跳动量，如果制动盘端面跳动量超过规格，则对制动盘进行表面修整以确保准确的平行度。

图4-102　测量制动盘的厚度

图4-103　测量制动盘端面跳动量

2. 制动盘的更换

（1）拆卸程序

① 举升并支撑车辆。

② 拆下轮胎和车轮总成。

③ 拆下制动夹钳紧固螺栓，如图4-104所示。

④ 将制动钳作为一个总成拆下并用粗钢丝支撑总成，如图4-105所示。确保液压制动挠性软管没有承受张紧力。

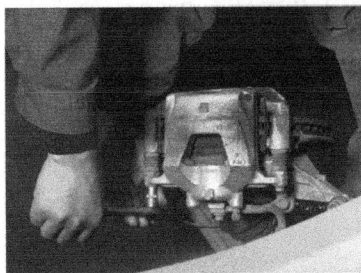

图4-104　拆卸制动夹钳紧固螺栓

图4-105　拆卸制动钳总成

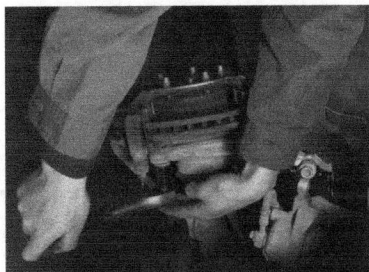

图4-106　拆下制动钳支架

图4-107　拆卸制动盘螺钉

⑤ 如图4-106所示，拆下制动钳支架且报废制动钳支架螺栓。

⑥ 标记制动盘与车轮双头螺栓的相对位置。

⑦ 拆下制动盘螺钉，如图4-107所示。

⑧ 将制动盘从轮毂上拆下，如图4-108所示。

（2）安装程序

安装程序与拆卸程序相反，步骤如下。

① 检查轮毂/车桥法兰和制动盘的接合面，确保没有异物或碎屑。

② 如图4-109所示，将制动盘安装至轮毂/车桥法兰，用拆卸前做好的装配标记，确定其相对于法兰的正确方向。

图4-108　拆卸制动盘

图4-109　安装制动盘

③ 安装制动盘螺钉并将其紧固至7 N·m，然后必须测量制动盘装配后端面跳动量，以确保盘式制动器的最佳性能。

④ 拆下支架，将制动钳和制动钳支架作为一个总成安装至转向节。

⑤ 安装新的制动钳支架螺栓且紧固至10 N•m。

⑥ 安装轮胎和车轮总成。

⑦ 降下车辆。

九、思考与练习

① 汽车制动盘的作用及原理是什么？

② 如何检查制动盘故障？

③ 简述制动盘的更换过程。

十、实训考评

序　号	考评内容	评　分	考　核	点　评
1	部件认识	10		
2	工具准备和使用	10		
3	固定螺栓的拆装顺序	10		
4	固定螺栓的正确拧紧力矩	10		
5	制动盘的检查	15		
6	制动盘的故障处理	15		
7	制动盘的拆装	20		
8	整理与清洁	10		
	总计	100		

任务六　鼓式制动器的拆卸、检查与维修

一、概述

鼓式制动器由鼓式制动蹄、制动鼓、鼓式制动器构件及鼓式制动器调节构件等组成，如图4-110所示。来自液压制动分泵活塞的机械输出力作用在鼓式制动蹄的顶部。当制动蹄压向制动鼓的摩擦面时，输出力分散于主制动蹄和辅助制动蹄之间。制动蹄将输出力作用到制动鼓的摩擦面上，从而降低轮胎和车轮总成的转速。

二、故障分析

在车辆的长期使用过程中，由于汽车制动鼓开裂、划伤、过度磨损或损坏，弹簧弹力不够或损坏，制动蹄变形、损坏或过度磨损等异常情况，会造成制动力下降、制动不灵、行驶跑偏、前后制动不均匀等现象。因此，为了保持车辆良好的制动性能，必须及时检查或更换

损坏的制动鼓相关部件。

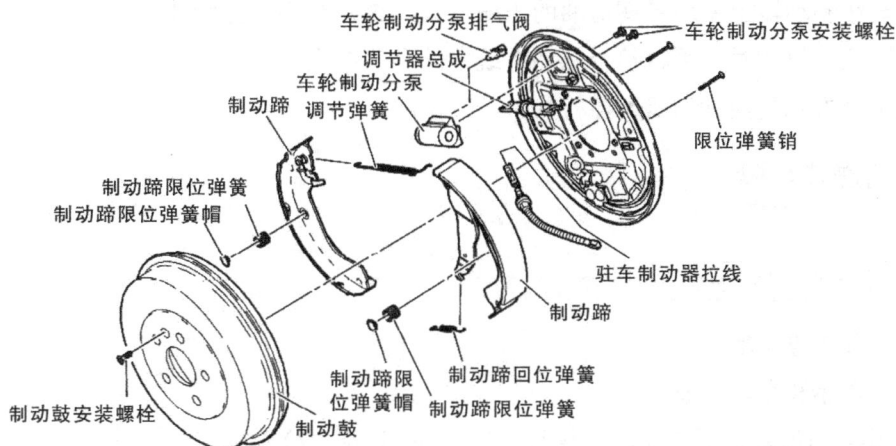

图4-110 鼓式制动器部件图

三、技术要求与标准

① 安装科鲁兹轿车配套的鼓式制动器部件。

② 安装时禁止将油液沾到制动鼓及制动蹄表面上。

③ 相关紧固件规定紧固力矩：制动管接头为18N·m，鼓式制动器安装螺栓为7N·m等。

④ 新制动蹄摩擦片厚度规格为5.0mm。

四、实训教学目标

① 让学生了解鼓式制动器的重要性。

② 让学生了解鼓式制动器的工作原理及零件名称。

③ 让学生掌握鼓式制动器检查及更换操作过程。

五、实训器材

轮胎扳手、扭力扳手、套筒、棘轮扳手、一字螺丝刀、游标卡尺、百分表及外径千分尺等工具。

六、实训操作安排

根据每组2人左右的规模安排实训。

七、实训操作注意事项

① 更换制动器维修组件中的所有部件。

② 用清洁的制动液润滑橡胶件，以便于装配。

③ 不要在制动器上使用带润滑油的压缩空气，否则会损坏橡胶件。

④ 拆卸液压组件时必须将整个制动系统中的空气排空。

⑤ 按轴套方式更换制动器摩擦衬片。

八、 实训操作步骤

➤ 1. 施工前准备工作

① 举升并支撑车辆。

② 拆下轮胎和车轮总成。

③ 如图4-111所示，拆下制动鼓螺钉（1）及制动鼓（2）。

④ 如图4-112所示，拆下调节弹簧（1）。将调节器弹簧弯钩端与调节器执行器杆上的凸舌分离，释放制动蹄辐板孔上的弹簧。

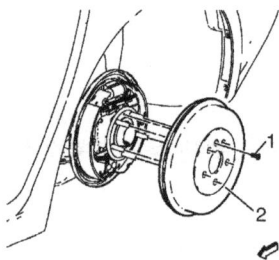

图4-111　拆卸制动鼓

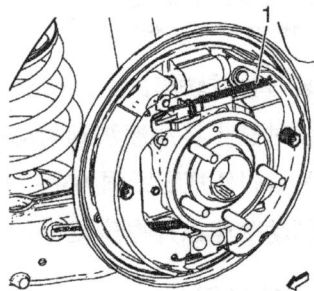

图4-112　拆卸调节弹簧

⑤ 见图4-113所示，将调节器执行器杆（1）与调节器总成（2）分离，然后拆下调节器总成。

⑥ 如图4-114所示，拆下制动蹄弹簧（1），使用安装工具拧动弹簧帽（2）。

⑦ 如图4-115所示，拆下制动蹄（1），将下弹簧（4）从前制动蹄上拆下，最后将驻车制动器拉线（3）从驻车制动器操纵杆（2）上拆下。

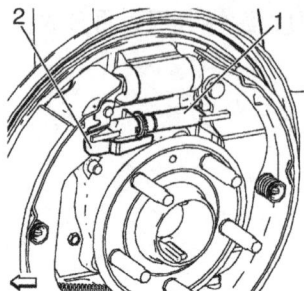

图4-113　拆卸调节器总成

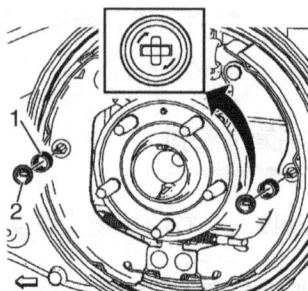

图4-114　拆卸制动蹄弹簧

⑧ 如图4-116所示，将制动管接头（1）与车轮制动分泵断开，用帽堵住露出的制动管端

以防油液流失，然后拆下2个车轮制动分泵安装螺栓（2）。

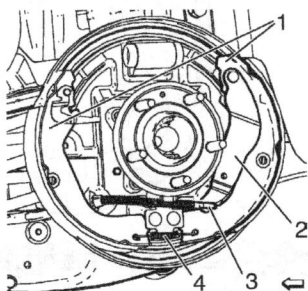

图4-115 拆卸制动蹄及驻车制动器

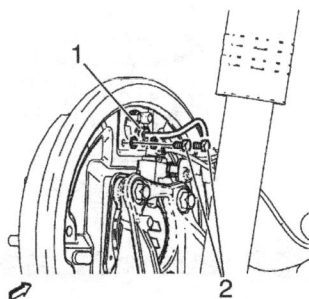

图4-116 拆卸制动分泵相关部件

⑨ 见图4-117所示，将车轮制动分泵（1）从底板上拆下。

⑩ 鼓式制动器的安装程序与拆卸程序相反。

2. 鼓式制动器的检查

① 拆下制动鼓。

② 检查制动鼓的制动表面是否存在锈蚀或点蚀、开裂或灼斑，如果制动鼓的制动表面出现异常，则需要修整表面或更换。

③ 如图4-118所示，使用制动鼓千分尺（1），测量并记录鼓式制动器表面的所有划痕深度。将记录的划痕深度与制动鼓部件规格做比较。如果制动鼓划痕深度超过相关规格或划痕过多，则制动鼓需要进行表面修整或更换。

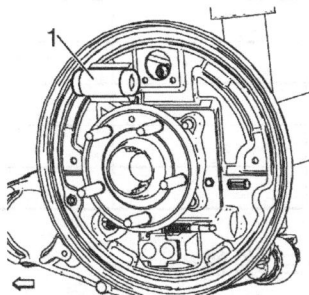

图4-117 拆卸制动分泵

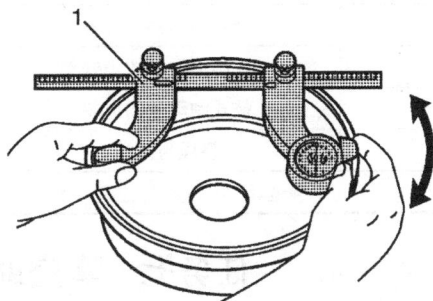

图4-118 制动鼓表面和磨损检查

④ 如图4-119所示，检查鼓式制动器系统制动蹄弹簧（3）是否出现弯曲、损坏或开裂；车轮制动分泵护套（2）是否出现损坏或者泄漏，调节器总成（1）是否出现弯曲或开裂等。如果发现上述异常状况，则更换受损坏的部件。

⑤ 如图4-120所示，检查制动蹄摩擦衬片（1）的厚度。将记录的制动蹄摩擦衬片厚度与制动鼓部件规格做比较。如果制动蹄摩擦衬片厚度小于规定值或发现瑕疵，则更换摩擦衬片。

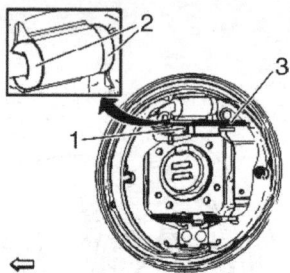

图4-119　检查鼓式制动器调节构件

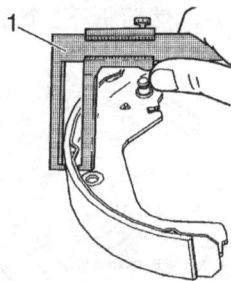

图4-120　检查制动蹄摩擦衬片的厚度

九、思考与练习

① 汽车鼓式制动器由哪些部件组成？

② 汽车鼓式制动器工作原理是什么？

③ 如何拆卸与检查鼓式制动器？

十、实训考评

序　号	考评内容	评　分	考　核	点　评
1	部件认识	10		
2	工具准备和使用	10		
3	固定螺栓的拆装顺序	10		
4	固定螺栓的正确拧紧力矩	10		
5	鼓式制动器的检查	15		
6	鼓式制动器的故障处理	15		
7	鼓式制动器的拆装	20		
8	整理与清洁	10		
	总计	100		

任务七　真空助力器的检查与维修

一、概述

真空助力器是一个直径较大的腔体，内部有一个中部装有推杆的膜片（或活塞），将腔体隔成两部分，一部分与大气相通，另一部分通过管道与发动机进气管相连。其结构如图4-121所示。

真空助力器利用发动机工作时吸入空气这一原理，造成助力器的一侧真空相对于另一侧正常空气压力的压力差，利用这压力差来加强制动推力。当踩下制动踏板时，控制阀关闭左右气室的通道，推杆继续推移，控制阀打开右气室与外界空气的通道。此时，右气室作用有

大气压力，而左气室则作用有发动机进气歧管内的真空度，于是左右气室产生压力差，在压力差和踏板力的共同作用下，膜片带动推杆推动总泵活塞移动，产生制动液压。

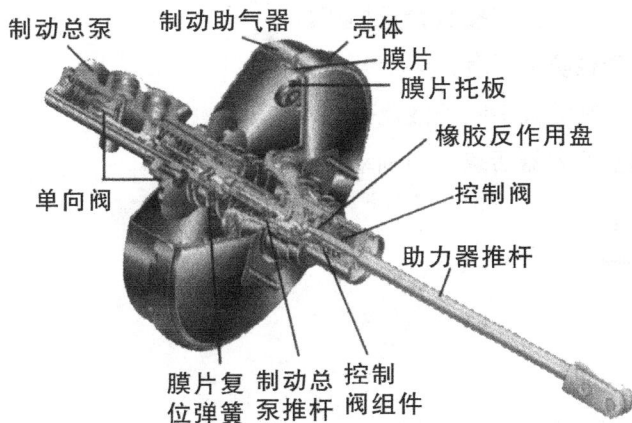

图4-121　真空助力器的结构

二、故障分析

在车辆的长期使用过程中，真空助力器会出现膜片老化破裂、膜片复位弹簧弹力下降、控制阀组件密封不良等现象，使真空助力器性能下降或失效，造成制动时制动踏板沉重，增加驾驶员的疲劳强度。因此，应及时更换相关部件，确保汽车液压制动系统能正常工作。

三、技术要求与标准

① 安装科鲁兹轿车配套的真空助力器。
② 制动液有强腐蚀性，不可与皮肤或车身油漆接触。
③ 真空助力器螺栓紧固力矩为19N·m，制动踏板托架螺栓紧固力矩为20N·m等。

四、实训教学目标

① 让学生了解真空助力器的重要性。
② 让学生了解真空助力器的结构及原理。
③ 让学生掌握真空助力器检查及更换操作过程。

五、实训器材

开口扳手、套筒、棘轮扳手、十字螺丝刀、一字螺丝刀及鲤鱼钳等工具。

六、实训操作安排

根据每组2人左右的规模安排实训。

七、实训操作注意事项

① 拆卸时确保真空助力器连接软管无损坏。

② 操作过程中注意戴防护手套。

③ 拆装过程中小心制动泵中制动液流出。

④ 用专用工具调整助力器活塞杆和制动总泵之间的间隙。

八、实训操作步骤

1. 检查

（1）密封性能检查

起动发动机，在怠速运转1～2min后关闭发动机。以常用制动踏板力踩制动踏板若干次，每次踩踏板的时间间隔应在5s以上，制动踏板高度若一次比一次大，则表明真空助力器密封性能良好。否则，应检查发动机真空供给情况，若发动机运转时提供的真空度正常，则表明真空助力器密封不良，应检修。

（2）助力功能检查

在发动机熄火时，以相同的踩板力踩制动踏板若干次，以消除真空助力器的全部残余真空，并确认踏板高度无变化后，踩住踏板不动，然后起动发动机。此时若制动踏板略为下沉，则说明真空助力器助力功能正常；如踏板不动，则说明助力器无助力作用，应首先检查真空源是否提供了一定的真空度，然后检查真空管路、单向阀及真空助力器。

（3）真空单向阀的检查

检查时，先使发动机怠速运转，然后关闭发动机并等待5min，再踩踏板施加制动，至少在一个踏板行程中应有助力作用。如果在第一次踩踏板时没有助力作用，则单向阀存在泄漏故障。进一步检查，将单向阀拆下，用嘴向单向阀进气歧管一端吹气，气流应一点都不能通过。真空单向阀反向泄漏时，应予以更换。另外，真空单向阀有开闭受阻或卡住的现象也应予以更换。

（4）真空助力器空气阀检查

放松制动踏板，发动机怠速运转时，悬一小束棉纱或纸条于空气阀进气口前面，如被吸入说明空气阀密封不良，有漏气故障；如此时未被吸入，而当制动踏板刚一踏下时便被吸入，则说明空气阀良好，无漏气故障。

（5）真空助力器的调整

当真空助力器出现壳体破损或有裂纹、推杆损坏、漏气、失去助力功能时，应更换真空助力器。在更换或调试真空助力器时，要检查推杆左端头至制动总泵安装面的尺寸，若该尺寸过大，则制动反应迟缓；若该尺寸过小，则易将制动总泵活塞顶死，产生制动发咬现象。

真空助力器推杆与制动总泵活塞间有2～3mm的自由间隙。这样在制动踏板力消失时，可以使制动总泵活塞完全回位，彻底解除制动。因此当该尺寸不符合要求时，应进行调整。

2. 更换

① 将点火开关置于"OFF"位置。

② 如图4-122所示，拆下散热器储液罐卡夹（2），并拆下散热器储液罐（1），然后将散热器储液罐放置在一边。

③ 如图4-123所示，拆下制动液储液罐盖并安装专用密封盖（1），以防制动液流失。

④ 将电气连接器从电子制动控制模块/电子制动牵引力控制模块上断开。

⑤ 如图4-124所示，将6个制动管（1、2）从制动压力调节阀上拆下。

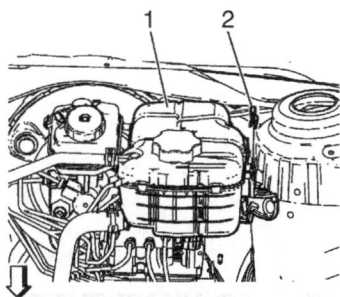

图4-122 拆卸散热器储液罐

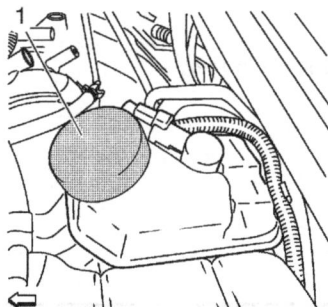

图4-123 安装专用密封盖

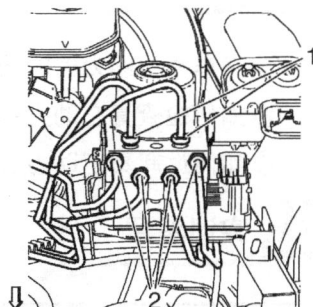

图4-124 拆卸制动管

⑥ 如图4-125所示，分别断开总泵主、副制动管的两个接头（1）。

⑦ 如图4-126所示，拆下制动压力调节阀托架螺栓（2），并拆下制动压力调节阀托架总成（1）。

⑧ 将制动总泵总成从助力器上拆下。

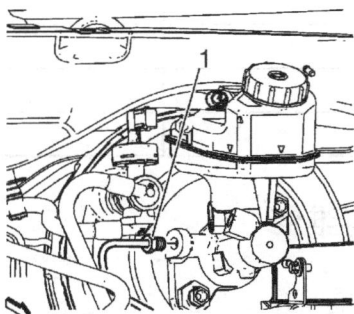

图4-125 断开总泵主、副制动管

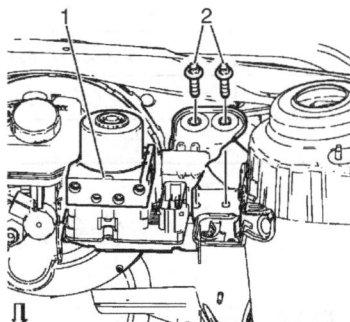

图4-126 拆卸制动压力调节阀托架总成

⑨ 如图4-127所示，将助力器真空管（1）拆下。

⑩ 将制动踏板推杆从制动踏板上断开。

⑪ 如图4-128所示，拆下真空助力器螺栓（1），然后将助力器从车辆上拆下。

⑫ 安装程序与拆卸程序相反。

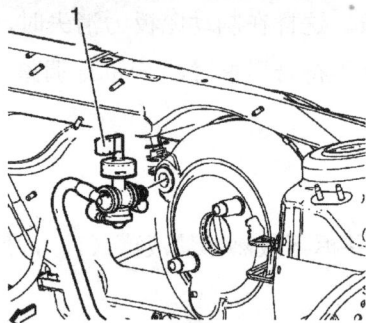

图4-127 拆卸助力器真空管

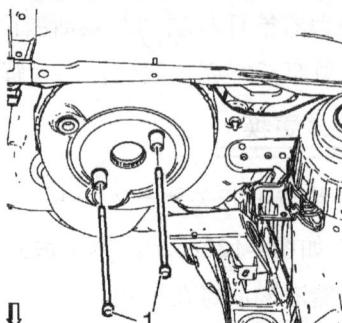

图4-128 拆卸真空助力器

九、思考与练习

① 汽车真空助力器的结构及原理是什么？

② 如何检查真空助力器？

③ 如何拆卸真空助力器？

十、实训考评

序　号	考评内容	评　分	考　核	点　评
1	部件认识	10		
2	工具准备和使用	10		
3	固定螺栓的拆装顺序	10		
4	固定螺栓的正确拧紧力矩	10		
5	真空助力器的检查	15		
6	真空助力器的故障处理	15		
7	真空助力器的拆装	20		
8	整理与清洁	10		
	总计	100		

任务八　制动总泵的检查与维修

一、概述

制动总泵也称制动主油缸，它的主要作用是推动制动液传输至各个制动分泵之中推动活塞。现在的制动总泵为串列双腔的制动总泵。它可以实现双回路的液压控制。也就是串列两个活塞在同一个油缸体内，通过制动踏板的控制，对前后轮分别输送制动液，起到制动的效果，如图4-129所示。

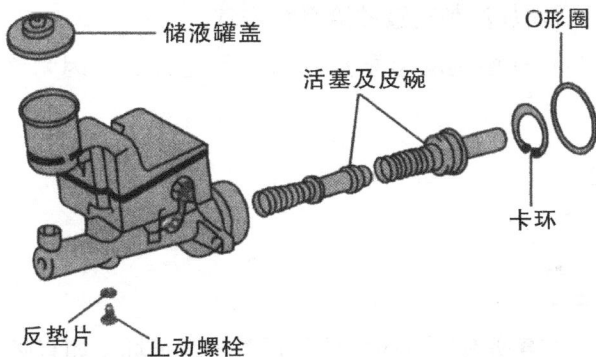

图4-129 制动总泵结构示意图

二、故障分析

在车辆的长期使用过程中，制动总泵会出现内部活塞、缸筒及皮碗磨损，皮碗发黏或发胀等现象，导致漏油及制动力下降等，严重影响汽车制动系统的工作性能，对行车安全构成很大威胁，因此应及时更换损坏的部件。

三、技术要求与标准

① 安装科鲁兹轿车配套的制动总泵。

② 添加科鲁兹轿车规定型号的制动液，不同型号的制动液不可混用。

③ 相关紧固件的紧固力矩：制动总泵螺母为19N·m，制动总泵储液罐螺栓为2.5N·m，总泵主制动管接头为18 N·m等。

四、实训教学目标

① 让学生了解制动总泵的重要性。

② 让学生了解制动总泵的结构及原理。

③ 让学生掌握制动总泵检查及更换操作过程。

五、实训器材

开口扳手、套筒、棘轮扳手、十字螺丝刀、一字螺丝刀及鲤鱼钳等工具。

六、实训操作安排

根据每组2人左右的规模安排实训。

七、实训操作注意事项

① 安装时应小心，不要弯曲或损坏制动液管路。

② 制动总泵安装好后，加注制动液并给系统排气。

③ 用任何铸铝的磨具打磨制动总泵缸孔都是不允许的，因为这样会损坏制动总泵缸孔。

八、实训操作步骤

1. 制动总泵的检查

① 如图4-130所示，检查所有拆下的零件是否磨损或损坏，如有必要应更换新件。

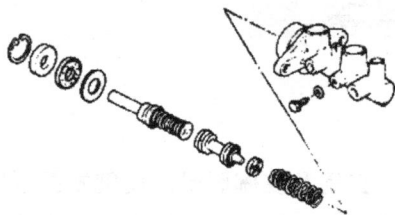

图4-130　制动总泵分解图

② 检查制动总泵孔是否有擦伤或腐蚀，最好更换被腐蚀了的总泵。有凹坑或表面过分粗糙即可确定已经被腐蚀。

③ 在干净的制动液中清洗总泵，把多余的清洗液倒出总泵，不允许用布擦干总泵，因为布上的绒毛会留在总泵缸孔表面。

2. 制动总泵的更换

（1）拆卸程序

① 断开制动液液位指示灯开关电气连接器且与制动液储液罐分离。

② 如图4-131所示，断开总泵副制动管接头。盖上制动管接头并堵住总泵出油孔，以防止制动液流失和污染。

③ 断开总泵主制动管接头，如图4-132所示。盖上制动管接头并堵住总泵出油孔，以防止制动液流失和污染。

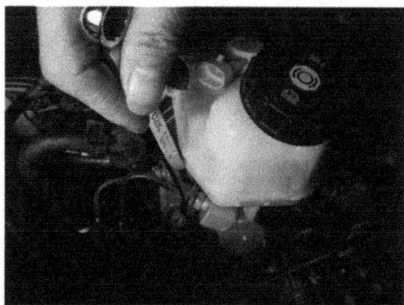

图4-131　断开总泵副制动管接头

图4-132　断开总泵主制动管接头

④ 如图4-133所示，拆下并报废总泵螺母，然后拆下带制动液储液罐的总泵。

⑤ 如图4-134所示，拆下总泵。检查总泵至真空制动助力器密封件是否损坏，必要时进行更换。

⑥ 必要时清除总泵储液罐。

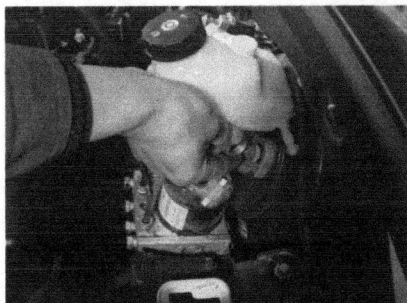

图4-133　拆卸总泵螺母

图4-134　拆卸总泵

（2）安装程序

安装程序与拆卸程序相反，步骤如下。

① 将制动液储液罐安装至总泵。

② 在台架上排出总泵中的空气。

③ 确保总泵至真空制动助力器密封件正确安装在总泵管上。

④ 安装新的总泵螺母，且紧固至50 N·m。

⑤ 连接总泵副制动管接头和主制动管接头，且紧固至18 N·m。

⑥ 连接制动液液位指示灯开关电气连接器。

⑦ 放出液压制动系统中的空气。

3. 制动总泵放气

① 将制动总泵固定在台钳上，露出初级活塞的后端。

② 拆下制动总泵储液罐盖和膜片。

③ 将合适的接头安装至制动总泵孔口，要与所要求的扩口座类型相匹配，并且提供与软管的接头。

④ 如图4-135所示，将透明软管安装至制动总泵孔口上的接头，再将软管排布到制动总泵储液罐中（1）。

⑤ 用制动液将制动总泵储液罐添加到至少半满，并确保通向制动总泵储液罐的透明软管端部完全浸入制动液中。

⑥ 用光滑圆头工具多次按压和松开初级活塞，直到它的行程达到最大，即大约25mm的深度。观察孔口油液的流出情况。当空气从初级活塞和次级活塞放出时，按压初级活塞所需的力将增大，而行程量减小。

⑦ 继续按压并松开初级活塞，直到油液顺畅地从孔口流出，且没有气泡。

⑧ 将透明软管从制动总泵储液罐上拆下。

⑨ 安装制动总泵储液罐盖和膜片。

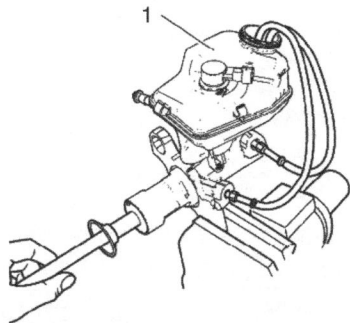

图4-135　安装软管

⑩ 将接头和透明软管从制动总泵孔口上拆下。用清洁的抹布包住制动总泵，防止制动液溢出。

⑪ 将制动总泵从台钳上拆下。

九、思考与练习

① 汽车制动总泵的结构及原理是什么？

② 如何检查制动总泵？

③ 如何拆卸制动总泵？

④ 制动总泵如何放气？

十、实训考评

序　号	考评内容	评　分	考　核	点　评
1	部件认识	10		
2	工具准备和使用	10		
3	固定螺栓的拆装顺序	10		
4	固定螺栓的正确拧紧力矩	10		
5	制动总泵的检查	15		
6	制动总泵的故障处理	15		
7	制动总泵的拆装	20		
8	整理与清洁	10		
总计		100		

项目四　行驶系统保养与维护实训

任务一　轮胎的检查与调换

一、概述

汽车轮胎按胎体结构不同可分为充气轮胎和实心轮胎。实心轮胎用于低速汽车或重型挂车上，现在已经很少使用。充气轮胎按组成结构又可以分为有内胎轮胎和无内胎轮胎；按其胎体内帘线排列方向分，又可以分为普通斜交轮胎和子午线轮胎。

二、故障分析

轮胎的主要作用是支撑整车质量，缓和路面传来的冲击力，以及依靠与路面间存在的附着力产生驱动力和制动力。如果不经常检查或调换轮胎，容易对行车舒适性和安全性产生影响。

三、技术要求与标准

轮胎的技术要求与标准因车和轮胎不同而不同，主要是轮胎的气压、轮胎的拧紧力矩和更换轮胎的规格及类型。轮胎的气压和磨损程度一般可以通过气压检测表和轮胎磨损标记进行检测和观察。轮胎的型号及尺寸说明如图4-136所示。

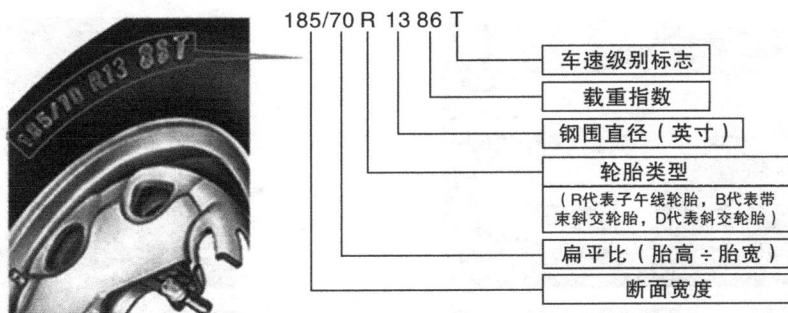

图4-136　轮胎的型号及尺寸说明

四、实训教学目标

① 让学生了解汽车轮胎的检查与调换注意事项。

② 让学生掌握汽车轮胎的检查与调换方法。

五、实训器材

此次实训所需主要设备与工具分别为举升机、扳手、螺丝批、毛巾、抹布等。

六、实训操作安排

根据每组4人左右的规模安排实训。

七、实训操作注意事项

① 实训操作过程中注意不要将渗透性机油沾到车轮和制动盘或制动鼓之间的垂直表面上，否则在车辆行驶时会导致车轮松动，造成车辆失控和伤人事故。

② 安装车轮之前，去除车轮支座面、制动鼓或制动盘支座面上的锈蚀。安装车轮时，若安装面金属之间接触不紧密，会引起车轮螺母松动。这将导致车辆行驶时车轮脱落，造成车辆失控并很可能伤人。

③ 千万不要润滑车轮螺母、双头螺栓和支座面，或者向其抹油。车轮螺母、双头螺栓或支座面必须清洁干燥。紧固润滑过的零件会损害车轮双头螺栓。这将导致车辆行驶时车轮脱落，造成车辆失控并很可能伤人。

八、实训操作步骤

这里以科鲁兹轿车为例进行介绍。

① 施工前准备工作。

◆ 停放好车辆并拉紧驻车制动器，如图4-137、图4-138所示。

图4-137　停好车辆

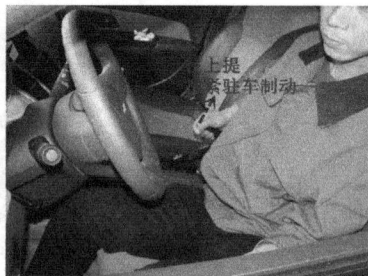

图4-138　拉紧驻车制动器

◆ 先了解汽车的重心位置，调整举升机上的托臂，使支承垫支承到汽车的推荐举升点上，如图4-139、图4-140所示。

◆ 举升车辆少许，检查并确认支承垫是否支承到汽车的推荐举升点上。

② 在没有完全举升车辆，车轮还在承载车辆质量的时候拧松轮胎螺母中，如图4-141所示。举升车辆，使轮胎稍离地面并拆下轮胎螺母，如图4-142所示。

图4-139　调整举升机的托臂

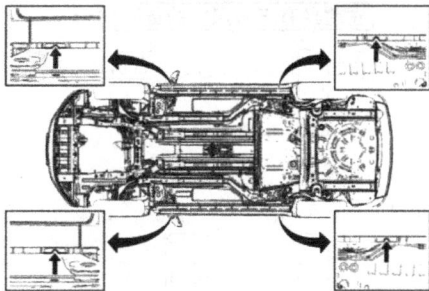

图4-140　使支承垫支承到汽车的推荐举升点上

图4-141　拧松轮胎螺母

图4-142　拆下轮胎螺母

③ 由于车轮和轮毂/轴之间所用材料不同或者安装太紧，车轮可能难以拆下。可以通过用橡胶锤轻轻地敲打轮胎侧面来拆下车轮，如图4-143所示。

④ 检查拆下的车轮并观察其磨损情况和是否有扎钉，如图4-144所示。如果有磨损不正常等异常现象，则应进行平衡和定位。

图4-143　通过敲打轮胎侧面来拆下车轮

图4-144　检查拆下的车轮并观察有无破损

⑤ 安装轮胎和车轮总成。将车轮定位标记对准轮毂并用手先带上螺母以固定轮胎位置。

⑥ 降下车辆，按图4-145所示的顺序将车轮螺母紧固至140N·n，紧固后安装车轮中心盖。

⑦ 轮胎换位可使胎面磨损均匀，能充分合理地使用轮胎，并延长轮胎的使用寿命。轮胎换位根据轮胎的不同特点采用不同的换位方法，如图4-146所示。

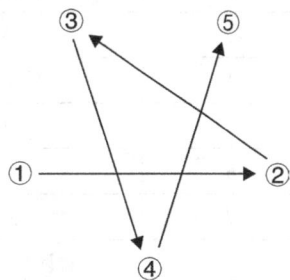

图4-145　螺母紧固顺序

左前具有正常尺寸的备胎　　　　　无备胎　　　　　备胎为斜交轮胎

当四个轮胎大小、形状完全相同时

前轮驱动的轮胎换位　　　　　　后轮驱动的轮胎换位

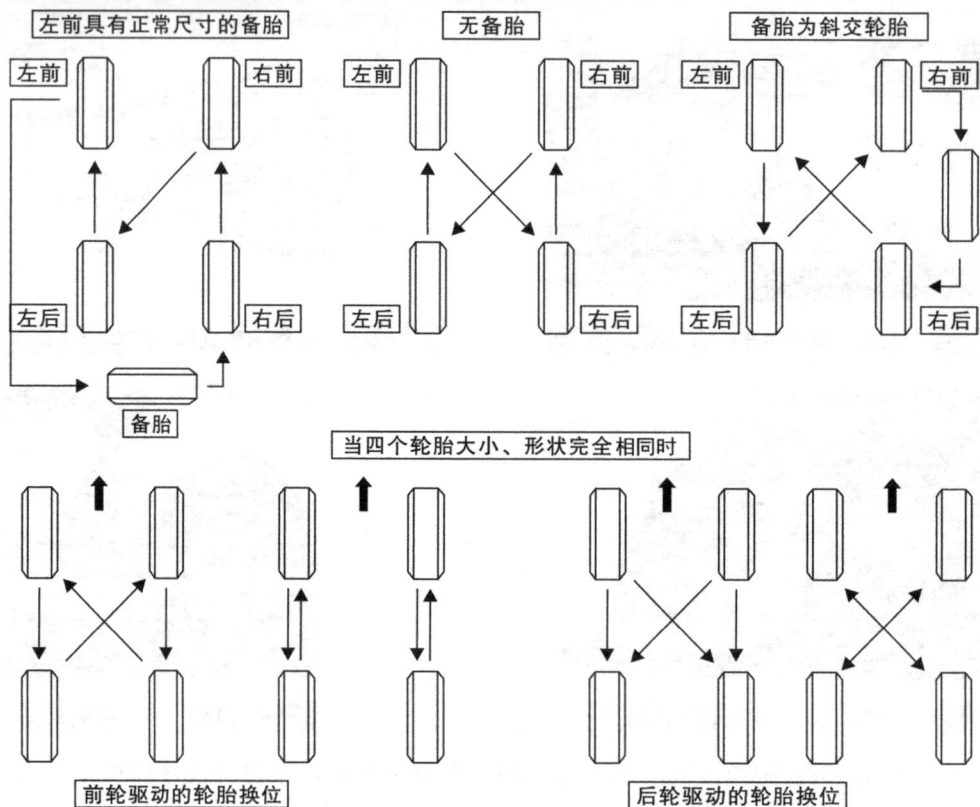

图4-146　使轮胎磨损均匀的几种轮胎换位方法

九、思考与练习

① 怎么判断轮胎的磨损情况？

② 怎么进行轮胎换位？

十、实训考评

序　号	考评内容	评　分	考　核	点　评
1	部件认识	15		
2	维修实训准备工作	15		
3	工具的准备与使用	10		
4	轮胎的拆装顺序	20		
5	轮胎的检查	15		
6	正确安装	15		
7	整理与清洁	10		
	总计	100		

任务二　减振器的检查与更换

一、概述

减振器主要用来抑制弹簧吸振后反弹时的振荡及来自路面的冲击。在经过不平路面时，虽然吸振弹簧可以过滤路面的振动，但弹簧自身还会有往复运动，而减振器就是用来抑制这种弹簧跳跃的。

目前汽车广泛采用筒式液力式减振器，其在压缩和伸张两个行程内均能起减振作用，故又称为双向作用式减振器。它一般具有四个阀：压缩阀、伸张阀、流通阀和补偿阀。流通阀和补偿阀是一般的单向阀，其弹簧很弱，当阀上的油压作用力与弹簧力同向时，阀处于关闭状态；而当油压作用力与弹簧力反向时，只要有很小的油压，阀便能开启。压缩阀和伸张阀是卸载阀，其弹簧较强，预紧力较大，只有当油压升高到一定程度时，阀才能开启。

减振器的工作行程分为压缩行程和伸张行程，详情如下。

⮕ 1. 压缩行程

如图4-147所示，当汽车车轮滚上凸起和滚出凹坑时，车轮移近车架（车身），减振器受压缩，减振器活塞下移。活塞下面的腔室（下腔）容积减小，油压升高，油液经流通阀流到活塞上面的腔室（上腔）。由于上腔被活塞杆占去一部分空间，上腔内增加的容积小于下腔减小的容积，故还有一部分油液推开压缩阀，流回贮油缸。这些阀对油液的节流便造成对悬架压缩运动的阻尼力。

⮕ 2. 伸张行程

当车轮滚进凹坑或滚离凸起时，车轮相对车身移开，减振器受拉伸。此时减振器活塞向上移动。活塞上腔油压升高，流通阀关闭。上腔内的油液便推开伸张阀流入下腔。同样，由于活塞杆的存在，自上腔流来的油液还不足以充满下腔所增加的容积，下腔内产生一定的真空度，这时贮油缸中的油液便推开补偿阀流入下腔进行补充。这些阀的节流作用造成对悬架伸张运动的阻尼力。

二、故障分析

车辆行驶时，如减振器发出异常的响声，则说明减振器已损坏，应更换；如外面有大量油迹，则表示有漏油现

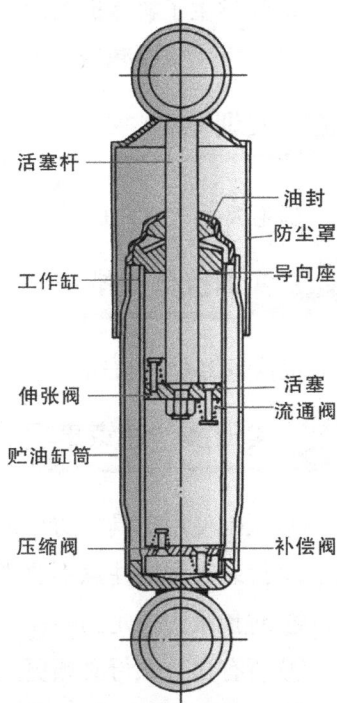

图4-147　双向作用筒式减振器

象；若减振器在压缩到底或伸展时会产生跳动现象，只能更换减振器。

三、技术要求与标准

① 安装科鲁兹轿车配套的减振器。

② 用手推拉减振器活塞杆时，应有较大阻力且阻力均匀，无空行程，伸张阻力大于压缩阻力。

③ 自锁螺母仅做一次性使用，拆卸后应更换新品。

④ 紧固件紧固规格见表4-4。

表4-4　紧固件紧固规格

紧　固　件	规　　格
前减振器下螺栓和螺母	90 N·m + 60°
前减振器支座螺母	45 N·m
后减振器上螺栓	100 N·m
后减振器下螺栓	150 N·m + 60°

四、实训教学目标

① 让学生了解减振器的重要性。

② 让学生了解减振器的结构与工作原理。

③ 让学生掌握减振器更换过程。

五、实训器材

车轮扳手、扭力扳手、套筒、接杆、棘轮扳手、一字螺丝刀及弹簧夹紧工具等。

六、实训操作安排

根据每组4人左右的规模安排实训。

七、实训操作注意事项

① 正确使用工具，防止造成人身伤害。

② 拆装过程中注意不要损坏制动软管。

③ 对预紧力规定的螺栓、螺母要按正确的操作方法进行紧固。

④ 所有自锁螺母必须更换新件。

⑤ 注意相关零件的放置、拆装顺序和拆装方法。

八、实训操作步骤

这里以科鲁兹轿车为例进行介绍。

1. 前减振器的拆装

（1）拆卸程序

① 拆卸前减振器总成下紧固螺栓，如图4-148所示。

② 拆卸前减振器总成顶盖螺母，如图4-149所示。

图4-148 拆下紧固螺栓

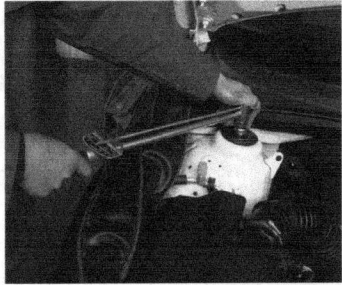

图4-149 拆卸螺母

③ 拆下前减振器总成，如图4-150所示。

④ 将弹簧压缩器对称安装到前减振器总成螺旋弹簧上，如图4-151所示。

图4-150 拆下前减振器总成

图4-151 安装弹簧压缩器

⑤ 将螺旋弹簧压缩后，将减振器轴承固定螺母拆下，如图4-152所示。

⑥ 依次取下前减振器螺母、轴承、弹簧护盖、螺旋弹簧、缓冲限位器及防护罩并摆放整齐，如图4-153所示。

图4-152 拆下减振器轴承固定螺母

图4-153 取下轴承、弹簧护盖等

⑦ 如图4-154所示，检查前减振器的伸缩情况，必要时进行更换。

⑧ 如图4-155所示，拆下前减振器支座隔振垫，检查其是否损坏，必要时进行更换。

⑨ 从螺旋弹簧上拆下弹簧压缩器，如图4-156所示。

图4-154　检查前减振器　　　图4-155　检查前减振器支座隔振垫　　　图4-156　拆下弹簧压缩器

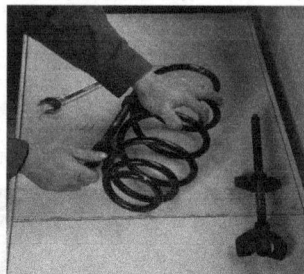

⑩ 如图4-157所示，卸去螺旋弹簧张力，检查其是否损坏，必要时进行更换。

（2）安装程序

安装程序与拆卸程序相反，步骤如下：

① 安装下隔振垫至前减振器上，如图4-158所示。

② 将弹簧压缩器安装到螺旋弹簧上，压缩弹簧以卸去弹簧张力，如图4-159所示。

图4-157　检查螺旋弹簧　　　图4-158　安装下隔振垫　　　图4-159　压缩弹簧

③ 将弹簧安装至前减振器。

④ 依次安装前减振器螺母、轴承、弹簧护盖、螺旋弹簧、缓冲限位器及防护罩，见图4-160所示。

⑤ 安装前减振器支座隔振垫垫圈，如图4-161所示。

⑥ 将前减振器螺母安装至前减振器轴并紧固至70 N·m，如图4-162所示。

⑦ 将弹簧压缩器从螺旋弹簧上拆下。

⑧ 安装前减振器总成，如图4-163所示。

⑨ 安装前减振器支座板并拧紧总成顶盖螺母至45N·m，如图4-164所示。

⑩ 将前减振器总成插入转向节，安装前减振器总成下紧固螺栓，如图4-165所示。

⑪ 安装稳定杆连杆螺母并紧固至65N·m，如图4-166所示。

⑫ 安装前轮胎和车轮总成，如图4-167所示。

⑬ 降下车辆，然后检查前轴车轮定位规格。

图4-160　安装各组件

图4-161　安装支座隔振垫垫圈

图4-162　安装前减振器螺母

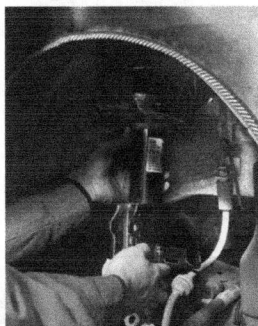

图4-163　安装前减振器总成

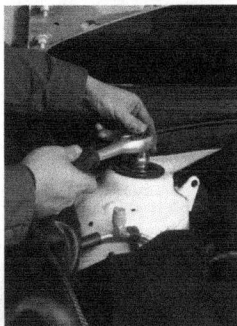

图4-164　拧紧前减振器顶盖螺母

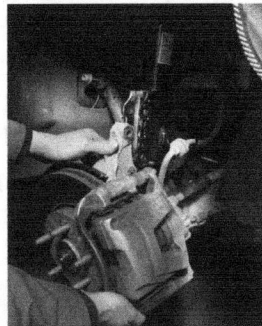

图4-165　安装前减振器总成下紧固螺栓

图4-166　安装稳定杆连杆螺母

图4-167　安装前轮胎和车轮总成

2. 后减振器的拆装

（1）拆卸程序

① 举升并妥善支撑车辆。

② 拆下轮胎和车轮总成。

③ 靠近减振器，用高千斤顶座支撑后桥。

④ 拆下减振器上螺栓，如图4-168所示。

⑤ 拆下减振器下螺栓，如图4-169所示。

⑥ 如图4-170所示，检查后减振器是否有异常情况，如果损坏，必须更换。

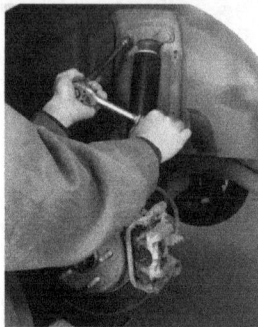

图4-168　拆下减振器上螺栓

图4-169　拆下减振器下螺栓

图4-170　检查后减振器

⑦如图4-171所示，测量后减振器弹簧参数是否符合规定值要求，如果异常，必须更换。

（2）安装程序

①安装减振器弹簧，如图4-172所示。

②安装减振器，如图4-173所示。

图4-171　测量后减振器弹簧

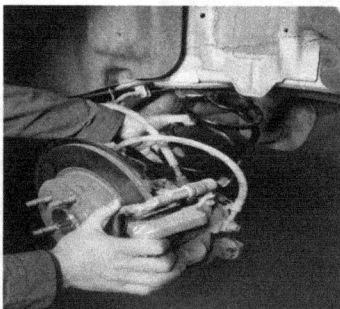

图4-172　安装减振器弹簧

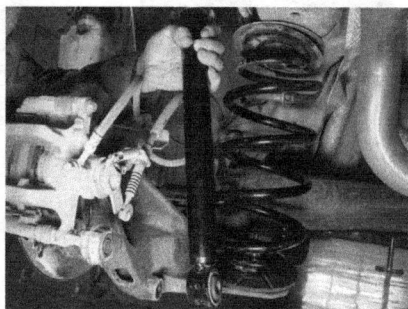

图4-173　安装减振器

③安装新的减振器上螺栓（紧固至100 N·m）及下螺栓（紧固至150N·m），如图4-174所示。

④拆下千斤顶座。

⑤安装后轮胎和车轮总成。

⑥降下车辆。

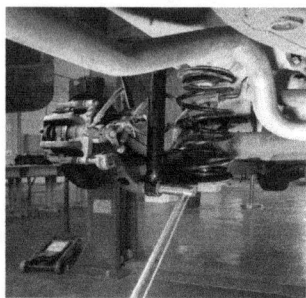

图4-174　安装新的减振器螺栓

九、思考与练习

①减振器有什么作用？

②减振器的工作原理是什么？

③减振器故障有哪些？

④简述减振器的拆装步骤。

十、实训考评

序　号	考评内容	评　分	考　核	点　评
1	部件认识	10		
2	工具准备和使用	5		
3	固定螺栓的拆装顺序	10		
4	固定螺栓的正确拧紧力矩	10		
5	前减振器拆装顺序	20		
6	减振器操作注意事项	15		
7	后减振器拆装顺序	20		
8	整理与清洁	10		
	总计	100		

任务三　轮胎螺栓的更换

一、概述

　　汽车轮胎螺栓即为轮毂螺栓，常见的有头部T型螺栓和中部带垫双头螺栓两种。如图4-175所示，汽车轮胎双头螺栓与轮毂螺母相配套，固定车辆轮毂。

二、故障分析

　　在车辆的长期使用过程中，由于汽车轮胎螺栓松动或损坏，会导致汽车轮胎不能正常拆卸或轮胎松动，给车辆的正常行驶造成很大的影响，因此应及时对汽车轮胎螺栓进行检查，必要时更换汽车轮胎螺栓。

图4-175　轮胎双头螺栓与轮毂螺母

三、技术要求与标准

　　① 安装科鲁兹轿车配套的汽车轮胎螺栓。
　　② 车轮螺母的紧固力矩为140N·m。

四、实训教学目标

　　① 让学生了解汽车轮胎螺栓的重要性。
　　② 让学生掌握汽车轮胎螺栓的更换操作过程。

五、实训器材

　　扭力扳手、套筒、梅花扳手、棘轮扳手、车轮扳手等工具。

六、实训操作安排

根据每组2人左右的规模安排实训。

七、实训操作注意事项

① 拆卸轮胎时先略微松开固定车轮螺母,再用千斤顶将车辆局部升起。

② 使用千斤顶时要将千斤顶放置在车底两侧的卡槽内。

③ 拆卸车轮螺母用力方向:逆时针方向为松,顺时针方向为紧。

八、实训操作步骤

1. 拆卸程序

① 举升并支撑车辆。

② 拆下轮胎和车轮总成,如图4-176所示。

③ 拆下制动夹钳紧固螺栓,如图4-177所示。将制动钳作为一个总成拆下并用粗钢丝支撑总成,确保液压制动挠性软管没有承受张紧力。

④ 拆下制动盘螺钉,如图4-178所示。

图4-176 拆卸轮胎和车轮总成

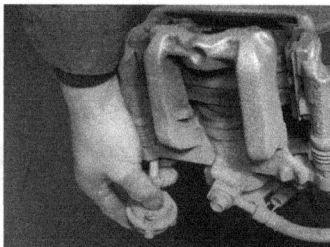

图4-177 拆卸制动夹钳紧固螺栓

图4-178 拆卸制动盘螺钉

⑤ 将制动盘从轮毂上拆下,如图4-179所示。

⑥ 将轴承轮毂转动至双头螺栓和转向节之间的最小干扰位置,然后使用铁锤将车轮双头螺栓从轴承轮毂上拆下并报废双头螺栓,如图4-180所示。

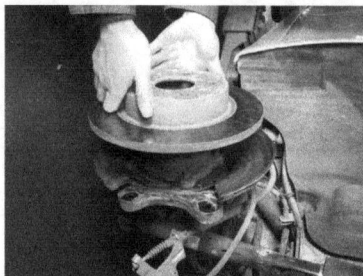

图4-179 拆卸制动盘

图4-180 拆卸双头螺栓

2. 安装程序

安装程序与拆卸程序相反，步骤如下。

① 如图4-181所示，将轴承轮毂转动至双头螺栓和转向节之间的最小干扰位置，然后将新车轮双头螺栓安装到轴承轮毂上。

② 安装制动盘，如图4-182所示。

图4-181 安装双头螺栓

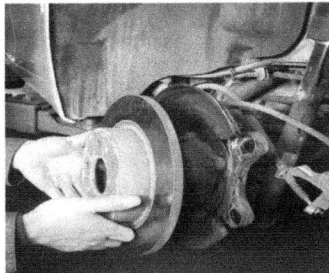

图4-182 安装制动盘

③ 安装制动盘螺钉，如图4-183所示。

④ 安装制动片和制动钳总成，如图4-184所示。确保液压制动挠性软管没有损坏。

⑤ 安装车轮和轮胎总成，如图4-185所示。确保轮胎螺母紧固到规定力矩。

图4-183 安装制动盘螺钉

图4-184 安装制动片和制动钳总成

图4-185 安装车轮和轮胎总成

九、思考与练习

① 汽车轮胎螺栓有哪几种类型？

② 简述如何更换汽车轮胎螺栓。

十、实训考评

序 号	考评内容	评 分	考 核	点 评
1	部件认识	10		
2	工具准备和使用	10		
3	固定螺栓的拆装顺序	10		
4	固定螺栓的正确拧紧力矩	10		

续表

序　号	考评内容	评　分	考　　核	点　评
5	轮胎螺栓的更换	15		
6	轮胎螺栓的故障处理	15		
7	轮胎螺栓的检查	20		
8	整理与清洁	10		
	总计	100		

任务四　轮胎与车轮的修理

一、概述

　　汽车轮胎与车轮总成，由车轮和轮胎两大部分组成，是汽车行驶系的重要部件。它直接与路面接触，和汽车悬架共同缓和汽车行驶时所受到的冲击，保证汽车有良好的乘坐舒适性和行驶平顺性，保证车轮和路面有良好的附着性，提高汽车的牵引性、制动性和通过性，承受汽车的重量，保持汽车行驶方向等。

1．车轮的功用和组成

　　车轮是介于轮胎和悬架之间承受负荷的旋转组件，其功用是安装轮胎，承受轮胎与悬架之间的各种载荷。车轮采用铝合金制造，一般由轮毂、轮辋和轮辐组成。

2．轮胎的功用和类型

　　（1）功用

　　现代汽车都采用充气式轮胎，轮胎安装在轮辋上，直接与路面接触，和汽车悬架共同缓和汽车行驶中所受到的冲击，并衰减由此而产生的振动，以保证汽车有良好的乘坐舒适性和行驶平顺性。

　　（2）类型

　　① 按轮胎内空气压力的大小，轮胎分为高压胎（0.5～0.7MPa）、低压胎（0.2～0.5MPa）和超低压胎（0.2MPa以下）三种。低压胎弹性好，减振性能强，壁薄且散热性好，与地面接触面积大且附着性好，因而广泛用于轿车上。超低压胎在松软路面上具有良好的通过能力，多用于越野汽车及部分高级轿车上。

　　② 按轮胎有无内胎，分为有内胎轮胎和无内胎轮胎（俗称真空胎）两种。目前轿车上普遍采用无内胎轮胎。

　　③ 按胎体帘布层结构的不同，轮胎分为斜交轮胎和子午线轮胎。目前，子午线轮胎在汽车上广泛应用。

二、 故障分析

车轮和轮胎常见故障形式包括：前车轮轮胎偏磨、轮胎中央磨损严重、轮胎对角线磨蚀、轮胎锯齿形磨损、车轮轮胎滚动噪声大、轮胎自身原因造成的跑偏等。在使用中应定期检查车轮轮胎，包括以下内容。

① 紧固轮胎螺母，检查气门嘴是否漏气、气门帽是否齐全，如发现损坏或缺少，应立即修理或补齐。

② 挖出轮胎夹石和花纹中的石子、杂物，如有较深伤洞，应用生胶填塞。特别是子午线轮胎，刺伤后若不及时修补，水气会进入胎体锈蚀钢丝帘线，造成早期损坏。

③ 检查轮胎磨损情况，如有不正常磨损或起鼓、变形等现象，应查找原因，予以排除。

④ 如须检查外胎内部，应拆卸解体；如有损伤，应及时修补。

⑤ 检查轮胎搭配和轮辋、挡圈、锁圈是否正常。

⑥ 检查轮胎（包括备胎）气压，并按标准补足。

三、 技术要求与标准

① 安装科鲁兹轿车所规定的车轮和轮胎。

② 按照厂家规定进行轮胎换位。

③ 车轮螺母紧固力矩为140 N·m。

四、 实训教学目标

① 让学生了解车轮和轮胎的重要性。

② 让学生了解车轮和轮胎故障特点。

③ 让学生了解车轮的维修。

④ 让学生掌握车轮和轮胎的拆装。

五、 实训器材

轮胎扳手、套筒、棘轮扳手、一字螺丝刀等工具。

六、 实训操作安排

根据每组4人左右的规模安排实训。

七、 实训操作注意事项

① 拆卸轮胎时先略微松开固定螺栓，再用举升机将车辆举升至指定的位置。

②拆卸轮胎螺栓，用力方向：逆时针方向为松，顺时针方向为紧。

③轮胎固定螺栓全部拧上之后再降下车辆。

④拧螺栓时要按对角线顺序拧上，切勿按顺时针或逆时针方向依次拧上。

八、实训操作步骤

1. 轮胎的检查

轮胎的检查主要是检查轮胎的磨损程度和轮胎气压，轮胎磨损程度的检查包括胎面花纹深度的检查和轮胎异常磨损的检查。

轮胎磨损过甚，花纹过浅，是行车重要的不安全因素。过度磨损的轮胎，除容易爆破外，还会使汽车操纵稳定性变差。汽车在雨中高速行驶时，由于不能把水全部从胎下排出，轮胎将会出现水滑现象，致使汽车失控。花纹越浅，水滑的倾向越严重。而轮胎（包括备胎）气压的检查对于行车也是非常重要的。轮胎气压不足，会导致轮胎过热，并因轮胎的接地面积不均匀而产生不均匀磨损或胎肩和胎侧快速磨损，缩短轮胎的使用寿命，同时会增加滚动阻力，加大油耗，而且影响车辆的操控，严重时甚至会引发交通事故；轮胎气压过高，则会使车身重量集中在胎面中心上，导致胎面中心快速磨损，不但会缩短轮胎的使用寿命，而且会降低车辆的乘坐舒适性。

（1）胎面花纹深度的检查

轿车轮胎胎冠上的花纹磨损至花纹深度小于1.6mm（磨损标志），应停止使用。轮胎花纹深度可用深度尺进行测量，如图4-186所示。

（2）轮胎异常磨损的检查

如图4-187所示，检查轮胎的异常磨损，可以发现故障的早期征兆和原因，以便及时排除影响轮胎寿命的不良因素，防止早期磨损和损坏。

图4-186 胎面花纹深度的检查	图4-187 轮胎异常磨损的检查	图4-188 轮胎气压的检查

（3）轮胎气压的检查

轮胎气压可用气压表进行检查，如图4-188所示。检查时应参看车辆左前门中柱上的气压维修参数。

2.　车轮漏气孔的维修

① 拆下轮胎和车轮。

② 根据轮胎上标明的制造商规定压力给轮胎充气。

③ 将轮胎/车轮浸入水中，以查找泄漏部位。

④ 在车轮上标记泄漏部位。

⑤ 在轮胎气门杆处设置标记，以表示轮胎相对于车轮的方向。

⑥ 将轮胎从车轮上拆下。

⑦ 使用砂纸打磨泄漏部位的轮辋表面内侧。

⑧ 使用通用清洁剂清洁泄漏部位。

⑨ 在泄漏部位涂抹3mm厚度的黏合剂/密封胶。

⑩ 等待黏合剂/密封胶干燥。

⑪ 将车轮上的气门杆对准轮胎上的标记。

⑫ 将轮胎安装至车轮。

⑬ 将轮胎充气至276kPa。

⑭ 将轮胎/车轮浸入水中，以确认泄漏部位已被密封。

⑮ 根据轮胎标签上标明的规定压力给轮胎充气。

⑯ 平衡轮胎和车轮。

⑰ 安装轮胎。

3.　轮胎的拆卸和安装

① 轮胎完全放气。注意：使用带有轮辋夹的换胎机。

② 使用换胎机将轮胎从车轮上拆下。

③ 使用钢丝刷或粗钢丝棉清除车轮胎圈座上的橡胶和轻度锈蚀。注意：安装轮胎时应使用规定的轮胎安装润滑油。切勿使用硅基或腐蚀性化合物来润滑轮胎胎圈和轮辋。

④ 将许可的润滑油涂在轮胎胎圈和轮辋上。

⑤ 使用换胎机将轮胎安装至车轮。

⑥ 将轮胎充气至合适的气压。

⑦ 确保在轮胎的两侧均可看见定位环，以确认胎圈完全嵌入车轮内。

九、思考与练习

① 汽车轮胎与车轮的作用是什么？

② 简述车轮的功用和组成。

③ 简述轮胎的功用和类型。

④ 简述轮胎的检查步骤。

⑤ 简述车轮漏气孔的维修步骤。

十、实训考评

序　号	考评内容	评　分	考　核	点　评
1	部件认识	10		
2	工具准备和使用	15		
3	轮胎的检查	15		
4	车轮漏气孔的维修	15		
5	轮胎的拆卸和安装	15		
6	轮胎与车轮操作注意事项	15		
7	整理与清洁	15		
	总计	100		

任务五　车轮动平衡检验

一、概述

　　动平衡指的是平均分配转动质量，在做动平衡的过程中，轮胎是旋转的。轮胎动平衡要在平衡机上做。如果轮胎失衡，在旋转的时候就有向一边移动的趋势。车轮动平衡检测仪如图4-189所示，其专用卡尺如图4-190所示。目前应用最多的是硬式二面测定车轮动平衡检测仪。该动平衡检测仪一般由驱动装置、转轴与支承装置、显示与控制装置、制动装置、机箱和车轮防护罩等组成。驱动装置一般由电动机、传动机构等组成，可驱动转轴旋转。转轴由两个滚动轴承支承，每个轴承均有一个能将动反力变为电信号的传感器。转轴的外端通过锥体和大螺距螺母等固装被测车轮。驱动装置、转轴与支承装置等均装在机箱内。车轮防护罩可防止车轮旋转时其上的平衡块或花纹内夹杂物飞出伤人。制动装置可使车轮停转。

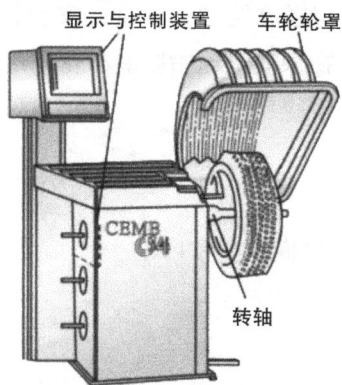

图4-189　车轮动平衡检测仪

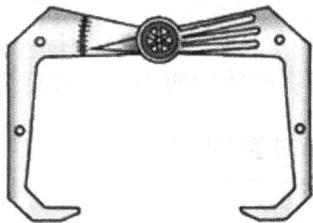

图4-190　车轮动平衡检测仪的专用卡尺

二、故障分析

　　动平衡不好的车轮在汽车行驶时，会引起晃动或摆动，在特定速度下晃动或摆动会非常

明显。不平衡的车轮不仅会加剧其本身的磨损，而且会对转向系、行驶系和传动系等其他部件产生影响。车轮不平衡的主要原因如下。

① 车轮碰撞造成的变形引起质心位移，轮毂、制动鼓（盘）加工时轴心定位不准、加工误差大、非加工面铸造误差大、热处理变形、使用中变形或磨损不均。

② 轮胎螺栓质量不等，轮辋质量分布不均，或径向圆跳动、端面圆跳动太大。

③ 轮胎质量分布不均，尺寸或形状误差太大，使用中变形或磨损不均，使用翻新胎或补胎。

④ 并装双胎的充气嘴未相隔 180°安装，单胎的充气嘴未与不平衡点标记（经过平衡试验的新轮胎，往往在胎侧标有红、黄、白或浅蓝色的□、◇、○符号，用来表示不平衡点位置）相隔180°安装。

⑤ 高速行驶中制动抱死而引起的纵向和横向滑移，会造成局部的不均匀磨损。

⑥ 前轮定位不当，尤其是前束和主销倾角，不仅会影响汽车的操纵性和行驶稳定性，而且会造成轮胎偏磨，这种胎冠的不均匀磨损与轮胎不平衡形成恶性循环，因而使用中出现车轮不平衡，也可能是车轮定位角失准的信号。

三、技术要求与标准

① 安装科鲁兹轿车所规定的车轮和轮胎。
② 要求车轮的不平衡量小于5g。
③ 要求正确使用动平衡检测仪，以及快速清除车轮的不平衡量。

四、实训教学目标

① 让学生正确使用动平衡检测仪，检测车轮的动平衡及修正车轮的不平衡。
② 让学生熟练掌握动平衡检测仪的使用，快速修正车轮的不平衡。

五、实训器材

车轮动平衡检测仪、平衡块、气压表以及平衡块安装钳等工具。

六、实训操作安排

根据每组2人左右的规模安排实训。

七、实训操作注意事项

① 轮胎要正确安装，并用快速螺母锁止住。
② 安全操作车轮动平衡检测仪。

八、实训操作步骤

① 清洁被测车轮上的泥土、石子和旧平衡块。

② 检查轮胎气压并调到规定值。

③ 根据轮辋中心孔的大小选择合适的锥体，装上车轮，锁紧在转轴上。

④ 打开电源开关，检查显示与控制装置面板显示是否正确。

⑤ 如图4-191所示，用卡尺测量轮辋宽度b、直径d，用平衡机上的标尺测量轮辋边缘到机箱的距离a；再用输入或选择器旋钮对准测量值的方法，将a、b、d数值输入显示与控制装置中去。

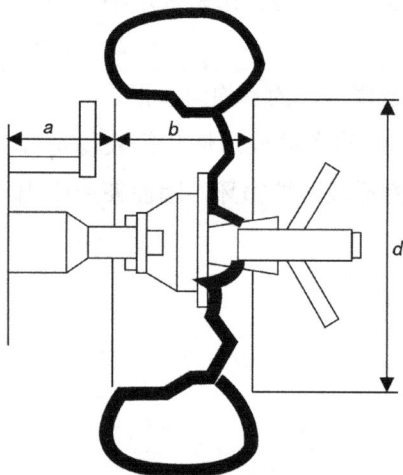

⑥ 放下车轮防护罩，按启动键，自动采集数据。

⑦ 运行完毕，按停止键，操纵制动装置，使车轮停转，然后从显示装置读取车轮内外不平衡量和不平衡位置信息。

⑧ 抬起车轮防护罩，用手转动车轮，当显示装置显示时停止转动。在轮辋内侧或外侧的顶部正中央加装平衡块。内、外侧要分别进行，平衡块装卡要牢固。

⑨ 安装新平衡块后，应重新进行平衡试验，直到不平衡量小于5g，显示装置显示"00"或"OK"时为止。当不平衡量相差10g左右时，如能沿轮辋边缘前后移动平衡块一定角度，将可获得满意的平衡效果。

图4-191　车轮在动平衡检测仪上的安装

⑩ 测试结束，关闭电源开关。

九、思考与练习

① 动平衡的概念是什么？

② 做轮胎平衡时的注意事项是什么？

③ 简述轮胎平衡的故障分析。

④ 轮胎不平衡如何检测？

十、实训考评

序　号	考 评 内 容	评　分	考　核	点　评
1	工具的准备与使用	10		
2	拆下车轮，清除车轮上的平衡块及异物	10		
3	车轮动平衡检测仪开机、检验准备	15		
4	车轮定位夹紧	15		

续表

序　　号	考评内容	评　分	考　　核	点　评
5	车轮动平衡检测仪校准操作	20		
6	取下车轮，安装到车上	15		
7	整理与清洁	15		
	总计	100		

任务六　四轮定位仪的使用

一、概述

汽车的转向车轮、转向节和前轴三者之间的安装具有一定的相对位置，这种具有一定相对位置的安装叫做转向车轮定位，也称前轮定位。前轮定位包括主销后倾（角）、主销内倾（角）、车轮外倾（角）和车轮前束四项内容。

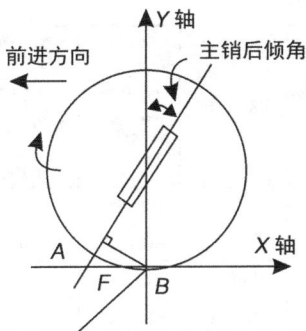

① 如图4-192所示，主销后倾角保持汽车直线行驶的方向稳定性，使转向车轮自动回正。

② 如图4-193所示，主销内倾角使转向车轮自动回正，转向轻便。

图4-192　主销后倾角

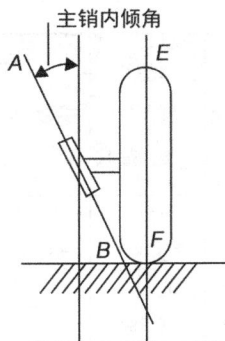

图4-193　主销内倾角

③ 如图4-194所示，车轮外倾角使汽车转向轻便，提高车轮工作的安全性。

④ 如图4-195所示，车轮前束消除外倾角使车轮滚动时的外张趋势，减少轮胎磨损和燃料消耗。

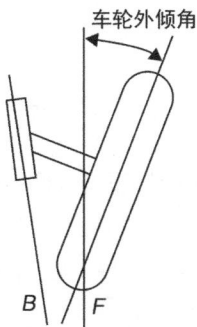

图4-194　车轮外倾角

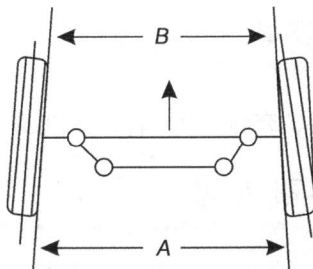

图4-195　车轮前束

二、故障分析

在车辆的长期使用过程中，由于汽车底盘车桥、悬架等部件产生磨损、变形等异常情况，会使汽车车轮定位角度发生变化，造成汽车行驶性能和操控性能下降。因此，应及时修复或更换损伤机件，并进行车轮定位的检查或调整。通常汽车车轮定位的检查或调整，是在车轮定位仪上进行的。

三、技术要求与标准

① 汽车在空载条件下，方可进行车轮定位的检查或调整。

② 轮胎气压要符合规定要求。

③ 汽车悬架系统性能正常。

④ 同一车辆的两侧轮胎花纹深度差不超过2mm。

⑤ 四轮定位参数见表4-5。

表4-5　四轮定位参数

悬架系统	车轮外倾角	车轮外倾角差（左-右）	主销后倾角	主销后倾角差（左-右）	方向盘转角	推力角	总车轮前束	前轮前束与内侧车轮偏移20°的偏差	外侧车轮偏移20°内侧车轮偏移
前	−0.27°±0.75°	0.0°±1.00°	4.65°±0.75°	0.00°±1.00°	0.00°±1.50°	—	0.105°±0.167°	18.50°±0.75°	1.51°±0.75°
后	−1.25°±0.50°	0° 0°±0.58°	—	—	—	0.00°±0.208°	0.15°±0.417°	—	—

四、实训教学目标

① 让学生了解四轮定位的作用。

② 让学生了解四轮定位的检查与调整。

③ 让学生掌握相关操作方法。

五、实训器材

扭力扳手、套筒、调整杆、开口扳手、轮胎花纹深度尺、轮胎气压表、四轮定位仪等工具。

六、实训操作安排

根据每组4人左右的规模安排实训。

七、实训操作注意事项

① 首先应设专人操作、保养、维修举升设备，遵守操作规程进行升降。

② 汽车停放的位置应使其重心接近工作平台的重心。

③ 严禁超载运行。

④ 工作平台升降过程中，任何人员不得滞留于工作平台上或工作平台下方。

⑤ 禁止设备在故障情况下运行。

⑥ 只有在确定四个安全挂钩都挂上后，人员方可进入工作区。

⑦ 在工作平台上停留的汽车必须拉紧手刹及垫好防滑支座。

⑧ 举升机使用一段时间后，钢丝绳会被不同程度地拉长，以致引起工作平台不平及四个挂钩不能同步挂上，此时应及时调整钢丝绳的长度。

八、实训操作步骤

1. 准备

① 检查轮胎充气是否正确以及有无不规则磨损。

② 检查车轮和轮胎的径向跳动量。

③ 检查车辆的高度是否一致。

④ 将车辆正向平稳驶入举升平台，确定车辆前轮定位于电子转角盘中央位置。

⑤ 如图4-196所示，安装夹具，根据所测车辆的车轮尺寸对夹具进行调整。首先调整下方两个尼龙爪到合适的位置，然后调节两个夹臂的伸出长度。先将下方的两个尼龙爪顶在钢圈凸起的外沿，然后松开上方尼龙爪的旋钮，调整它的位置，使之也顶在钢圈凸起的外沿，再拧紧旋钮。用两手同时推动夹具上的活动杆，使夹臂能够卡在轮纹内，然后挂上安全钩，检查夹具是否安装牢固。

⑥ 安装定位仪。将四个传感器按照对应车轮的位置安装到夹具上。注意在传感器的定位轴上要涂抹稀的润滑油（不能涂黄油），以防止长时间插拔后造成定位轴磨损，无法准确安装到位，影响测量精度。连接通信电缆和转角盘电缆。把电缆插头上的箭头和插座上的箭头标记对好之后，就可以直接插入。四根电缆的差别只是长度不同，两根6.5m的电缆用来连接定位仪和两个前轮上的传感器，两根4.5m的电缆用于前后传感器之间互相连接。每个传感器上有3个插座，上面两个是完全一样的，最下面的一个用来连接转角盘。电缆连接好之后，拔掉转角盘和后滑板上的固定销。将车辆举升后落到举升机最低一格的安全锁止位置，以保证举升平台处于水平状态。定位仪开机，传感器上的电源指示灯亮，按R键或相应的位置键激活各个传感器，把传感器放水平后拧紧固定旋钮，如图4-197所示。

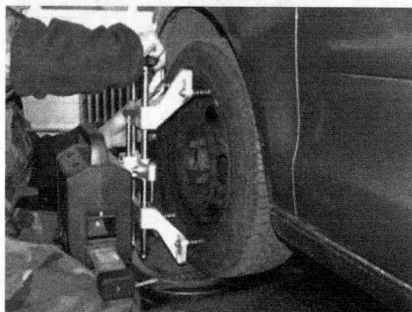

图4-196 安装夹具

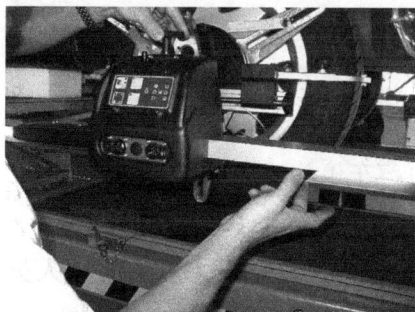

图4-197 拧紧水平固定旋钮

2. 操作定位仪

① 开机进入测量程序。

② 输入登记表格。其中包含了各项客户信息，可以任意选择要输入的项目，并且将来可以根据所输入的项目调出此次测量结果数据。一般可以根据车辆牌照号或维修单编号输入相应条目，以便将来调取。输入信息可以是英文字母或数字，没有汉字输入。填完表格之后，按F3键进入车型选择界面。选择对应所测车辆的车型之后，如果需要做偏位补偿，则按F3键断续，否则按F4键停止。

③ 偏位补偿。如果所使用的夹具是快速夹具，则只有在钢圈损坏程度较严重时，才需要做偏位补偿（对于Audi A6 或Passat B5，测量前必须做偏位补偿）；如果所使用的是自定心夹具，则对所有车辆必须做偏位补偿。

④ 调整前检测。安装好定位仪设备附带的刹车锁。进入调整前检测步骤，屏幕上会出现转向盘对中提示图案。绿色区域表示可以接受的范围，但是在绿色区域左右两侧的测量结果会相差5′左右。因此，最好将箭头对正绿色区域的中间黑线处。打转向盘的顺序为：先对中，然后向右20°，再向左20°，接着对中。此时屏幕上出现测量得到的前轮前束。按F3键进入测量最大总转角的步骤，使用电子转角盘的定位仪可以通过这个步骤自动测量出最大总转角。先对中转向盘，然后按照屏幕提示，取下两个前部传感器。待屏幕上显示出测量等待画面后，连续向右打转向盘，直到打不动为止，然后稳定住不松手。等到测量结束后，再连续向右打转向盘，直到打不动为止，然后稳定住不松手。等到测量结束后，屏幕自动显示出所有的测量数据。再装上两个前部传感器，如果测量出的数据中，可调数据有超出允许范围的，则可进入定位调整的步骤。

⑤ 定位调整。做定位调整前，先用转向盘锁将转向盘固定成水平状，再升起举升机到适合调整的高度，将举升机锁止在水平安全位置。将四个传感器调整为水平状态，再操作定位仪进入定位调整操作。调整程序会先显示车辆后轴参数的测量值，如果车辆后轴参数是可调的（多数车辆的后轴定位参数是不能调整的），则可参照屏幕上显示的数据进行调整，屏幕会随时显示当前调整后的参数数据。后轴定位参数调整完后，按F3键可进入前轴调整步骤。前轴外倾角的调整按照车辆底盘的结构可分为两种，一种是需要举升前轴使前轴车轮悬

空才能调整外倾角，另一种是不需要举升前轴就可调整外倾角。

对于需要举升前轴调整外倾角的车辆，其定位调整的步骤如下。

◆ 按F3键直到屏幕上出现前轴调整画面。此时屏幕上同时显示出前轴的五个定位参数值，它们分别是左、右轮外倾角，左、右轮前束，前轮总前束。然后按F7键，屏幕上出现提示语句，提示用户此时可以用二次举升器将车辆的前轴举起。用二次举升器将车辆前轴举起后，再按F3键，此时屏幕显示左、右轮外倾角的数据。这样就可以按照屏幕显示的数据进行外倾角的调整了。

◆ 调整完左、右轮的外倾角后，按F3键，则屏幕上出现"现在可以将二次举升放下"的提示，此时可以放下二次举升，当车辆前轮在举升机平台上落稳之后，拽住车辆前轴的悬架部分，下拉几次，以使车辆前轴的悬挂复位。车辆放好之后，再按F3键，此时屏幕又重新显示前轴调整画面。

◆ 在前轴调整画面下，按照显示的左、右轮前束值调整左、右轮前束。当左、右轮前束和总前束都调整好后，按F4键结束定位调整过程。

对于不需要举升前轴调整外倾角的车辆，则可在前轴调整画面下，按照先调外倾角、再调前束的顺序，参照屏幕上实时显示的各参数值，分别调整左、右外倾角和左、右前束值。调整好之后，按F4键结束定位调整过程。

⑥ 调整后检测。将举升机降回到调整前测量时的高度，将举升机锁止在水平安全位置。进入调整后检测步骤，此时屏幕上显示出当前两前轮的单独前束值。按F3键，其余步骤与调整前检测的步骤相同。如果在此步骤中显示的两前轮的单独前束值与定位调整过程中调整好的前束值有较大差别，原因可能是在调整结束后，将车辆落下来的过程中，转向盘位置发生了改变，导致两前轮的位置改变。因此每个车轮的单独前束值会与定位调整时的值不同，但前轮总前束不会改变。但由于进入调整后检测时所显示的前轮单独前束值会被记录，并在最后的测量结果中显示出来，使得调整结果报告中的前轮单独前束值有可能为不合格。而实际情况是前轮总前束是合格的，只是因为转向盘没有对中而导致单独前束值处在允许范围之外。为防止这种情况出现，在调整后检测步骤中，如果发现所显示的每个车轮的单独前束值与定位调整时的值有较大不同，可按F3键，直到屏幕上出现对中转向盘的图示后，依图示对中转向盘。然后按F4键退出调整后检测步骤，再重新进入调整后检测步骤。此时因为有了前一步的转向盘对中，所以屏幕上显示的应为转向盘对中情况下的前束值，这正是我们所需要的值。如果这时的前束值在允许范围之内，则表明定位调整合格；如果此时前束值仍不合格，则表明上一步的定位调整没有做好，还需要再回到定位调整步骤中进行一遍调整。最后所显示的测量调整结果报告给出了调整前测量值、标准值以及调整后测量值，以调整后测量值为最终结果。因此，如果在调整后测量值中，存在可以调整的参数的数据不合格，则还需要返回到定位调整步骤重新进行调整。将光标移动到测量调整结果报告中的打印机图标位置，然后按回车键确认，就可打印出完整的测量调整结果报告。

⑦ 拆下传感器传输线及快速夹紧装置，然后放到四轮定位仪两侧的支架上。

⑧ 最后将车辆移出举升平台，盖上转向盘盖板。

3. 调整与维修

① 前轮外倾角不可调整。如果前轮外倾角不在规定范围内，则检查悬架支座是否错位或前悬架是否损坏。如有必要，更换损坏的悬架部件。

② 前轮主销后倾角不可调整。如果前轮主销后倾角不在规定范围内，则检查悬架支座是否错位或前悬架是否损坏。如有必要，更换损坏的悬架部件。

③ 后轮主销后倾角不可调整。如果后轮主销后倾角不在规定范围内，则检查悬架支座是否错位或后悬架是否损坏。如有必要，更换损坏的悬架部件。

④ 后轮外倾角不可调整。如果后轮外倾角不在规定范围内，则检查悬架支座是否错位或后悬架是否损坏。如有必要，更换损坏的悬架部件。

⑤ 车轮前束。

◆ 如图4-198所示，松开转向横拉杆防松螺母（1），通过转动调节器（2）来调整前束值。

◆ 根据四轮定位仪的屏幕"∇"显示，转动调整前束调节器。当"∇"指示光标位于显示条的中间位置时，停止转动前束调节器并锁紧防松螺母。

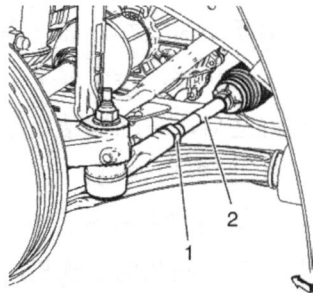

图4-198 调整前束值

九、思考与练习

① 什么是转向车轮定位？
② 车轮定位的注意事项是什么？
③ 简述车轮定位的故障分析。
④ 简述车轮定位的检查与调整。

十、实训考评

序 号	考评内容	评 分	考 核	点 评
1	定位仪的认识	10		
2	定位仪的使用	10		
3	定位的准备工具	10		
4	定位仪的故障处理	10		
5	四轮定位的操作注意事项	15		
6	四轮定位的操作准备步骤	15		
7	四轮定位的调整步骤	20		
8	整理与清洁	10		
总计		100		

第五章　电器设备、空调的保养与维护

项目一　发电机、空调压缩机与助力泵传动带的检查与更换

一、概述

发动机作为汽车的唯一动力源，汽车的其他附件（如动力转向泵、交流发电机和空调压缩机电动机等）需要发动机的曲轴通过传动带驱动。发动机附件所用的传动带有两种：V带和多楔带（蛇形带）。由于多楔带传动负载大、弯曲性好、磨损小，所以目前大多数汽车的发动机附件都以带自动张紧滚轮的多楔带传动。使用带自动张紧滚轮的传动带有以下优点：

① 运行中无须维护；

② 多楔带无须调整张力，因为张紧滚轮可以自动调整带的张力；

③ 所有附件组件都牢固地固定在坚固的支架上，更换多楔带时，无须松开这些组件。

二、故障分析

橡胶是传动皮带的重要成分，而橡胶产品的老化不可避免。如果检查维护不恰当，如皮带过松、过紧或老化仍继续使用，除了会引起异响和皮带寿命大大缩短外，还会使相关的附件工作不正常或停止工作，影响汽车的正常工作。

三、技术要求与标准

传动皮带属于易损件，应定期检查。通用汽车传动皮带的更换周期一般为10年或150000公里。日常检查过程中如发现裂纹或破损，应及时更换。

四、实训教学目标

① 让学生了解汽车传动皮带的检查与更换注意事项。

② 让学生掌握汽车传动皮带的检查与更换方法。

③ 锻炼学生的团队协作和动手能力。

五、实训器材

此次实训所需主要设备与工具分别为套筒扳手、十字螺丝批、毛巾、抹布等。

六、 实训操作安排

根据每组4人左右的规模安排实训。

七、 实训操作注意事项

① 润滑油脂会加速橡胶的老化进程。因此，在拆卸、安装传动皮带时，如果手上沾有油脂，应擦拭干净再进行操作。

② 对于附件皮带而言，它们是利用皮带两侧边与带轮之间的摩擦来实现传动的。因此，安装张力的大小将直接影响传动皮带的使用状态：张力过小会引起皮带打滑，打滑不仅会加剧皮带两侧边的磨损，而且打滑产生的热量积聚也会加速皮带的老化进程；安装张力过大，将有可能导致皮带分层，进而丧失工作能力。

③ 严禁在拆卸、安装皮带的过程中使用工具撬传动皮带。

④ 安装皮带时注意使皮带各保持在同一传动平面的传动附件的同面度和同轴度。

八、 实训操作步骤

这里以科鲁兹轿车为例进行介绍。

① 施工前准备工作。

◆ 停放好车辆并拉紧驻车制动器，如图5-1、图5-2所示。

图5-1 停好车辆

图5-2 拉紧驻车制动器

◆ 开启发动机前盖开关，打开发动机前盖并确保支撑杆支撑到位，如图5-3、图5-4所示。

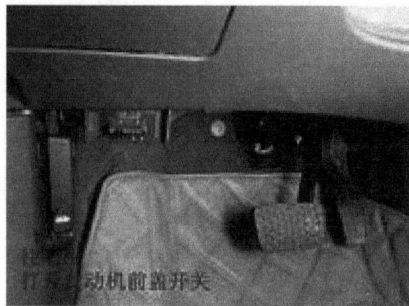

图5-3 开启发动机前盖开关

图5-4 确保支撑杆支撑到位

◆ 准备维修实训作业相关的保护装置和实训工具及用品，如图5-5．图5-6所示。

图5-5 准备实训作业相关的保护装置

图5-6 准备实训工具及用品

② 观察传动皮带的布置情况，并确定拆解方案。

③ 拆卸遮挡皮带的相关附件，拆卸皮带前先记下皮带绕向，如图5-7、图5-8所示。

图5-7 拆卸遮挡皮带的相关附件

图5-8 拆卸皮带前记下皮带绕向

④ 如图5-9所示，沿箭头所指方向，通过调节螺栓凸出部分逆时针向皮带张紧器施加张紧力，并使其慢慢往回滑。正常情况下张紧器往回滑至原始位置。诊断包括自动皮带张紧器的功能检查和皮带及连接至皮带的零部件的目视检查，如图5-10所示。

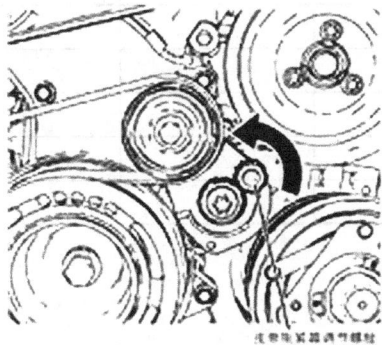

图5-9 向皮带张紧器施加张紧力

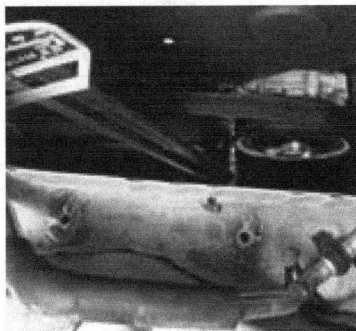

图5-10 诊断

⑤ 再次沿逆时针方向，从皮带张紧器调节螺栓向传动皮带张紧器施加张紧力，并用专用锁销将其锁止。

⑥ 记下传动皮带绕向并拆下传动皮带，检查其磨损情况，如图5-11所示。

⑦ 安装按拆卸的相反顺序进行。安装时注意在套上皮带后应确保传动皮带被定位在发电机皮带轮、曲轴扭转减振器、传动皮带张紧器和水泵皮带轮上。传动皮带必须位于法兰和法兰之间的水泵皮带轮上。对位后应使张紧器慢慢往回滑，同时拆下专用锁销，如图5-12所示。

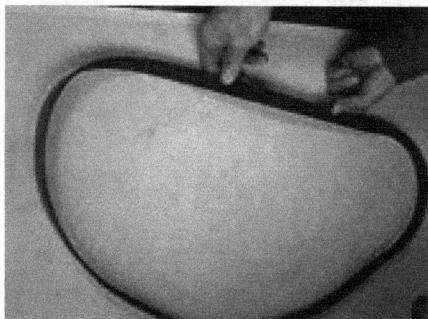

图5-11　检查传动皮带磨损情况

图5-12　拆下专用锁销

九、思考与练习

① 如何判断发动机传动带的好坏？

② 在拆装发动机传动带时应该注意什么？

十、实训考评

序　号	考评内容	评　分	考　核	点　评
1	相关部件的认识	10		
2	维修实训准备工作	10		
3	工具的准备与使用	10		
4	发动机传动带的选用	20		
5	发动机传动带更换的注意事项	20		
6	正确安装	20		
7	整理与清洁	10		
	总计	100		

项目二　蓄电池的定期维护与检查

一、概述

蓄电池俗称"电瓶"，是一种将化学能转换为电能的装置，是一种可逆的直流电源。在它汽车上与发电机并联，向全车用电设备供电。常见的普通铅酸蓄电池和免维护蓄电池如图5-13和图5-14所示，蓄电池的作用有：

① 起动发动机时，给起动机供电；

② 当发电机过载时，可以协助发电机向用电设备供电；

③ 当发电机不发电或电压较低（低于蓄电池端电压）时，向用电设备供电；

④ 当发电机端电压高于蓄电池的电压时，将一部分电能转变为化学能储存起来，也就是对蓄电池进行充电。

图5-13　普通铅酸蓄电池

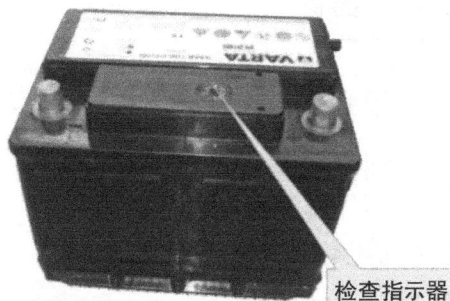

检查指示器

图5-14　免维护蓄电池

二、故障分析

蓄电池如果不经常检查与维护，常会因为蓄电池液过少或电池极桩头过脏而引发自行放电、极板硫化、极板活性物质大量脱落、极板短路等故障，从而影响汽车的正常起动和相关电器设备的使用。

三、技术要求与标准

现在的蓄电池一般为免维护蓄电池，车辆闲置超过4周会导致蓄电池放电，应从车上断开蓄电池负极接线柱。对于全密封型免维护蓄电池，由于无加液孔，所以不能采用传统的密度计来测量电解液密度以判断其技术状况。为此，通过顶端的检查孔观察其颜色来判断蓄电

池的技术状况，如图5-15所示。更换蓄电池时，应使用额定值相近的蓄电池，参见原装蓄电池上的蓄电池规格标签。

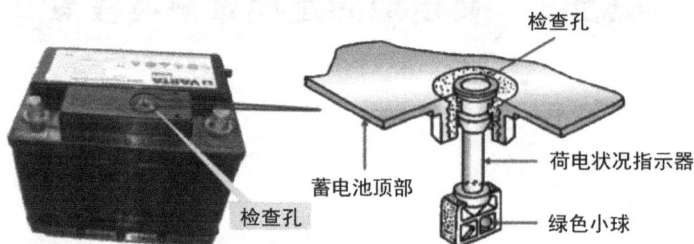

图5-15 免维护蓄电池的检查

四、实训教学目标

① 让学生了解蓄电池的定期维护与检查注意事项。

② 让学生掌握蓄电池的定期维护与检查方法。

③ 锻炼学生的团队协作和动手能力。

五、实训器材

此次实训所需主要设备与工具分别为十字螺丝批、毛巾、抹布、气枪等。

六、实训操作安排

根据每组4人左右的规模安排实训。

七、实训操作注意事项

① 更换蓄电池前，点火和起动开关必须置于"OFF"（关闭）或"LOCK"（锁止）位置，并且所有电器负载必须关闭，除非操作程序中另有说明。

② 对于装备带备用蓄电池的安吉星（UE1）的车辆，备用蓄电池是一个冗余电源，一旦车辆主蓄电池中断向车辆通信接口模块（安吉星模块）供电，它将允许受限制的安吉星工作。将点火开关置于"OFF"（关闭）以外的其他任何位置时，不得断开车辆主蓄电池或拆下安吉星熔丝。断电之前，应允许保持型附件电源（RAP）超时或停用（只要打开驾驶员车门就可停用保持型附件电源）。点火开关置于"ON"（打开）位置或保持型附件电源启动时，以任何方式断开安吉星模块电源均会导致安吉星备用蓄电池（BUB）系统启动和放电，并会永久性地损坏备用蓄电池。备用蓄电池一旦启用就会一直工作，直到完全放电完毕。备用蓄电池不可充电，一旦启用就必须在使用后更换。

八、实训操作步骤

这里以科鲁兹轿车为例进行介绍。

① 施工前准备工作。

◆ 停放好车辆并拉紧驻车制动器，如图5-16、图5-17所示。

图5-16 停好车辆

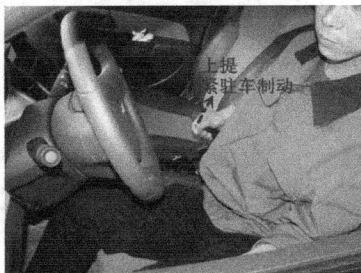

图5-17 拉紧驻车制动器

◆ 开启发动机前盖开关，打开发动机前盖并确保支撑杆支撑到位，如图5-18、图5-19所示。

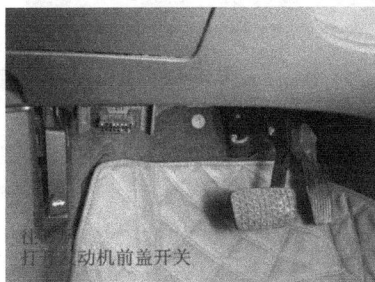

图5-18 开启发动机前盖开关

图5-19 确保支撑杆支撑到位

◆ 准备维修实训作业相关的保护装置和实训工具及用品，如图5-20、图5-21所示。

图5-20 准备实训作业相关的保护装置

图5-21 准备实训工具及用品

② 打开收音机并记录所有的客户预设电台，确保所有车灯和附件关闭，将点火开关置于"OFF（关闭）"位置，拔出点火钥匙。

③ 打开蓄电池正、负极保护罩盖，如图5-22、图5-23、图5-24所示。

④ 分别松开蓄电池负、正极连接电缆和连接到起动机的蓄电池正极电缆，如图5-25、图5-26所示。

图5-22 打开蓄电池罩盖（1）　　图5-23 打开蓄电池罩盖（2）　　图5-24 打开蓄电池罩盖（3）

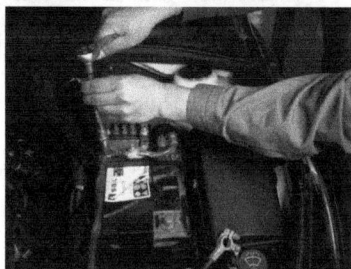

图5-25 松开蓄电池连接电缆　　　图5-26 松开连接起动机的蓄电池正极电缆

⑤ 拆下蓄电池压板紧固件螺母，将蓄电池压板紧固件从蓄电池托架上拆下。

⑥ 蓄电池的充电。

蓄电池的充电方法有定流充电、定压充电和脉冲快速充电三种。

◆ 定流充电。

蓄电池在充电过程中，充电电流保持恒定不变的充电方法称为定流充电。由于充电过程中蓄电池电动势逐渐升高，因此充电过程中要不断调整充电电压。当充到蓄电池单格电压升到2.4V（电解液开始冒气泡）时，再将充电电流减小一半后保持恒定，直到蓄电池完全充足。

定流充电时，被充电的蓄电池采用串联接法，如图5-27所示。

◆ 定压充电。

在充电过程中，加在蓄电池两端的充电电压保持恒定不变的充电方法，称为定压充电。

定压充电的特点是：充电开始时，充电电流很大，随着蓄电池电动势的不断提高，充电电流逐渐减小，充电终了，充电电流将自动减小到零。

定压充电具有充电时间短、充电过程中不需要调整充电电压的特点，因此适合于蓄电池的补充充电。定压充电时，蓄电池采用并联接法，如图5-28所示。

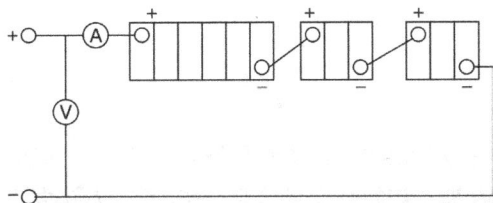

图5-27 定流充电时蓄电池的连接

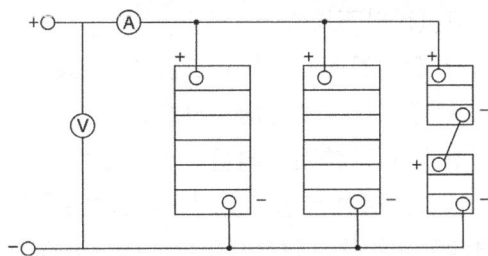

图5-28 定压充电时蓄电池的连接

◆ 脉冲快速充电。

脉冲快速充电法也称分段充电法。充电初期采用大电流，使电池在较短的时间内达到额定容量的60%左右，当单格电压上升到2.4V，电解液开始分解冒出气泡时，在充电设备的控制下，进行脉冲充电。

脉冲快速充电法的优点是：充电速度快，可缩短充电时间；增加蓄电池容量，极板去硫化明显。缺点是：出气率高，即充电过程中产生大量的气泡，对极板活性物质的冲刷力强，易使活性物质脱落，对蓄电池的使用寿命有一定的影响。

⑦ 免维护蓄电池的检查。

对于全密封型免维护蓄电池，由于无加液孔，所以不能采用传统的密度计来测量电解液密度以判断其技术状况。为此，通过顶端的检查孔观察其颜色来判断蓄电池的技术状况，如图5-29所示。

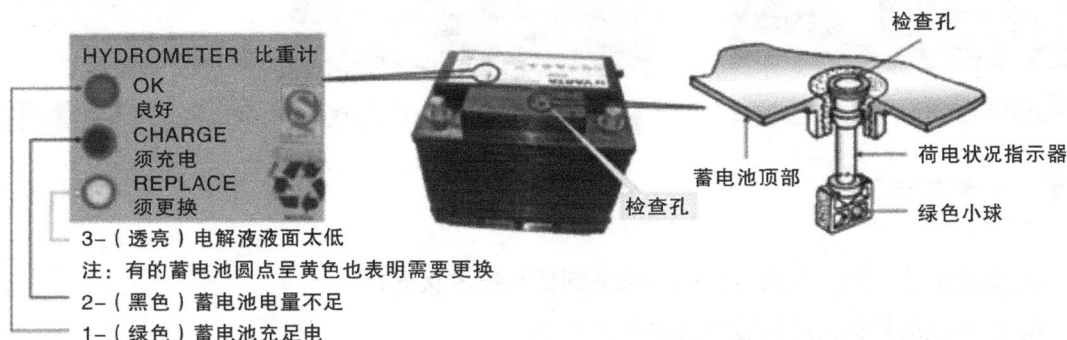

图5-29 免维护蓄电池的检查

⑧ 安装按拆卸相反的顺序进行。安装完成后插入点火钥匙将点火开关转至"ON（打开）"位置。设置客户所有的收音机预设电台并将收音机时钟设置为当前时间。然后对各电气系统进行易失性存储器编程。具体步骤如下。

◆ 电动车窗升降器。

将所有车窗移到最高位置，并且按住开关2秒钟。

◆ 滑动天窗。

将滑动天窗移到相应一侧的停止点，重新校准传感器。

◆ 初始化方向盘转角传感器。

无电子稳定程序，但有电子动力转向系统的车辆，为确保电子动力转向系统的正确初始

化，应执行以下操作：

◆ 发动机应在车辆处于静止状态的情况下运行；

◆ 逆时针转动方向盘直至其停止；

◆ 顺时针转动方向盘直至其停止。

警告：对具有电子动力转向系统和不具有车辆稳定性增强程序的车辆，务必在每次断开蓄电池后初始化方向盘转角传感器。方向盘转角传感器未初始化可能会限制电子动力转向系统的运行并导致人身伤害。

⑨ 用蓄电池高功率放电计测量蓄电池端电压。

方法如下：关闭点火开关；将高功率放电计的红色鳄鱼夹与蓄电池的正极相连，黑色鳄鱼夹与蓄电池的负极相连，如图5-30所示；按压高功率放电计测试开关并保持5～10秒后放开，待测试仪上的指针静止不动后读出读数（图5-31），此读数即为蓄电池的端电压值。

如电压值大于11.5V，表明蓄电池状态良好。

如电压值在9.5～11.5V，则表明蓄电池状态较好。

图5-30　连接高功率放电计

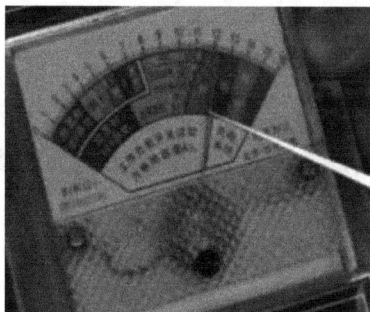

指针指在"好"的位置，表明蓄电池状态良好

图5-31　读取蓄电池端电压值

九、思考与练习

① 免维护蓄电池一般通过什么方法来判断其技术状况？

② 拆蓄电池极桩的时候应该注意什么？

十、实训考评

序　号	考评内容	评　分	考　核	点　评
1	部件的认识	10		
2	维修实训准备工作	10		
3	工具的准备与使用	10		
4	蓄电池的拆装顺序	20		
5	蓄电池的检查方法	20		
6	正确安装	20		
7	整理与清洁	10		
	总计	100		

项目三 汽车雨刮器片的检查与更换

一、概述

电动刮水器主要由直流电动机、减速机构、拉杆、摆杆、刮臂、雨刮器片等组成，如图5-32所示。 直流电动机旋转，带动蜗轮减速机构，使与蜗轮轴相连的摇臂带着两侧拉杆做往复运动，拉杆则通过摆杆带着左、右刮臂做往复摆动，安装在刮臂上的雨刮器片便刮去玻璃上的雨水、雪水和灰尘。

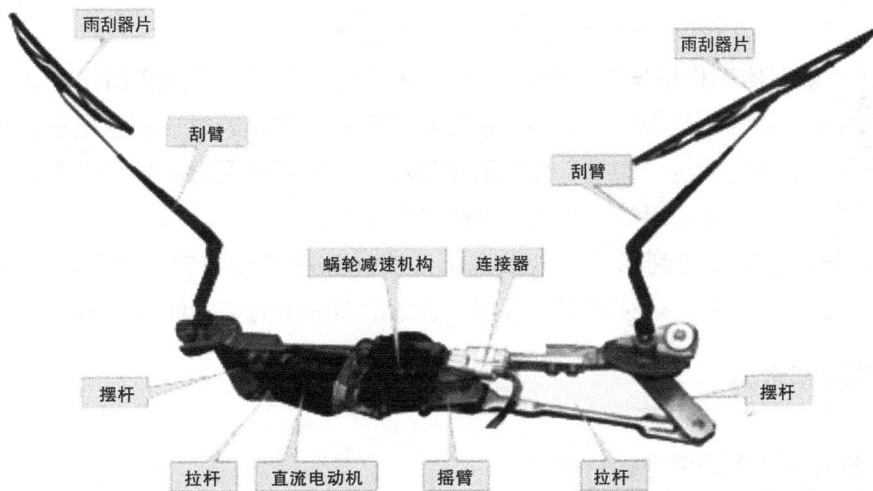

图5-32 电动刮水器的组成

二、故障分析

检查雨刮器片，当发现其严重磨损或有脏污时应更换或清洗，否则将降低雨刮器的工作效能，影响驾驶员视线。

三、技术要求与标准

要定期检查刮水器刮片的状况。更换已经变硬、易碎或破裂的刮片，以及会在挡风玻璃上抹灰的刮片。汽车型号不同，雨刮器片的型号也不同，更换时应注意。

四、实训教学目标

① 让学生了解汽车雨刮器片的检查与更换注意事项。

② 让学生掌握汽车雨刮器片的检查与更换方法。

③ 锻炼学生的团队协作和动手能力。

五、实训器材

此次实训所需主要设备与工具分别为毛巾、抹布等。

六、实训操作安排

根据每组4人左右的规模安排实训。

七、实训操作注意事项

① 清洗雨刮器时，可用蘸有酒精清洗剂的棉丝沿刮水方向擦去雨刮器片上的污物。不可用汽油清洗和浸泡，否则会引起刮片变形，影响其工作效能。

② 在试验雨刮器工作情况时，风挡玻璃应该先用水润湿，否则会刮伤玻璃，同时由于刮片摩擦阻力大，还有可能损伤雨刮器片或烧坏电动机。在试验时应注意电动机有无异常噪声，尤其是当雨刮器电动机"嗡嗡"作响而不转动时，说明雨刮器机械传动部分有锈死或卡住的地方，这时应立即关闭雨刮器开关，以防烧毁电动机。

③ 在冬季，当使用雨刮器时，若发现雨刮器片被冻结或被雪团卡住，应立即关闭开关，清除冰块、雪团后方可继续说用，否则会因雨刮器片阻力过大而烧坏雨刮器电动机。

八、实训操作步骤

这里以科鲁兹轿车为例进行介绍。

① 停放好车辆并拉紧驻车制动器，如图5-33、图5-34所示。

图5-33 停好车辆

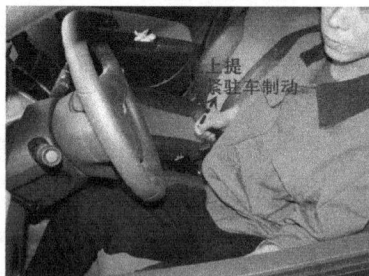

图5-34 拉紧驻车制动器

② 拆卸雨刮器片时，竖起雨刮器臂，为更换雨刮器片做准备。然后一只手抓雨刮器片，另一只手按住雨刮器片固定杆，从雨刮器片固定装置上分离雨刮器片，如图5-35、图5-36、图5-37所示。

③ 雨刮器片在分离状态时，注意避免雨刮器臂碰到挡风玻璃，放下时注意垫上毛巾，以免玻璃破损，如图5-38所示。

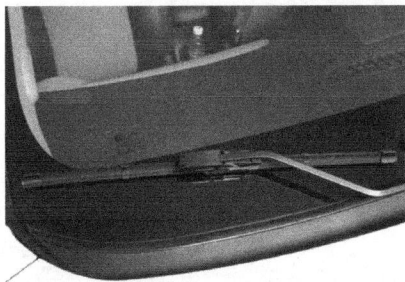

图5-35 拆卸雨刮器片

图5-36 按住雨刮器片固定杆

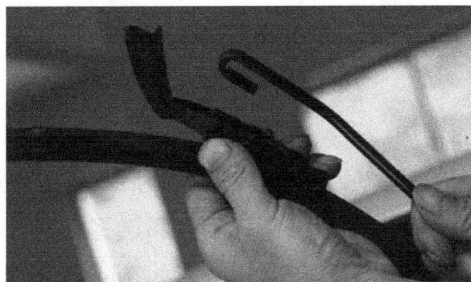

图5-37 分离雨刮器片

图5-38 在雨刮器片分离时垫上毛巾

④ 安装雨刮器片的时候，先把新的雨刮器片水平放置后将固定杆朝下，然后将雨刮器片孔对准固定杆并向下插入，如图5-39所示。

⑤ 把雨刮器片朝上推到最高位置，然后把固定杆安装到雨刮器臂上，直到听到"咔嗒"声，这说明安装位置是正确的。

⑥ 更换完雨刮器片后，注意检查雨刮器的刮水效果。

九、思考与练习

更换雨刮器片时应该注意什么？

十、实训考评

图5-39 安装雨刮器片

序 号	考评内容	评 分	考 核	点 评
1	电动刮水部件的认识	10		
2	维修实训准备工作	10		
3	工具的准备与使用	10		
4	雨刮器片的检查与更换注意事项	20		
5	雨刮器片的检查与更换方法	20		
6	正确安装	20		
7	整理与清洁	10		
	总计	100		

项目四　汽车空调系统的保养与维护

一、概述

1. 非独立式空调的正确使用

为了保证汽车空调系统有良好的技术状态，发挥空调的最大效率，延长其使用寿命，节约燃油消耗，使用中应注意以下事项。

① 首先应了解空调操作面板上各推杆和按钮的作用，准确地进行操作。

② 起动发动机时，确认空调开关是否关闭，待发动机稳定运转几分钟后，打开鼓风机至某一挡位，然后按下空调开关A/C，以启动空调压缩机，调整送风温度和选择送风口，空调机即可正常工作。需要注意的是，当温度调节推杆处于最大冷却位置时，应尽量使用风机的高速挡，以免蒸发器因过冷而结冰。

③ 空调制冷时，必须关闭通风口、车窗和车门，以便尽快达到满意的温度，且节省能量。

④ 调整好冷风口的风向，使冷风均匀地吹入车厢。

⑤ 在只需要换气而不需要冷气时，如春、秋两季，只需要打开鼓风机开关，不要启动压缩机。

⑥ 在爬长坡或超车时，应暂时停止压缩机的运行，以免发动机动力不足或发动机超负荷运行而过热。

⑦ 汽车停驶时最好不要长时间使用空调，以免耗尽蓄电池的电能，防止废气被吸入车内，造成再次发动车时产生困难或乘客吸入二氧化碳。

⑧ 在发动机怠速时，如使用空调，应适当提高发动机怠速转速至800r/min以上（有自动提升怠速转速功能的空调除外），以防发动机因驱动空调压缩机而熄火。

⑨ 夏日汽车应尽量避免在阳光下暴晒，以免加重空调装置的负担。

⑩ 有些汽车空调空气入口有"新鲜"（Fresh）和"再循环"（Recircle）两个控制位置。若汽车在尘土飞扬的道路上行驶，应将空气入口设在"再循环"位置，以防车外灰尘进入。

⑪ 在空调运行时，若听到空调装置有异常响声，如压缩机响、风机响等，或发生其他异常情况，应立即关闭空调，并请有关维修人员及时检修。

⑫ 应经常检查下列情况（可按照汽车空调常规检查方法进行）：

◆ 各管接头连接处、固定夹、各连接螺栓是否紧固；

◆ 各电线接柱是否连接可靠、有否松动；

◆ 各电线、软管有无磨破、松弛，有无接触高温、旋转物体，软管有无鼓泡；

◆ 制冷剂量是否合适（从视液镜处判断），有无泄漏，管接头、冷凝器表面等处有无不应出现的油迹（如有，则可能有泄漏）。

2. 独立式空调的正确使用

对于配备独立式空调的汽车，使用时的注意事项与非独立式空调大体相同，但由于辅助发动机有时有单独的燃油箱，因而还需要经常注意空调燃油箱的储油情况，并要检查辅助发动机的水温、油压等情况。

辅助发动机应尽量做到低速起动、低速关机。有可能时，应加设卸载起动装置。同时，应保证发动机吸气的清洁度。

二、汽车空调的日常维护

冷凝器风扇、出风口的风门和开关要定期除垢去尘，冷凝器翅片应经常用清水冲洗除尘，以保持进气畅通。

经常或定期通过观察窗察看制冷剂的流动情况。空调系统及制冷剂量正常时，观察窗应有液体流过。若观察窗中气泡量过多，说明制冷剂不足；若此时发现制冷量有所降低，就应用压力表组测量空调制冷系统高、低压侧压力，以进一步确诊，必要时补充制冷剂。

经常检查各管路接头是否松动和损坏，压缩机密封处有无泄漏痕迹等，如发现问题，应及时修理。

空调制冷效果差或出现故障时，应及时关闭空调，以防止故障的扩大和恶化。空调故障一般应请专业维修人士检修。

在不使用空调的季节，每隔1～2周使空调工作10min左右，使各部分的防漏垫圈保持湿润，以防开裂，这对防止制冷剂泄漏有着重要的作用，同时可以防止压缩机内部精密部件配合表面因缺润滑油发生"冷焊"现象。

三、实训教学目标

① 让学生了解汽车空调系统的保养与维护注意事项。

② 让学生掌握汽车空调系统的保养与维护方法。

③ 锻炼学生的团队协作和动手能力。

四、实训器材

此次实训所需主要设备与工具分别为毛巾、抹布等。

五、实训操作安排

根据每组4人左右的规模安排实训。

六、 实训操作注意事项

① R134a制冷剂具有很强的挥发性。皮肤上沾一滴制冷剂，就可能造成冻伤。因此，进行制冷剂排放工作时，必须戴上手套。

② 如果制冷剂进入眼睛，应立即用清水清洗。为了保护眼睛，进行制冷剂排放工作时，必须戴上护目镜。

③ R134a储存容器为高压容器。因此，严禁储存在温度高的地方。应随时检查制冷剂储存场所温度是否在52℃以下。

④ 要经常使用电子检漏仪检查制冷剂的渗漏状况，R134a制冷剂与检漏仪的火花接触（丙烷燃烧产生小火焰）会产生有害气体。因此，进行检漏工作时应小心谨慎。

⑤ 制冷剂必须使用R134a。如果使用其他制冷剂，会造成系统部件的损伤。

⑥ PAG润滑油极易吸收大气中的水分，会损伤制冷系统。因此，必须采取下列防护措施。

◆ 拆下制冷系统部件后，应立即堵上管口，防止湿气进入制冷系统。

◆ 各部件安装准备工作就绪之前，应堵上各管口堵盖。

◆ 连接制冷系统各部件的导管时，要快速进行，防止湿气进入制冷系统中。

◆ 要使用规定型号的润滑油。

◆ 制冷剂发生泄漏后，进行维修工作之前，要对作业区进行通风换气。

七、 实训操作步骤

1. 常用检修工具的使用

（1）专用工具简介

检修汽车空调故障时，须配备歧管压力表、制冷剂检漏仪、真空泵、制冷剂注入阀等专用工具。

① 歧管压力表。

歧管压力表主要用于检查和判断制冷系统内的工作状态和故障情况，由高、低压表组成，其上有三个接头分别与三根橡胶软管相接，分别完成制冷系统抽真空、灌注制冷剂等操作。

② 制冷剂检漏仪。

制冷剂检漏仪用于检查制冷系统内的制冷剂是否泄漏，目前常用的是电子检漏仪。

③ 制冷剂注入阀。

当向制冷系统充注制冷剂时，可将注入阀装在制冷剂罐上，旋动开关，阀针将制冷剂罐刺穿，就可充注制冷剂。

④ 真空泵。

在安装或维修之后，充注制冷剂之前，必须对制冷系统进行抽真空。否则，制冷系统中的空气和水分会引起系统内压力升高和膨胀阀处冰堵，影响制冷系统正常工作。

⑤ 其他维修工具。

除了上述工具和设备外，还需要各种扳手、割管器、弯管器、胀管器等。另外，维修空调压缩机还需要离合器扳手、离合器毂拉出器、锁紧螺母套筒、六角套筒、汽缸盖拆卸器等专用工具。

（2）检漏仪

① 电子检漏仪的工作原理。

电子检漏仪是根据卤素原子在一定的电场中极易发生电离而产生电流的原理制成的。

电子检漏仪的工作原理如图5-40所示。有一对电极，加热由铂金做的阳极，并在它附近放一个阴极，这对电极放在空气中时，由于空气的电离度很低，检测电路不通，电流表没有电流指示。当有制冷剂气体流经阳极与阴极之间时，其在催化作用下迅速电离，电路中有电流通过，制冷剂浓度越大，电路中的电流也越大。这些可以通过串联在回路中的电流表反映出来，也可以由蜂鸣器的声音大小反映出来。由此检测出制冷剂气体的浓度，达到检漏的目的。

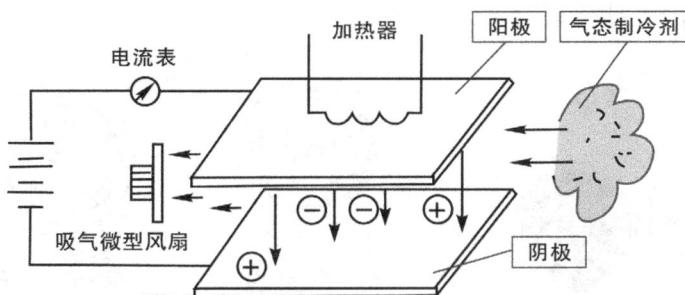

图5-40 电子检漏仪的工作原理

② 电子检漏仪的结构。

实际使用的电子检漏仪如图5-41所示。在圆筒状铂金阳极里放一个加热器，使阳极温度达800℃左右，在阳极外侧放一只圆筒状的阴极，在阴、阳极之间加直流电压。为使气体在电极间流过，设有一只微型吸气风扇，通过吸气管将泄漏部位的气体吸入电极，有制冷剂气体通过电极时，就会产生几微安的电流，通过放大器放大后，通过电流表指示或蜂鸣器发出警告声音，且蜂鸣器发出的声音频率高低随制冷剂泄漏量而变化。

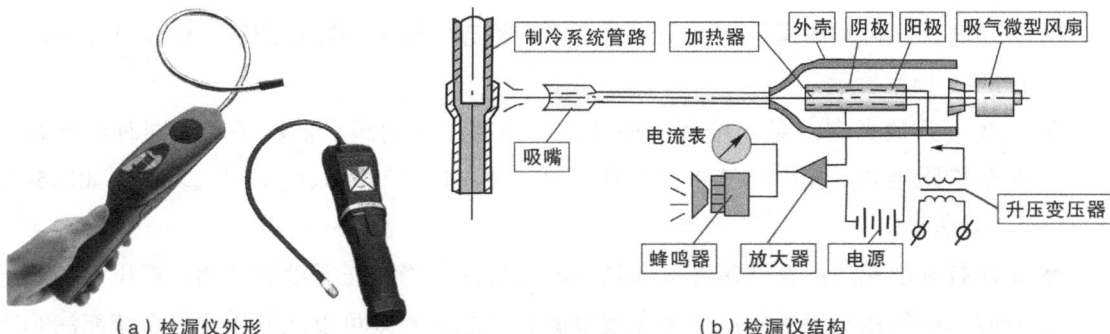

（a）检漏仪外形　　　　　　　　　　（b）检漏仪结构

图5-41 电子检漏仪

电子检漏仪的使用十分简单，使用时，只需要将电源开关打开，经短时预热后，将探头伸入需要检测的部位即可，通过声音或仪表指针便可方便地判断出泄漏量的多少。电子检测仪检测灵敏度高，并且使用方便、安全。

（3）歧管压力表

① 歧管压力表的结构。

歧管压力表由一个表座、两个压力表（低压表和高压表）、两个手动阀（低压手动阀和高压手动阀）、三个软管接头（外接三根橡胶软管：一根接低压维修阀，一根接高压维修阀，一根接制冷剂罐、真空泵吸入口或制冷剂回收装置）组成，如图5-42所示。工作时，高、低压接头分别通过软管与压缩机高、低压维修阀相接，中间接头与真空泵或制冷剂钢瓶相接，分别完成检测压力、抽真空、充注制冷剂及排空回收操作。低压表用于检测制冷系统低压侧的压力，既可以显示压力，也可用来显示真空度，真空度读数范围为0～0.10kPa，压力刻度从"0"开始，量程不少于0.42MPa；高压表用于检测制冷系统高压侧的压力，测量的压力范围从"0"开始，量程不小于2.11MPa。

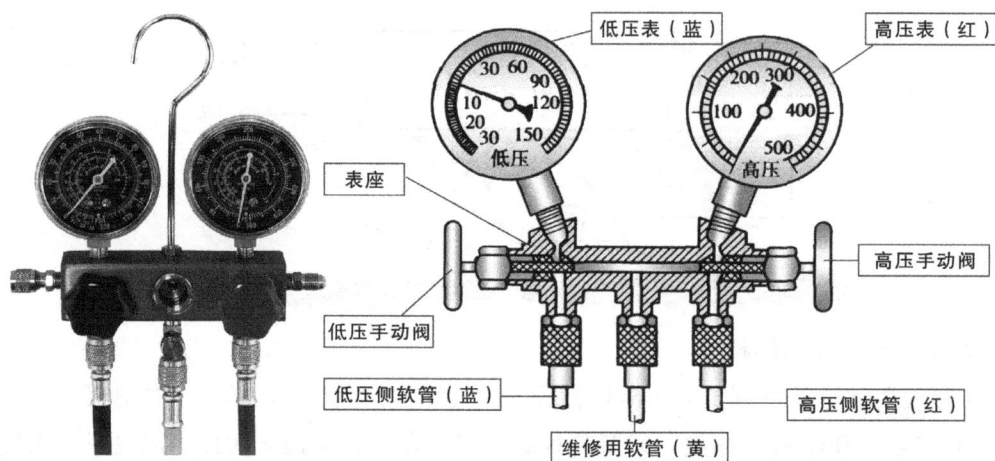

图5-42 歧管压力表

② 歧管压力表的功能。

◆ 双阀关闭测压力：检测制冷系统高、低压侧压力。当高压手动阀和低压手动阀同时关闭时，则可对高压侧和低压侧进行压力检查，检测制冷系统高、低压侧压力，如图5-43（a）所示。

◆ 双阀打开抽真空：对制冷系统抽真空。当高压手动阀和低压手动阀同时全开时，全部管路接通，在中间接头接上真空泵，便可以对制冷系统进行抽真空，如图5-43（b）所示。

◆ 单阀打开做充注：充注制冷剂和加注冷冻机油。当高压手动阀关闭，低压手动阀打开时，中间接头接到制冷剂罐上或冷冻机油瓶上，则可以从低压侧向系统充注制冷剂或冷冻机油。当高压手动阀打开，低压手动阀关闭时，可以从高压侧充注制冷

剂，如图5-43（c）所示。

◆ 先高后低放排空：制冷系统放空或排出制冷剂。先打开高压手动阀，当压力下降到350kPa时，再打开低压手动阀，则可使系统向外放空或排出制冷剂，如图5-43（d）所示。

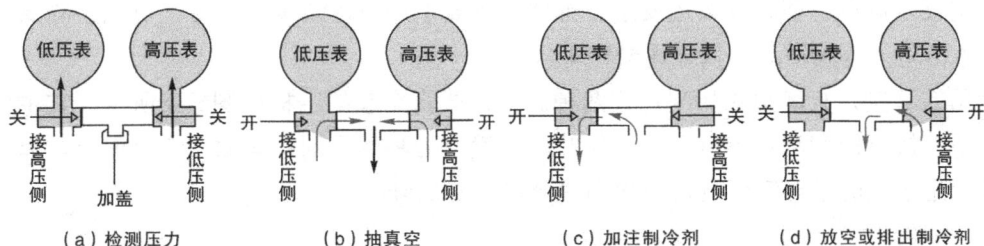

（a）检测压力　　　　（b）抽真空　　　　（c）加注制冷剂　　　（d）放空或排出制冷剂

图5-43　歧管压力表的功能

③ 歧管压力表的连接。

通常，歧管压力表上的三个接头已分别与注入软管接好。当制冷系统管路内有制冷剂时，可按如下步骤将歧管压力表与空调制冷系统检修阀连接起来。

◆ 用工具卸下装在压缩机上的检修阀压力表接口及调节杆上的螺母。注意动作要缓慢，以防制冷剂漏出伤人。

◆ 关闭歧管压力表上的两个手动阀。

◆ 把歧管压力表上的低压软管连接到低压侧检修阀上，高压软管连接到高压侧检修阀上，中间软管的另一端用布包好后放在一块干净的布片上。各软管接头只能用手拧紧。

◆ 使用阀门扳手把检修阀调到"中位"（气门阀无须进行此步骤）。

◆ 把歧管压力表上的低压手动阀稍微打开几秒钟，其目的是利用系统内的制冷剂将低压软管内的空气排出，然后将其关闭，再用同样的方法排出高压软管内的空气。这样，歧管压力表与空调制冷系统就连接起来了，如图5-44所示。当要卸下歧管压力表时，应先将检修阀调到"后位"，然后卸下注入软管，并将其与备用接头连接起来，以免软管内部受到污染。

图5-44　歧管压力表的连接

④ 使用注意事项。

◆ 歧管压力表是一个精密仪表，必须细心维护，不得损坏，且要保持清洁。

◆ 不使用时，要防止水或脏物进入软管；使用时要把管中的空气排出。

◆ 压力表接头与软管连接时，只能用手拧紧，不能用工具拧紧。

◆ 高、低压软管不能混用，低压软管一定不能接入高压系统中。

（4）真空泵

真空泵是汽车空调制冷系统安装、维修后抽真空所不可缺少的设备，可以去除系统内的空气和水分等有害物质。实物如图5-45所示。

常用的真空泵有滑阀式和刮片式两种。刮片式真空泵的结构如图5-46所示。它主要由定子、转子、排气阀和刮片等组成。工作时，弹簧弹力将两只刮片紧贴在汽缸壁上，以保证其密封性。定子上的进排气口被转子和刮片分隔成两部分。

图5-45 真空泵实物图

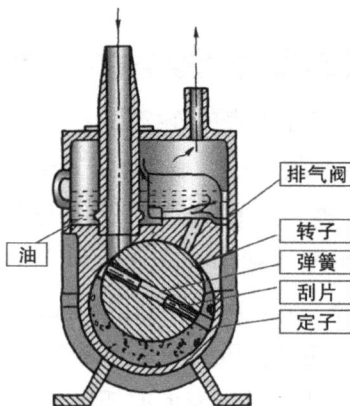

图5-46 刮片式真空泵的结构

当转子旋转时，一方面周期性地把进气口附近的容积逐渐扩大而吸入气体；另一方面又逐渐缩小排气口附近的容积，将吸入的气体压出排气阀，从而达到抽真空的目的。

（5）制冷剂注入阀

为便于维修汽车空调和随车携带，制冷剂生产企业制造了一种小罐制冷剂（一般为250g左右），但要将它注入汽车空调制冷系统中，需要有注入阀才能配套开罐。

当向制冷系统灌注制冷剂时，可将注入阀装在制冷剂罐上，旋动制冷剂注入阀手柄，阀针刺穿制冷剂罐，即可充注制冷剂。图5-47为制冷剂注入阀实物图，其结构如图5-48所示。制冷剂罐内装有制冷剂，注入阀接头用软管与歧管压力表的中间接头相连。

图5-47 制冷剂注入阀实物图

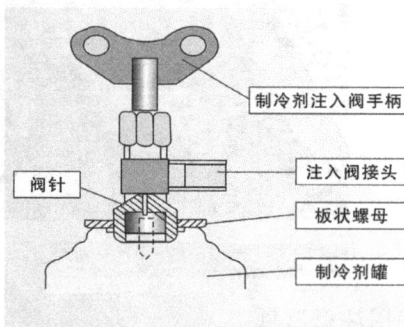

图5-48 制冷剂注入阀的结构

（6）维修阀

汽车空调制冷系统是一个封闭的系统，为检修方便，通常在制冷系统管路上设置维修阀，它可以与歧管压力表等检修设备连接，以便进行故障诊断与维修操作，而不用打开制冷系统管路。大多数汽车空调制冷系统中都有两个检修阀，分别设置在高压侧和低压侧。某些汽车空调上还装有三个检修阀。常用的检修阀有气门阀（自动阀）和手动阀两种。

① 气门阀。

气门阀又称阀芯型检修阀，也称自动阀，其结构如图5-49所示。其阀芯类似于汽车轮胎上的气门芯。它有开启和闭合两个状态，通常处于闭合状态。当要检修制冷系统时，把带有顶销的注入软管接头连接在气门阀上，顶销就把气门阀阀芯顶开，系统管路便与注入软管相连通，制冷剂就能进入检测用软管，这时就可以进行检测和维修作业了。卸去检测用软管时，气门阀则会自动关闭系统接口，可以起到良好的密封作用。

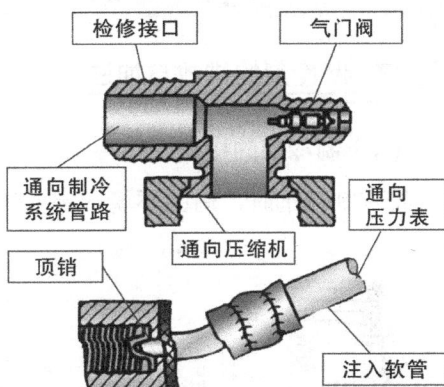

图5-49 气门阀的结构

将检测软管与该阀连接时，应注意的是：只有注入软管一端连接在歧管压力表上之后，另一端才能连接在气门阀上。当连接好之后，软管的另一端不能从歧管压力表上拆除，否则将会引起制冷剂流失。

② 手动阀。

手动阀是一种以手动方式控制制冷剂流向的三通阀，通常布置在压缩机上。卸下检修阀的保护帽后，可以看到一个方形调节杆，用合适的扳手拧动调节杆时，可使阀处于三种不同的位置，即前位、中位和后位，如图5-50所示。

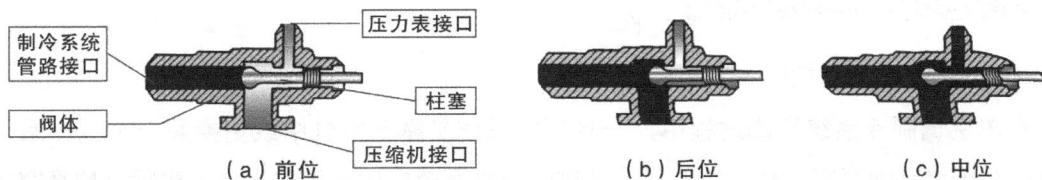

（a）前位　　　　　　（b）后位　　　　　　（c）中位

图5-50 手动阀

◆ 前位：将调节杆顺时针旋到底时，检修阀即处于前位，这时制冷剂不能流到压缩机。压缩机从制冷系统中隔离出来，以便对它进行检修或更换。在这一位置时，压缩机仅与压力表接口相通，如果压力表接口保护帽未去掉而运转压缩机，高压制冷剂将无法排出，会导致压缩机损坏，如图5-50（a）所示。

◆ 后位：将调节杆逆时针旋转到底时，检修阀即处于后位。后位是检修阀的正常工作位置，制冷剂能通过压缩机正常循环，压力表接口被关闭，制冷剂到达不了压力表，歧管压力表不能测出制冷剂压力值，如图5-50（b）所示。

◆ 中位：从后位顺时针（或从前位逆时针）旋转调节杆1～2圈，检修阀即处于中位（三通位置）。制冷剂可在整个系统内流通，制冷剂可到达压力表口，以便测量压力。中位主要用于对制冷系统进行检修作业，如充注、放出制冷剂和抽真空，又可用歧管压力表来判断故障等，如图5-50（c）所示。

⚠ **注意**

在打开手动阀上的压力表接口之前，或从手动阀上拆除注入软管时，一定要使手动阀处于后位，否则会造成制冷剂流失。

2. 制冷剂的排放与加注

（1）制冷剂的排放

排空制冷剂时，周围环境一定要通风良好，不要接近明火，否则会产生有毒气体。

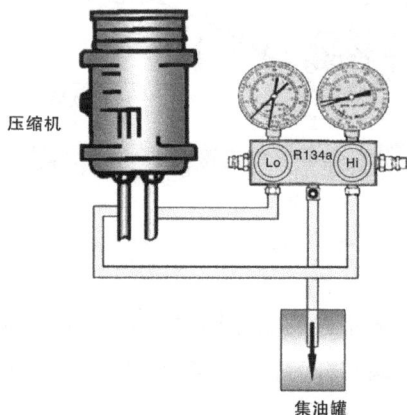

图5-51　制冷剂的排放

① 先关闭高、低压手动阀，按图5-51所示的方法接好管路，然后把空调调到最大制冷工作状态，发动机转速调到1000～2000r/min，并运行5min。循环制冷剂，尽可能收集各部件中的残油到压缩机。

② 松开油门，使发动机恢复正常怠速，关闭发动机。

③ 缓慢打开高压手动阀，在软管出口盖上一块白毛巾，观察毛巾上有无油污，调节制冷剂的流量。

④ 在高压表读数降到0.35MPa以下时，缓慢打开低压手动阀。直到压力表高低压的读数为零时，关闭手动阀。

（2）制冷系统抽真空

汽车空调制冷系统维修过程中，一旦制冷系统暴露于空气中或更换某一个制冷系统部件时，必须进行抽真空。抽真空的目的是排除制冷系统内的空气和水分。实际上抽真空并不能直接把水分抽出制冷系统，而是产生真空后降低水的沸点，使水汽化成水蒸气被抽出系统外。

抽真空管路连接如图5-52所示。具体操作过程如下。

① 将歧管压力表的两根高、低压软管分别接在高、低压侧气门阀上，将其中间软管与真空泵相连接。

② 打开歧管压力表上的高、低压手动阀，启动真空泵，观察低压表（过程表）的指针，应该有真空度显示。

③ 连续抽5min后，低压表读数应达到0.03MPa（真空度），高压表读数略低于零，如

图5-53所示。如果高压表读数不能低于零，表明系统内有堵塞，应停止操作，修复后再抽真空。

图5-52 管路连接

图5-53 低压表读数

④ 真空泵工作15min后，低压表读数应在0.01～0.02MPa。如果达不到此数值，应关闭高、低压手动阀，观察低压表的读数，如果读数增大，说明真空有损失，系统有漏点，应停止操作，修复后才能继续抽真空。

⑤ 系统压力接近于真空时，关闭高、低压手动阀，保持压力5～10 min。如低压表指针不动，则打开高、低压手动阀，开启真空泵，继续抽真空，抽真空的时间不得少于30min，如时间允许，可再长些。

⑥ 抽真空结束时，先关闭高、低压手动阀，再关闭真空阀。其目的是防止空气进入制冷系统。这样就可以向系统中加注冷冻机油或充注制冷剂。

⑦ 缓慢打开高压手动阀，在软管出口盖上一块白毛巾，观察毛巾上有无油污，调节制冷剂的流量。

⑧ 在高压表读数降到0.35MPa 以下时，缓慢打开低压手动阀。直到压力表高、低压的读数为零时，关闭手动阀。

（3）制冷剂的加注

当制冷系统抽真空达到要求，且经检测确定制冷系统不存在泄漏部位后，即可向制冷系统充注制冷剂，充注前先确定制冷剂充注量，因为充注量过多或过少都会影响空调制冷效果。充注时注意不要混淆R12与R134a，一般使用R134a制冷剂的空调系统在其管路部件上标有"R134a"或"环保空调"的字样。R134a制冷剂，如图5-54所示。

图5-54 R134a制冷剂

充注制冷剂的方法有三种：第一种是从制冷系统高压端的气门阀充注，称为高压端充注，充入的是制冷剂液体，其特点是安全、快速，但使用该方法应注意充注时不可开启压缩机（发动机停转），且制冷剂罐要倒立，最好使用专用设备充注；第二种是从制冷系统低压端的气门阀充注，充入的是制冷剂气体，其特点是充注速度

慢，可在系统补充制冷剂的情况下使用；第三种是先从高压端气门阀充注一定量制冷剂后，起动发动机，空调制冷系统工作，再从低压端气门阀吸入制冷剂，这种方法充注制冷剂的速度较快，不需要其他专用仪器，一般汽车修理厂都采用这种方法。

① 从高压端充注制冷剂。

从高压端充注制冷剂，其具体方法如下。

◆ 当系统抽真空后，关闭歧管压力表上的高、低压手动阀。将中间软管的一端与制冷剂罐注入阀的接头连接起来，如图5-55所示。

◆ 打开制冷剂罐开启阀，再拧开歧管压力表软管一端的螺母，让气体溢出几分钟，把管内的空气排走，然后拧紧螺母。

◆ 拧开高压手动阀至全开位置，将制冷剂罐倒放于磅秤上，以便从高压侧充注液态制冷剂时控制制冷剂加入量。

◆ 从高压侧注入规定量的液态制冷剂后，关闭制冷剂罐上的开启阀和歧管压力表上的高压手动阀，然后将仪表卸下。这里应注意，从高压端向系统充注制冷剂时，发动机处于不动状态，不可以打开歧管压力表的低压手动阀，以防液击。

② 从低压端充注制冷剂。

通过歧管压力表上的低压手动阀，可向制冷系统的低压侧充注气态制冷剂。其步骤如下。

◆ 将中间软管的一端与制冷剂罐的注入阀接头相连，如图5-56所示。

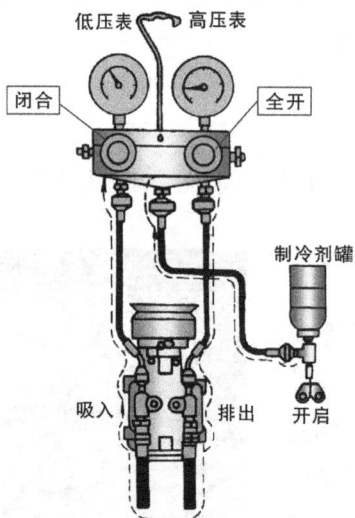

图5-55 从高压端充注制冷剂

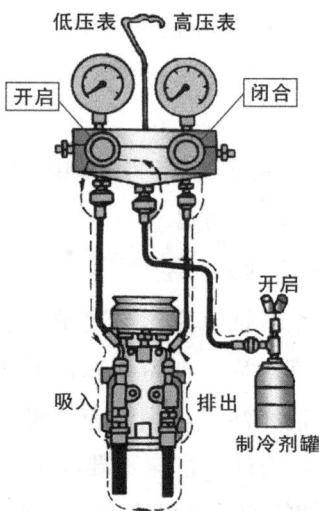

图5-56 从低压端充注制冷剂

◆ 打开制冷剂罐的注入阀，拧松中间软管靠歧管压力表一端的螺母，直到听见制冷剂蒸气流动的声音，然后拧紧螺母。其目的是排出中间管内的空气。

◆ 打开低压手动阀，让制冷剂进入系统3～5min，以防止压缩机第一次开动时润滑油被抽走，使压缩机发生卡住或其他故障。

◆ 起动发动机，打开空调A/C开关，把风扇置于"Hi"挡，发动机转速保持在1250～1500r/min。

◆ 如果加入的速度较慢，可以把小制冷剂罐放在热水中加热，以提高其加注速度。注入制冷剂足量时，关闭低压手动阀，观察制冷剂流过观察孔时的情况，如果无气泡流过，应检查高、低压力表值。气温在25℃时，若制冷剂是R12，高压表值应为1.3～1.4MPa，低压为0.1～0.12MPa；若制冷剂为R134a，高压表值应为1.4～1.5MPa，低压为0.12～0.14MPa。气温高于或低于25℃时，其值上下浮动。若制冷系统内的制冷剂基本达到需求，则关闭制冷剂罐，停止空调器工作，停止发动机工作。

③ 从高压端注入液态制冷剂，再从低压端补足制冷剂量。

从高压端注入液态制冷剂，再从低压端补足制冷剂量。其步骤如下：

◆ 从高压端注入液态制冷剂与从高压端充注制冷剂的相关步骤相同。

◆ 从高压端注入液态制冷剂一段时间后，制冷剂罐的重量不再下降，而系统中制冷剂还不足，则关闭高压手动阀，将制冷剂罐竖立。

◆ 起动发动机，转速保持在1250～1500r/min，打开空调A/C开关，风扇开到最大挡，并打开低压手动阀，让气态制冷剂进入系统的低压端。

◆ 若进气速度慢，则可以把制冷剂罐放在热水中加热，加快进气速度。

◆ 从磅秤、视液镜、高低压力表中检查制冷剂量，其方法同上述检查方法一致。加足量后，关闭制冷剂罐，然后关闭低压手动阀，停止空调器工作，停止发动机运转。

3. 制冷循环系统检漏

折装或检修汽车制冷系统管道或更换零部件之后，需要对制冷循环系统进行制冷剂的泄漏检查。常用的有效检漏方法有三种：肥皂液检漏法、使用荧光泄漏检测器检查系统泄漏、电子检漏仪检漏法。

（1）肥皂液检漏法

肥皂液是修理厂里最便宜、最常用的检漏剂。将肥皂液涂在可能出现泄漏的地方，泄出的气体就会形成气泡。如果泄漏轻微，在泄漏的地方就会产生一个大气泡；如果泄漏严重，就会产生很多气体，很容易发现和鉴别。但是，肥皂液并不是万能的，有些不易涂抹或面积太大不能涂抹的地方，如压缩机前端盖、冷凝器等处就不方便检查，有些微小的泄漏也很难查出。因此，肥皂液只能用于粗检，在检漏过程中还要和其他检漏设备一起使用。

（2）使用荧光泄漏检测器检查系统泄漏

染料的注入：

① 检查 A/C 系统静态（不工作）压力，压力必须至少为345kPa（3.45 bar）。

② 将一瓶A/C 制冷剂染料倒入喷射工具中，如图5-57所示。

③ 将注入工具连接到A/C低压侧维修接头上。

④ 起动发动机，打开空调。

⑤ 在空调工作（压缩机运转）时，通过低压检修阀，使用染料喷射工具喷射一瓶荧光染料，如图5-58所示。

⑥ 发动机依然运转，并从维修接头处断开注入工具。

⑦ A/C系统至少工作20 min，使染料与系统油液充分混合。依据泄漏部位的大小、工作情况和泄漏的位置，染料渗入泄漏部位并能看到可能需要几分钟至几天。

使用紫外线灯及安全防护眼镜在阳光较弱的地方检查A/C系统是否泄漏。照亮所有元件、接头和管路。在泄漏点位置，染料将呈现明亮的绿色、黄色区。如果在蒸发器排放口发现荧光染料，表示蒸发器芯总成（管路、芯或膨胀阀）泄漏。

如果很难识别泄漏的区域，则使用可调镜子进行观察，或使用干净的抹布或棉布擦拭怀疑区域，并使用紫外线灯检查残余染料。

在维修泄漏部位后，使用染料清洁剂去除残留的染料，以防止将来出现错误诊断，如图5-59所示。

图5-57 制冷剂染料　　　　图5-58 染料喷射工具　　　　图5-59 染料清洁剂

最后，进行系统性能检查，并使用经过认证的电子检漏仪验证泄漏维修后的效果。

（3）电子检漏仪检漏法

① 使用电子检漏仪的注意事项。

◆ 进行制冷剂泄漏检查时，应使用空调电子检漏仪或有相同功能的仪器，如图5-60所示。确定仪器已经校准并按照操作说明进行了适当的设定。

◆ 将探头置于距检测点约5 mm的地方，如图5-61所示。

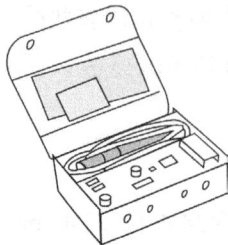

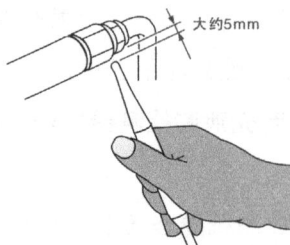

图5-60 电子检漏仪　　　　图5-61 探头与检测点间的距离

◆ 让探头绕接头的整个圆周进行检测，如图5-62所示。

◆ 探头沿部件的移动速度为25～50mm/s，如图5-63所示。

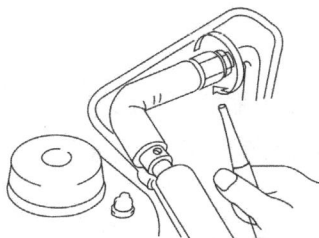

图5-62 环绕检测

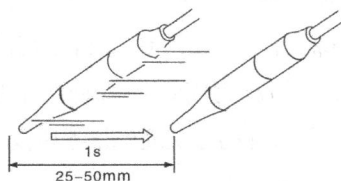

图5-63 移动速度

② 检查步骤。

为防止读数不准确或错误，应确保车辆附近没有制冷剂蒸气、化学物或香烟烟雾。应在空气稳定的区域（气流、风速不高）进行泄漏检测，这样泄漏出来的制冷剂就不会在空气中弥散。

◆ 关闭发动机。

◆ 将适当的A/C歧管压力计连接到A/C维修口。

◆ 检查在16℃以上时A/C制冷剂压力是否不低于345 kPa（3.45bar），如果低于规定值，则回收系统中的制冷剂，并抽空系统，然后重新注入规定数量的制冷剂。

◆ 进行高压侧到低压侧的泄漏检测。

仔细检查以下区域，清洁要被检查的部件，并在检查过程中用检漏仪探头绕接头、元件做圆周移动。

压缩机：检查高压和低压挠性软管的管接头、泄压阀和轴封。

冷凝器：检查高压软管、管道和制冷剂压力传感器的接头。

储液罐：检查制冷剂接头。

检修阀：检查所有检修阀，确保检修阀盖已经牢固地安装到检修阀上（防止泄漏）。

制冷单元（蒸发器）：将发动机停机，并使鼓风机以高速运转至少15s，以清除制冷单元内的微量制冷剂残余物。在将检漏仪探头插入泄流软管前，至少等待10min。将探头保持插入状态至少 10 s。 泄流软管内可能有水或脏物，小心不要让其弄脏探头。

◆ 如果检漏仪检测到泄漏，应用压缩空气冲刷怀疑泄漏的区域至少1次，然后重复上述检查。

◆ 当检查到一处泄漏点后，继续在整个系统元件范围内查找其他的泄漏点。如果未检测到泄漏点，就进行以下步骤。

◆ 起动发动机。

◆ 按以下的指示设定暖风空调控制。

A/C开关：ON。

模式控制盘位置： VENT（通风）。

进气门杆位置：再循环。

强冷温度。

风扇转速：高。

◆ 让发动机以 1500r/min 的转速至少运转2min。

◆ 使发动机停机，并再次进行上面的泄漏检查。

发动机停机后，应立即进行制冷剂泄漏检查。首先在压缩机上使用检漏仪，当制冷循环停止后，高压侧的压力将逐渐降低，而低压侧的压力将逐渐升高。 当压力升高后，更容易检测出泄漏。空调管路压力如图5-64所示。

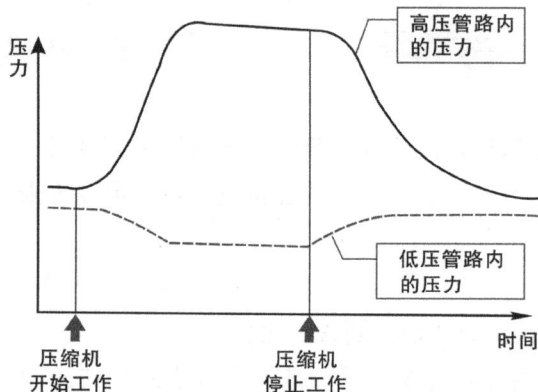

图5-64 空调管路压力

◆ 在将ACR4 连接到车辆之前，检查 ACR4 量表。 量表上不应显示制冷剂压力。 如果显示压力，则从设备管路中回收制冷剂。

◆ 用经过认证的制冷剂回收设备来排空A/C系统。必要时，对泄漏的接头及元件进行修理。

◆ 排空并再加注A/C系统，并进行泄漏检查，以确定没有制冷剂泄漏。

◆ 进行空调性能测试，以确定系统工作正常。

4. 冷冻机油的加注

在一般情况下，汽车空调制冷系统冷冻机油的消耗量很少，可以每两年更换一次，每次加入规定的数量。添加时一定要保证是同一牌号的冷冻机油，因为不同牌号的冷冻机油混合会生成沉淀物。

（1）压缩机冷冻机油量的检查

压缩机冷冻机油量的检查方法一般有以下两种。

① 观察视镜。

通过压缩机上安装的视镜玻璃可以观察冷冻机油量。如果压缩机冷冻机油油面达到观察高度的80%位置，一般认为是合适的。如果油面在这个位置之下，则应添加冷冻机油；如果在这个位置之上，则应放出多余的冷冻机油。

② 观察油尺。

未装视镜玻璃的压缩机，可用油尺检查其油量。这种压缩机有的只有一个油塞，油塞下

面有的装有油尺，有的没有油尺，需要另外用专用油尺插入检查。观察油面的位置是否在规定的上、下限之间。

（2）冷冻机油添加方法

添加冷冻机油一般在系统抽真空之前进行，添加方法有如下两种。

① 直接加入法。

将冷冻机油装入干净的量瓶里，从压缩机的旋塞口直接倒入即可。这种方法适合于更换蒸发器、冷凝器和储液干燥器时采用。

② 真空吸入法。

◆ 首先将系统抽真空到100kPa。

◆ 准备一带刻度的量杯，并装入稍多于所添加量的冷冻机油。

◆ 关闭高压手动阀及辅助阀门，将高压软管一端从歧管压力表组上卸下，并插入量杯中，如图5-65所示。

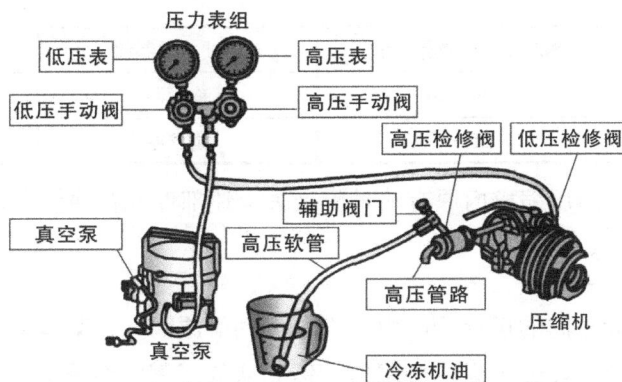

图5-65 冷冻机油加注方法

◆ 打开辅助阀门，油从量杯内被吸入系统。

◆ 当油面到达规定刻度时，立即关闭辅助阀门。

◆ 将软管与歧管压力表组连接，打开高压手动阀，启动真空泵，先对高压软管抽真空，然后打开辅助阀门对系统抽真空。

（3）冷冻机油添加量

① 系统新加油量。

新装汽车空调系统中，只有压缩机内装有冷冻机油。不同型号的压缩机内充油量也不同，具体可查看供应商手册。表5-1列出了几种常见压缩机充油量，仅供参考。

表5-1 几种常见压缩机冷冻机油充注量

汽车制造厂家	压缩机型号	冷冻机油充注量（mL）
丰田	6D152	350
	6E171	280
马自达	ES200	60

续表

汽车制造厂家	压缩机型号	冷冻机油充注量（mL）
三菱	6F308HB	2000
	22306S	350
日产	DKP–12D	190
日野	6C–500	1700～1900
	6C–300	1500
帕萨特（Passat B5）	Zexel DCW–17D 6缸 Nippondenso 7SB–16C	251.4

② 补充油量。

维修过程中，如果更换了系统部件或管路，由于这些部件中残存有冷冻机油，因此，更换的同时应当向系统内补充冷冻机油，其补充量见表5-2。

表5-2　冷冻机油补充量

被更换零部件	冷冻机油补充量（mL）	被更换零部件	冷冻机油补充量（mL）
储液干燥器	10～20	冷凝器	40～50
制冷循环管路	10～20	蒸发器	40～50

如果更换压缩机，新压缩机内原有油量应减去上述部件残存油量上限之和。

5. 制冷剂的补充

汽车空调经过一段时间的运行后，由于汽车振动等原因，使某些部位的接头松动，制冷剂泄漏，制冷效果变差。经过查漏、排漏后，需要从低压侧向系统补充制冷剂，其具体操作步骤如下。

① 开启汽车空调，使其运转几分钟。

② 从视液窗检查制冷剂的流动情况。若气泡连续出现，则表明系统内缺少制冷剂。若气泡间断出现，需要再运转一会，继续观察气泡是否消失。若仍然有气泡，就表明该系统缺少内制冷剂。将歧管压力表、制冷剂罐和系统连接起来。

③ 打开制冷剂罐开关阀，拧松歧管压力表上的中间软管接头，使制冷剂放出几秒钟，然后拧紧接头。

④ 关闭高压手动阀，将制冷剂罐直立，起动发动机，并使空调压缩机运转。打开低压手动阀，让气态制冷剂从低压侧被吸入压缩机，待达到规定量时，关闭低压手动阀和制冷剂罐开关阀。

⑤ 从系统上卸下歧管压力表和制冷剂罐。

八、思考与练习

① 在进行汽车空调系统的保养与维护作业时应该注意哪些事项？

② 简述制冷剂的更换流程及注意事项。

九、实训考评

序　号	考 评 内 容	评　分	考　核	点　评
1	空调系统组成部件的认识	10		
2	维修实训准备工作	10		
3	工具的准备与使用	10		
4	空调系统的保养与维护注意事项	20		
5	空调系统的保养与维护方法	20		
6	正确安装	20		
7	整理与清洁	10		
总计		100		

第六章 保养与维护综合项目工艺规范

一、新车车体保养与维护

对于一辆新车，车主往往会先将车内装饰得美轮美奂，而忽略了车体本身的养护。对新车而言，首次保养特别重要。其实首次车体养护和开蜡，往往是日后用车养车的质量保证，如果开始保养得不好，以后可能会出现许多问题。

新车漆面虽无老化问题，但使用前应该做彻底的保护处理。汽车从出厂到运输至停车场，车漆就已经接触了空气，受到了酸气、风沙的侵袭。及时正确的养护，能使车辆永葆青春。如果买的是进口轿车，首先要考虑的是车蜡中含有石蜡、树脂及特氟隆等材料。除蜡时不要用汽油或煤油擦拭，应选用专业的开蜡液，或者到专业的美容养护店，请技师帮助处理。至于国产车，车身大多采用静电喷涂，漆面呈镜面光泽，故无须开蜡。

第一次清洗轿车不能马虎，如清洗不当，会损伤外层的亮油部分，那车就不是越洗越亮而是越洗越暗了。最好是去无尘手工洗车房，选用中性温和的洗净剂，把车表面的沙粒、污物清除干净。有些污物是肉眼看不出来的，如飞漆、树胶及碱、酸等化学成分污染，都应当彻底清除，只用洗净剂是去不掉的，必须用专业去污剂一点点擦拭。全车清理完毕，再用振抛机把釉封入车漆。这是一项新技术，封完釉的车一年内不用再打蜡，用清水清洗后再用干净的麂皮布擦干净即可，而且防氧化、防紫外线，保持车漆不褪色。最后可在轮胎、轮眉等部位涂上相应的保护剂，以防老化。

二、走合期的保养与维护

汽车在新车出厂或大修（包括发动机大修）后，初期的使用阶段称为走合期，在这一时期对汽车所进行的维护称为走合维护。新车的走合期通常为1000～2500km，或按汽车生产厂的规定。大修后的汽车走合期一般为1000～1500km。

新车的正确走合，对延长汽车使用寿命、提高汽车工作的可靠性和经济性有着极大的影响。走合期的维护，一般分为走合期前、走合期中和走合期后维护3个阶段。走合期前和走合期中的维护见表6-1、表6-2、表6-3。

表6-1 走合期前维护

1	检查行车和驻车制动系统是否正常，有无漏液现象，检查制动液面高度，不足时应添加
2	检查各部位的连接、紧固情况，对于转向、制动、悬架的固定螺栓要进行紧固
3	检查散热器以及冷却系各部位有无泄漏现象
4	检查发动机曲轴箱、变速器、转向器等内部油量，根据需要进行添加或更换，并检查各部位有否漏油现象

续表

5	检查转向机构有无松旷或发紧的现象
6	检查变速器各挡是否能正确接合
7	检查电器设备、点火、灯光、电动车窗和仪表的工作是否正常
8	检查蓄电池液面，不足时添加蒸馏水。用玻璃管或塑料吸管检查蓄电池液面高度，应该高出极板10mm，液面过低不行，但液面过高也不好
9	检查轮胎气压，不足时充气

表6-2　新车走合期中的维护

1	应在平坦良好的路面上行驶
2	正确驾驶，平稳地接合离合器，及时换挡，严禁硬撑、猛冲，避免突然加速和急剧制动
3	速度限制： 一挡：不超过5km/h 二挡：不超过10km/h 三挡：不超过15km/h 四挡：不超过25km/h 五挡：不超过40km/h 为控制汽车在走合期内的速度，走合前在进气管与化油器之间装有限速片，用铅封锁住，走合期内严禁拆除
4	载重限制：走合期内不允许拖带挂车，载质量不得超过3500kg
5	经常注意变速器、后桥、轮毂及制动鼓的温度，如有严重发热现象，应找出原因，予以调整或修理
6	应特别注意机油压力和控制发动机冷却水的正常温度
7	走合200km后，应按规定力矩和顺序拧紧汽缸盖及进排气歧管螺栓、螺母
8	走合500km后，应在热车状态更换发动机机油，以免发动机内遗留未清洗干净的铁屑、脏物等，堵塞油道，刮伤轴瓦

表6-3　大修车走合期中的维护

1	走合中期维护是在汽车行驶500km左右时进行的，主要是对汽车各部技术状况开始发生变化的部分进行一次及时维护，以恢复其良好的技术状况，保证下阶段走合顺利进行
2	清洗发动机的润滑系，更换机油和机油滤清器滤芯
3	润滑全车各润滑点。最初行驶30～40km时，应检查变速器、分动器、前后驱动桥、轮毂和传动轴等处是否发热或有异响。如发热或有异响应查明原因，予以调整或修理
4	在行驶一段时间后立即用手摸制动毂，看是否感觉发烫，如果发烫说明需要调整
5	检查制动效能和各连接处，检查制动管路和密封程度，必要时加以调整和紧固
6	检查调整离合器踏板自由行程
7	按规定力矩和顺序拧紧汽缸盖及进排气歧管螺栓、螺母和轮胎螺母
8	走合500km左右时，应在热车状态更换机油，以免未清除干净的金属屑、脏物等堵塞油道、刮伤轴瓦。同时更换机油滤清器
9	一般行驶1500km后，可视为走合期结束

　　走合期结束后，应结合二级维护对汽车进行全面的清洗、检查、调整、紧固、添加和润滑等，见表6-4、表6-5所示。

表6-4　新车走合期结束后的维护

1	清洗发动机油底壳，按规定力矩检查连杆螺栓和主轴承盖螺栓的紧固情况
2	清洗粗滤器滤芯，并更换发动机润滑油
3	清洗变速器、后桥、转向器，并更换润滑油
4	紧固前、后悬架的U形螺栓、螺母（满载时进行），检查后钢板弹簧固定端的螺栓及U形螺栓的紧固螺母有无松动
5	按规定力矩紧固转向机构中带有开口销的螺母
6	按规定力矩检查并紧固制动底板的紧定螺栓、螺母
7	按规定力矩检查并紧固底盘传动部分的各部连接
8	检查并紧固车身、车厢各部的连接
9	按使用说明书的规定，仔细调整点火正时，调整发动机车速和检查气门间隙
10	按一级维护作业项目进行润滑和维护

表6-5　大修车走合期结束后的维护

1	更换发动机、变速器、转向器、驱动桥等的机油，尽可能冲洗干净
2	检查测量汽缸压力，并用化学方法清除燃烧室积炭
3	按"先中间、后四周"的顺序，分2～3次紧固汽缸盖螺栓；铝质缸盖在发动机冷态时一次旋紧即可；铸铁缸盖在发动机热机后，还要再次检查汽缸盖螺栓、螺母的松紧度，以防螺栓热膨胀后，造成汽缸盖密封不良，损坏汽缸盖衬垫
4	检查和调整制动器
5	检查离合器踏板自由行程，润滑踏板轴
6	检查转向盘的自由行程，必要时进行调整
7	检查并调整前束
8	检查前后悬架螺栓的紧固情况
9	检查驾驶室、车厢各连接螺栓、螺母的紧固情况

三、长期停放车辆的保养与维护

　　经常停着的汽车比经常使用的汽车故障率高，而且使用寿命也会大大缩短。那么，经常在家里"歇"着的汽车需要注意什么呢？

1. 防摩擦零件

　　车辆停放时间太长，防摩擦零件表面会氧化。附着在零件表面的润滑油氧化变质后，再次起动时就会形成干摩擦或半干摩擦，缩短零件使用寿命，而且起动阻力大大增加，起动时会很困难。长时间停驶车辆的发动机汽缸和活塞表面的润滑油膜，由于接触空气中的氧气和其他有腐蚀性的酸碱成分，会发生变质，形成一层胶状物而失去润滑作用。车辆停驶时间越长，变质越严重。车辆停驶，油封容易老化变形，油封四周的接触受力会不均匀，受力大的方向，油封变形量就大；车辆停驶时间越长，其变形就越不易恢复，直到油封发生永久变形，从而造成漏油。

2. 燃油系统

若汽车停放时，油箱内没有燃油或只有少量的燃油，水分就有可能侵入系统中而造成生锈和腐蚀。所以汽车长期停放时要将油箱加满。另外如果油箱和管道中的燃油长时间不用，燃油则有可能与氧气发生化学反应而产生胶质沉淀物，容易堵塞燃油管路。正确的做法是向燃油中添加稳定剂，延长汽油的使用寿命并保证其不变质。

3. 防轮胎变形

汽车停驶以后，汽车重量由四个轮胎接触地面的部位承受，从而造成接触部位受压收缩变形。汽车停驶时间越长，变形部位越不易恢复，使轮胎四周的质量分布发生变化，滚动半径不均匀，造成轮胎不平衡。一旦汽车进入高速行驶，就会发生车身振动，不仅影响乘坐舒适性，加速轮胎的磨损，而且会带来不安全因素。

4. 电子元件防潮

汽车上的电子元件及连接件要防水、防潮和防腐蚀，否则就会引发故障。对于停驶车辆的电子元件或插线接头，受潮的可能性就会大大增加，并且停驶时间越长，发生故障的概率就越高。

5. 防日晒

汽车长时间不用时应存放在车库或室内停车场内，这样可以不受外界气候的影响。如果没有这个条件，至少也要给汽车罩上汽车罩。要选择厚及多层的汽车罩，这样就可以有效地减少阳光对漆面的影响。强烈的阳光照射会使漆面缓慢地褪色，并且促使汽车零件中的乙烯基、皮革和橡胶迅速老化。

另外，一定要选择质量好的汽车罩，并且大小要合适，否则汽车罩在风的吹动下与车身来回摩擦，其结果如同给汽车罩上了一层砂纸，而且在不停地打磨。

6. 经常检查蓄电池

蓄电池的电解液液面必须高于极板10～15mm，不足时应及时添加蒸馏水，保持电量充足，必要时对蓄电池充电。

四、日常保养与维护

总的来说，车辆日常养护主要包括清洁、安全检测、补充。对日常养护稍有大意不仅会给车辆造成无谓的损伤，而且危及行车安全，如润滑油缺乏引起拉缸烧瓦，车辆某一部分功能失常引起交通事故等。反之，如果日常工作做得仔细认真，不仅能使车辆保持常新，同时还能掌握车辆各部分的技术状况，避免机械事故和交通事故。其实，日常养护工作很简单，归纳起来就是清洁、紧固、检查、补充。

1. 清洁

空气中含有大量灰尘、泥沙和酸性物质，不仅容易被泄漏的燃油粘附，在高温烘烤下容易形成坚硬的保温层，使机件的散热性能变差；而且容易被车身静电吸附而侵蚀油漆面，使之过早褪色。

（1）清"三滤"

空气、燃油、机油滤清器这"三滤"保养及时与否，直接影响着发动机的性能和使用寿命。

① 空气滤清器。

空气滤清器过脏会阻碍新鲜空气进入汽缸，导致混合气过浓、燃烧不完全、功率下降、排气超标。

② 燃油滤清器。

燃油滤清器堵塞，滤芯的通过阻力增大，会造成燃油滤清器内燃油压力升高，供油不足，动力下降。

③ 机油滤清器。

机油滤清器堵塞，会阻碍润滑油的流动，使发动机润滑不良、磨损加大甚至烧瓦等。为此，应定期清洗或更换。通常每行驶8000km更换一次。若气候恶劣，应缩短为5000km更换一次。

（2）清洁蓄电池

现代轿车一般都采用免维护蓄电池，应经常清洁蓄电池的顶部。

2. 紧固

车辆清洗干净后，就要对各连接处进行紧固。由于运行中的振动、颠簸、摇摆等原因，必然造成连接件松动、磨损。因此，在日常养护中要及时紧固。连接件的日常紧固工作直接关系到行车安全，特别是重要部件，如转向、制动、传动等部件，切不可掉以轻心。

（1）紧固步骤1

对发动机周围各胶管的接头进行紧固，防止油液泄漏。

（2）紧固步骤2

紧固各线路及用电设备的连接器，防止发生断路、短路、搭铁等情况，影响用电设备的正常工作。

（3）紧固步骤3

对主要的连接件进行检查紧固，如发电机传动带、转向联动机构、制动装置连接点、传动系以及轮胎等。

◆ 观察周围线路及胶管的夹子是否牢固，防止其他机件相刮而造成漏电、漏气、漏油；漏水，同时还要看一看软管、防尘罩的工作状况，防止其腐蚀、老化。

◆ 如发现连接螺栓、螺母不配或松动，应及时更换。

◆ 各种防松件不能混用，如弹簧垫不能用平垫代替，锥形垫不能用弹簧垫代替，自锁螺母不能用普通螺母代替，开口销不能用铁丝代替等。

◆ 螺母紧固后，螺栓应伸出螺母1～3个牙。各种锁止装置应牢固可靠，如锁片应反扣在螺母的侧面上。开口销应规格合适、弯曲正确。

3. 检查油液的液面高度和品质

油液在高温下会逐渐损耗与氧化，从而导致液面降低和性能变差。

（1）检查油液的液面高度

无论是何种液面高度的检查，首先应将车停在平地上。

① 检查蓄电池电解液液面高度。

② 检查机油液面高度。

③ 检查冷却液液面高度。

④ 检查底盘润滑油液面高度。

⑤ 检查制动液、转向液液面高度。

各油尺及油液加注口位置如图6-1所示。

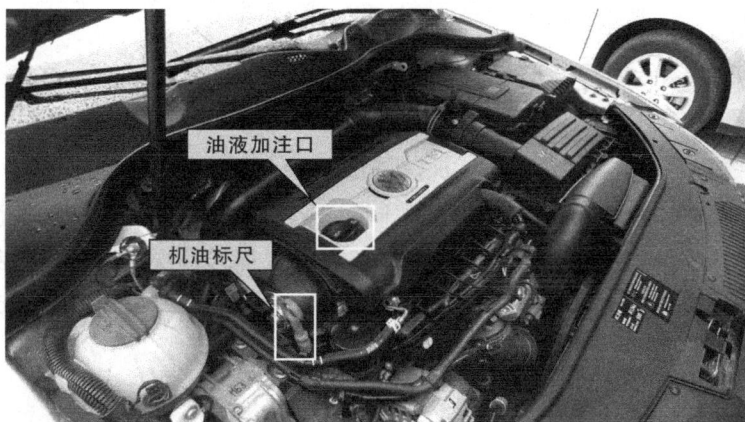

图6-1 现代伊兰特油尺及油液加注口位置图

（2）检查油液的品质

无论是何种油液，均可采用下列方法检查。

① 外观法。察看取出的油液样品，若比较透明，则表明污染不严重。

② 气味法。

③ 黏度比较法。

4. 补充

（1）机油的补充

发动机机油正常油位与补充机油如图6-2所示。检查时若没有发现油液有明显的变质，应查找是否泄漏，若有要予以排除，并及时补足同等级别的油液。

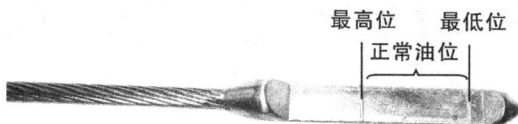

图6-2　发动机机油正常油位与补充机油

（2）油液的更换

油液变质或超过更换周期，应及时更换。

① 更换周期。

通常机油每行驶8000km或使用半年就更换一次，制动液每行驶20000～40000km或使用1～2年更换一次，冷却液使用1～2年更换一次，液压油每使用一年或行驶10000km更换一次。

② 清洗方法。

在放出油液前加入专用清洁剂，然后起动发动机（若是变速器或后桥应架起后桥），运转一定时间后放出旧油液即可。

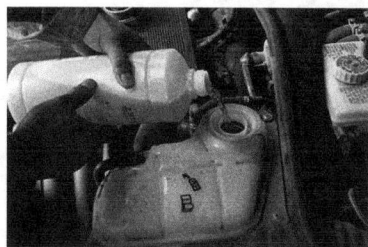

图6-3　添加液压油

③ 加注油液。

对于液压油，应在发动机怠速运转的情况下加注至最高标线后熄火，左右反复旋转数次，以排除系统中的空气。然后再次起动发动机，观察油面高度，补足至规定位置且油罐中无气泡产生，如图6-3所示。

五、一级保养与维护

1. 一级维护周期与作业内容

一级维护由专业维修企业负责执行，是在车辆行驶达到一定里程后强制进行的。一级维护一般按汽车生产厂家推荐或规定的行驶里程或使用时间进行。一级维护周期为7500～

15000km或6个月，以行驶里程或使用时间先达到者为准，主要内容除日常维护以外，以清洁、润滑、紧固、补给为主，并检查有关制动、操纵等安全部件，保持车辆正常的运行状况。作业内容包括：检查、紧固汽车外露部位松动的螺钉和螺母，按规定对润滑部位加注润滑脂，检查总成内润滑油油面，添加润滑油，清洗空气、燃油、空调花粉过滤器的三种滤清器。

2. 一级维护工艺流程

一级维护工艺流程图如图6-4所示。

3. 一级维护竣工标准

（1）标准1

发动机前后悬架、进排气歧管、散热器、轮胎、传动轴、车身、附件支架等外露螺栓、螺母须齐全、紧固、无裂纹。

图6-4　一级维护工艺流程图

（2）标准2

转向臂、转向拉杆、制动操纵机构等工作可靠，锁销齐全有效，转向杆球头、转向传动十字轴承、传动轴十字轴承无松旷。

（3）标准3

转向器、变速器、驱动桥的润滑油油面，应在检视口下沿0～15mm（车辆处于停驶状态），通风孔应畅通；变速器、减速器突缘螺母应紧固可靠。

（4）标准4

各润滑脂油嘴齐全有效，安装位置正确；所有润滑点均已润滑，无遗漏。

（5）标准5

空气滤清器滤芯清洁有效。

（6）标准6

轮胎气压应符合充气规定，胎面无嵌石及其他硬物。车轮轮毂轴承无松旷。

（7）标准7

离合器踏板和制动踏板自由行程符合技术规定。

（8）标准8

灯光、仪表、喇叭、信号齐全有效。

（9）标准9

蓄电池电解液液面应高出极板10～15mm，通风孔畅通，接头牢靠。

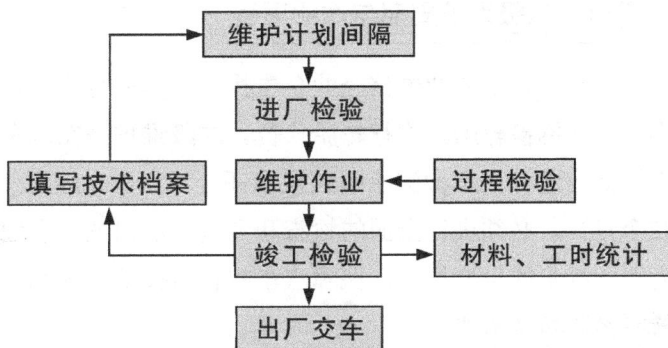

（10）标准10

短途试车，检查维护效果。试车中，发动机、底盘运行正常，无异响；各操纵部位符合技术要求；转向、制动系统灵敏可靠；各部紧固无松动。试车后，检视各部无漏水、漏油、漏气和漏电现象。

六、二级保养与维护

▷ 1. 二级维护周期与作业项目

二级维护由专业维修企业负责执行，其内容除一级维护所包括的工作外，以检查、调整为主，并拆检轮胎，进行轮胎换位。二级维护是在汽车行驶至一定里程后强制进行的，二级维护前应进行汽车检测诊断和技术评定。汽车在经过一段较长时间的使用后（约30000km或12个月），必须进行全面的检查和调整，以保证安全性、动力性和经济性能达到使用要求。为防止汽车的早期损坏，保障汽车的正常技术状况和使用，在二级维护前，必须对汽车进行检测诊断和技术评定。

▷ 2. 二级维护前的技术评定

二级维护前的技术评定如图6-5所示。

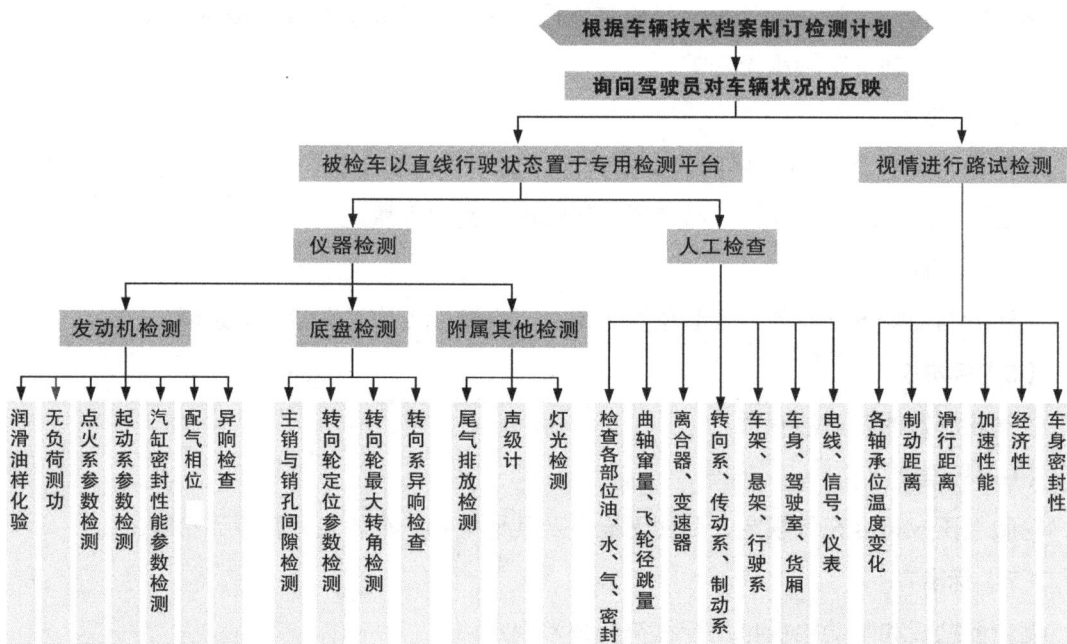

图6-5　二级维护前的技术评定

▷ 3. 二级维护前的检测诊断

二级维护前的检测诊断内容见表6-6。

表6-6 汽车二级维护前的检测诊断内容

分　类	序号	测试种类	检测内容
检测部分	1	点火系统参数	触点闭合角、分电器重叠角、点火电压、点火提前角
	2	发动机动力性	无负荷功率、各缸功率平衡
	3	起动系统参数	起动电流、起动电压
	4	汽缸密封情况	汽缸压力、曲轴箱窜气、汽缸漏气、真空度
	5	配气相位	进排气门开启、关闭角度
	6	发动机异响	曲轴轴承、连杆轴承、活塞、活塞销、配气机构
	7	汽缸表面状况	汽缸拉痕、活塞顶烧蚀、积炭、活塞偏磨
	8	机油化验分析	斑痕污染指数、水分、闪点、酸值、运动黏度、含铁量
检查部分	1	发动机	发动机机油、水密封，曲轴前后油封漏油，散热器、水泵水封、水套漏水，曲轴轴向间隙（窜动量），异响
	2	转向系统	转向盘自由行程、转向机工作状况及油封密封状态、路试转向稳定性（视情进行）
	3	传动系统	离合器工作情况，变速器、减速器壳油封密封状态及壳体表面状况，路试变速器、传动轴各轴承、主减速器、差速器异响，变速器、差速壳体温度
	4	行驶系统	轮胎偏磨、钢板弹簧座、销、套磨损状况、车架裂伤、各部铆接状况
	5	仪表信号	仪表信号、机油压力、冷却液温度、发电机充放电指示
	6	其他	车身、驾驶室各钣金件开裂、锈蚀、变形、脱漆，锁止机构状况，牵引机构状况

4. 二级维护常规作业内容

二级维护常规作业内容如下。

（1）内容1

进行日常保养和一级保养的全部作业。

（2）内容2

更换汽油滤清器、机油滤清器和空气滤清器等。

（3）内容3

检查发电机和起动机，必要时更换电刷并润滑各轴承。

（4）内容4

检查、紧固进排气歧管及消声器总成螺栓和螺母。

（5）内容5

检查、紧固发动机支架螺栓和螺母、水箱支架螺栓和螺母。

（6）内容6

检查曲轴主轴承及连杆轴承，紧固其螺栓和螺母；检查离合器，润滑分离轴承。

（7）内容7

检查变速器、传动轴、万向节和中间支承轴承及各部紧固情况，润滑变速器第一轴承、

万向节和中间支承轴承。

（8）内容8

检查、调整、紧固手制动器，前、后轮制动器，制动分泵，制动软管。

（9）内容9

检查、调整转向盘的自由转动量。

（10）内容10

检查前、后减振器及转向节，检查、调整前轮前束。

（11）内容11

检查轮胎，并进行轮胎换位。

（12）内容12

检查、调整电喇叭、指示灯、照明灯、变光器及电器仪表线路接头。

（13）内容13

更换发动机润滑油。